◇導入対話◇
による
民法講義（債権総論）

今西康人　　木村義和　　清水千尋
橋本恭宏　　松井宏興　　油納健一

不磨書房

──── 〔**執筆分担**〕────

今西 康人（いまにし やすと）	（関西大学教授）	第3章，第4章
木村 義和（きむら よしかず）	（大阪学院大学講師）	第8章
清水 千尋（しみず ちひろ）	（立正大学教授）	第7章
橋本 恭宏（はしもと やすひろ）	（明治大学教授）	第2章，第5章
松井 宏興（まつい ひろおき）	（関西学院大学教授）	第1章
油納 健一（ゆのう けんいち）	（山口大学講師）	第6章

──── 〔五十音順〕────

オリエンテーション・ガイド

(1) 本書の目的とねらい

　本書の目的ならびにねらいを一言で言えば，次のように言えるでしょう。「はじめて民法を学ぶ者にとってできるだけ，導入部分において理解しやすく，一定のレベルのテキストとしてできる限り明確であること」です。これまでのテキスト類の多くは，一般的かつ抽象的で，学習する者にとって民法学は難解だ，無味乾燥だという声が多く聞かれました。では，反対に具体的なものを取り上げて作ればよいのでしょうか。たとえば，時々の新聞報道・現実の問題を素材とすることは抽象的法制度，法理論を説明する点からしますと，初学者には関心を呼び起こすと思います。しかし，それはいわゆる応用問題に過ぎず，その場限り的で，一つの体系をもつ法律学の学習には不向きな部分があるという欠点があります。また，読者の関心を呼び起こすという実際を扱うことは，実務経験の少ない者には困難な面もあります。また，そうした現代型の問題は法律関係が複雑で，基本的考え方を理解しなければならない段階では，単純な説明をしただけではかえって有害となる場合もあるといえましょう。

　そこで，これらの問題をすべて一挙に解決できる方法があればいいのですが，そうしたことは不可能でしょう。そこで，本書では，まず学習の入口である導入部分に工夫をこらしました。そして，基本となる説明の部分の記述，さらに，最低限の重要な理論的問題についての展開となる記述，という順序で学習者の学習進度にしたがって読み進むことができ，確かな実力を得られるような方法をとってみました。

　本書は，大学での債権法の講義を聴く際の講義用テキストとして，また，自学自習する場合に使用することを想定して執筆されています。その意味で，大学生の皆さんのための本ですが，民法を勉強してみたいと考えている社会人の皆さんが学習される入門書として使用することも，また，一通り学習された司法試験受験生，公務員受験生がその知識を確認し，またいっそう飛躍すること

ができるようにも配慮しています。

(2) **本書による学習方法**

以上のような目的から，本書の構成は以下のようなものです。

最初に必要に応じて，◆導入対話◆が設けられています。ついで，基本となる講義を，そして，もう一度進んだ学習のために【展開講義】を設けています。

まず，◆導入対話◆は，いわば《学習のポイント・予備的知識》を掲げています。導入対話を設けた理由はこうです。民法に限らず，法律を勉強することは，概して面白いことではありません。しかも，正確な知識と深い理解力を得ることは必ずしも容易ではありません。また，皆さんがいろいろな書物を読まれるにあたって，これをただ読み流しをしては決して正確な知識と深い理解力を得ることはできません。そこで，皆さんが通常その項目で最初にもつであろう「疑問」を先取りして，学ぶ者と教師との対話により，該当項目の学習目標を明確にしようとの意図からです。したがって，学習の入り口となるものですから必ずここから読み始めてください。

導入対話に続く基本となる講義は，各先生方が，日常の教室において話され，最低限学んで欲しい事柄について述べています。したがって，皆さんは，この部分を，条文を参照しながら，通読して欲しいと思います。講義で使用する場合は，先生の講義も参考にその関係する項目を併読して欲しいと思います。とくに，図表等は，その項目についての理解をしやすくするものですから，ぜひそれをノートに自ら書き写すなどして読まれると一層理解が進むでしょう。

【展開講義】は，基本講義では述べなかった事柄や問題点，論争点について，述べています。したがって，基本講義につき一定の理解をした方や，より深い学習をしたい方はこの箇所を通読することも一つの方法でしょう。

勧められる学習方法としては，第1回目の通読は，【導入対話】→【基本講義】のみとし，第2回目の通読の際は，【導入対話】→【基本講義】→【展開講義】とされるのがよいのではないでしょうか。

本書はなんといっても民法条文の解説書ですから，本書を読む際には，条文を第1に本文中に出てきた条文は必ず六法にあたって下さい。

また，本文中には項目に応じて，必須・参考文献が引用され，欄外に掲げられていますから，学習が進むにしたがい，またゼミナールなど報告の際，実際

に探し読んでほしいと思います。

　大学で債権総論を学ばれる方は，おそらくすでに民法総則を勉強されていることと思います。しかし，債権法全体を十分に理解するためには，本書を通読すれば分かりますように，民法総則や物権法の知識があるだけでは不十分であり，場合に応じて契約法の知識，さらには相続法の知識までも必要とされることがあります。したがって，債権総論だけを切り離して勉強するのではなく，他の民法分野の勉強と平行しながら，あるいは一通り民法全体の勉強をしてから，再度債権総論の勉強をしていただきたいと思います。そうすれば，本書を通読したり講義を聴いたりしただけでは理解できなかったことが分かるようになり，債権法の面白さが分かってくるものと確信しております。

　2002年2月

今　西　康　人
木　村　義　和
清　水　千　尋
橋　本　恭　宏
松　井　宏　興
油　納　健　一

目　次

はしがき
オリエンテーション・ガイド

第1章　債権法とは何か
1　債権の意義と性質 …………………………………………………… *3*
◆ 導入対話 ◆
1.1　債権の意義 …………………………………………………… *3*
1.2　債権の法的性質 ……………………………………………… *4*
2　債権法の意義と内容 ………………………………………………… *6*
2.1　財貨移転秩序に関する法としての債権法 ………………… *6*
2.2　債権法の意義 ………………………………………………… *7*
2.3　債権法の内容 ………………………………………………… *7*
2.4　債権法の特色 ………………………………………………… *7*

第2章　債権の目的・内容
1　債権の目的の意義 …………………………………………………… *9*
◆ 導入対話 ◆
1.1　債権成立の客体としての給付 ……………………………… *9*
1.2　給付の有効要件 ……………………………………………… *10*
2　給付の内容による債権の種類（概説）……………………………… *12*
【展開講義　1】　不作為債(権)務はどのような債務か ……………… *14*
2.1　特定物の引渡（＝特定物債権）……………………………… *15*
2.2　種類物の引渡＝種類債権 …………………………………… *17*
【展開講義　2】　特定後の変更権 ………………………………………… *22*
2.3　金銭の支払（＝金銭債権）…………………………………… *23*

【展開講義　3】　金銭債権は種類債権か ································· *24*
　　2.4　利息の支払（＝利息債権） ····································· *25*
　　【展開講義　4】　利息制限法・サラ金規制法と利息の制限 ············· *29*
　　2.5　複数債権からの選択（＝選択債権） ····························· *31*
　　2.6　任意債権 ··· *34*

第3章　債権の効力
　1　総　　説 ·· *35*
　　◆導入対話◆
　　1.1　債権の一般的効力 ··· *36*
　　【展開講義　5】　「債権の効力」と「債務の分類」とはどのような関係
　　　　　　　　　　 にあるか（主たる給付義務，従たる給付義務，附随
　　　　　　　　　　 義務の意味） ····································· *38*
　　1.2　自然債務 ··· *40*
　　【展開講義　6】　自然債務概念は有用か ····························· *40*
　　1.3　債務と責任 ··· *41*
　　1.4　第三者による債権侵害 ··· *42*
　　【展開講義　7】　不動産賃借権（債権）にもとづいて妨害排除請求は
　　　　　　　　　　 可能か ··· *45*
　2　履行請求権（現実的履行の強制・強制履行） ·························· *46*
　　◆　導入対話　◆
　　2.1　履行請求権（現実的履行強制・強制履行）の概観 ················· *47*
　　2.2　手続的種類による分類（直接強制・代替執行・間接強制・特殊
　　　　 な履行強制） ··· *49*
　　2.3　債務の種類による分類 ··· *51*
　3　債務不履行と損害賠償 ·· *52*
　　◆　導入対話　◆
　　3.1　債務不履行責任の概観 ··· *53*
　　【展開講義　8】　安全配慮義務 ····································· *55*
　　3.2　債務不履行の一般的要件と効果 ································· *57*

【展開講義 9 】　債務不履行と帰責事由 ……………………………… *58*
　　【展開講義 10】　履行補助者に故意・過失がある場合，債務者は責任
　　　　　　　　　　を負うか ………………………………………………… *60*
　　【展開講義 11】　不完全履行と積極的債権侵害の関係はどのようなも
　　　　　　　　　　のか ……………………………………………………… *63*
　　　3.3　損害賠償の範囲 ……………………………………………………… *67*
　　【展開講義 12】　履行利益と信頼利益の概念はどのようなものか，ま
　　　　　　　　　　た有用か ………………………………………………… *70*
　　【展開講義 13】　損害賠償の範囲の決定基準は何か，どのようなもの
　　　　　　　　　　か ………………………………………………………… *71*
　　　3.4　損害賠償額の算定 …………………………………………………… *72*
　　【展開講義 14】　損害賠償額算定の基準時はいつか …………………… *73*
　　　3.5　賠償責任の調整 ……………………………………………………… *75*
　　4　受領遅滞 ……………………………………………………………………… *75*
　　　◆ 導入対話 ◆
　　　4.1　受領遅滞の意義と本質 ……………………………………………… *76*
　　　4.2　受領遅滞の効果 ……………………………………………………… *78*
　　【展開講義 15】　弁済提供の効果と受領遅滞とはどのような関係にあ
　　　　　　　　　　るのか …………………………………………………… *79*

第 4 章　債権者による債務者の財産の保全・確保

　　1　債権者による債務者の財産の保全・確保の概観 ……………………… *81*
　　2　債権者代位権 ………………………………………………………………… *82*
　　　◆ 導入対話 ◆
　　　2.1　債権者代位権の意義 ………………………………………………… *82*
　　【展開講義 16】　債権者代位権を行使することには，債務者が無資力
　　　　　　　　　　であることが必要か …………………………………… *83*
　　　2.2　債権者代位権の要件 ………………………………………………… *84*
　　　2.3　債権者代位権の方法・効果 ………………………………………… *85*

【展開講義 17】 債権者代位権の転用とはどのような場合にできるのか ································· 86
　3　債権者取消権 ··· 87
　　◆ 導入対話 ◆
　　　3.1　債権者取消権の意義 ··· 88
【展開講義 18】 債権者取消権の法的性質上，逸失した財産を取り戻せるか ·· 88
　　　3.2　債権者取消権の要件 ··· 89
【展開講義 19】 特定物債権にもとづき債権者取消権を行使できるか ··· 92
　　　3.3　債権者取消権の方法・効果 ··· 92
【展開講義 20】 債権者取消訴訟における取消権者の［事実上の］優先弁済権はあるか ··· 95
　　　3.4　債権者取消権の消滅 ··· 97

第5章　債権の消滅

　1　債権の消滅原因の概観 ··· 98
　　◆ 導入対話 ◆
　　　1.1　目的の消滅 ·· 98
　　　1.2　特殊の消滅原因 ·· 98
【展開講義 21】 いったん消滅した債権を当事者の契約より，同一性ある債権に復活できるか ·· 99
　2　弁　　済 ·· 99
　　◆ 導入対話 ◆
　　　2.1　弁済の意義と性質 ··· 100
　　　2.2　弁済の方法 ·· 101
　　　2.3　弁済の場所 ·· 103
　　　2.4　弁済の時期 ·· 104
　　　2.5　弁済の費用 ·· 104
　3　弁済の提供 ·· 104
　　◆ 導入対話 ◆

3.1　弁済提供の意義 ……………………………………………… *105*
　　　3.2　弁済提供の程度 ……………………………………………… *105*
　【展開講義 22】　受領拒絶と口頭の提供の要否 …………………… *110*
　　　3.3　弁済者 …………………………………………………………… *114*
　　　3.4　弁済者による代位 …………………………………………… *115*
　【展開講義 23】　一部弁済による代位の効果（「弁済した価格に応じて
　　　　　　　　　 債権者とともに権利を行う」とはどのようなもの
　　　　　　　　　 か） ………………………………………………………… *121*
　4　弁済受領者 ……………………………………………………………… *125*
　　　4.1　債権者 …………………………………………………………… *125*
　　　4.2　弁済受領権限のない者への弁済 ………………………… *126*
　　　4.3　債権の準占有者に対する弁済 …………………………… *126*
　【展開講義 24】　「準占有者」には債権者の代理人と称して債権を行使
　　　　　　　　　 するものを含むか ………………………………………… *127*
　【展開講義 25】　準占有者への弁済が有効になった場合に，弁済者は
　　　　　　　　　 準占有者に対し返還請求できるか ………………… *129*
　【展開講義 26】　民法478条の相殺への類推適用は可能か，その要件は
　　　　　　　　　 どのようなものか ………………………………………… *129*
　　　4.4　受取証書の持参人に対する弁済（480条） ……………… *129*
　【展開講義 27】　受取証書が偽造である場合であっても，その持参人
　　　　　　　　　 は準占有者として扱えるか …………………………… *130*
　　　4.5　証券的債権証書の持参人に対する弁済 ………………… *130*
　　　4.6　債権者に利益ある弁済 …………………………………… *130*
　5　弁済の充当 ……………………………………………………………… *131*
　　　5.1　弁済の充当の意義と趣旨 …………………………………… *131*
　　　5.2　弁済充当決定の方法 ………………………………………… *132*
　　　5.3　弁済の証拠 …………………………………………………… *133*
　6　代物弁済契約 …………………………………………………………… *134*
　　　◆ 導入対話 ◆
　　　6.1　代物弁済の意義 ……………………………………………… *134*

6.2　代物弁済の要件…………………………………………………………… *135*
　　　6.3　代物弁済の効果…………………………………………………………… *137*
【展開講義 28】　代物弁済による債務の消滅時期とその目的物の所有
　　　　　　　　権移転時期はいつか………………………………………… *138*
　　　6.4　代物弁済の予約…………………………………………………………… *138*
　7　供　　託 ……………………………………………………………………… *140*
　　◆ 導入対話 ◆
　　　7.1　供託の意義と種類………………………………………………………… *141*
　　　7.2　供託の法的性質…………………………………………………………… *141*
　　　7.3　供託原因 ………………………………………………………………… *142*
　　　7.4　供託方法 ………………………………………………………………… *143*
　　　7.5　供託の効果 ……………………………………………………………… *144*
　　　7.6　供託物払渡請求権の消滅時効 …………………………………………… *147*
　8　相　　殺 ……………………………………………………………………… *147*
　　◆ 導入対話 ◆
　　　8.1　相殺の意義と機能………………………………………………………… *147*
　　　8.2　相殺の要件 ……………………………………………………………… *149*
【展開講義 29】　同一の不法行為から双方に不法行為債権が生じた場
　　　　　　　　合に相殺できるか …………………………………………… *152*
【展開講義 30】　差押と相殺──相殺の担保的機能……………………………… *153*
　　　8.3　相殺の方法 ……………………………………………………………… *154*
　　　8.4　相殺の効果 ……………………………………………………………… *155*
　　　8.5　相殺契約と相殺の予約 ………………………………………………… *156*
【展開講義 31】　相殺予約は第三者に対しても有効か ………………………… *156*
　9　更　　改 ……………………………………………………………………… *156*
　　◆ 導入対話 ◆
　　　9.1　更改の意義 ……………………………………………………………… *157*
　　　9.2　更改の種類 ……………………………………………………………… *157*
　　　9.3　更改の要件 ……………………………………………………………… *157*
　　　9.4　更改の方法 ……………………………………………………………… *158*

   9.5 更改の効果 ……………………………………………… *158*
 10 免　　除 ……………………………………………………… *159*
   10.1 免除の意義 ……………………………………………… *159*
   10.2 方　　法 ………………………………………………… *159*
   10.3 効　　果 ………………………………………………… *159*
 11 混　　同 ……………………………………………………… *159*
   11.1 意　　義 ………………………………………………… *159*
   11.2 効　　果 ………………………………………………… *159*
 【展開講義 32】　債権の消滅と債権関係 …………………………… *160*

第6章　多数当事者の債権・債務関係
 1 分割債権・分割債務 ……………………………………………… *161*
  ◆ 導入対話 ◆
   1.1 分割債権 ………………………………………………… *161*
   1.2 分割債務 ………………………………………………… *163*
 2 不可分債権・不可分債務 ………………………………………… *164*
  ◆ 導入対話 ◆
   2.1 不可分債権 ……………………………………………… *165*
   2.2 不可分債務 ……………………………………………… *166*
 3 連帯債権・連帯債務 ……………………………………………… *167*
  ◆ 導入対話 ◆
   3.1 連帯債権 ………………………………………………… *168*
   3.2 連帯債務 ………………………………………………… *168*
   3.3 不真正連帯債務 ………………………………………… *180*
 【展開講義 33】　一部免除とは何か ………………………………… *181*

第7章　人的担保として機能する保証債務
 1 保証債務の意義および性質 ……………………………………… *183*
  ◆ 導入対話 ◆
   1.1 保証債務の意義 ………………………………………… *183*

		1.2 保証債務の性質 …………………………………………… 184

2 保証債務の成立 …………………………………………………… 185
 2.1 保証契約 ……………………………………………………… 185
 2.2 保証契約の成立要件 ………………………………………… 185
3 保証人と債権者との間の関係 …………………………………… 187
 3.1 保証債務の内容 ……………………………………………… 187
【展開講義 34】 主たる債務が生じた契約の解除と保証との関係 ……… 188
 3.2 債権者の権利 ………………………………………………… 189
 3.3 保証人の権利──抗弁権 …………………………………… 189
【展開講義 35】 主たる債務に取消事由ある場合と保証との関係 ……… 191
 3.4 主たる債務者または保証人について生じた事由の効力 …… 192
4 保証人の求償関係 ………………………………………………… 194
 4.1 求償権の成立要件 …………………………………………… 194
 4.2 求償権の範囲 ………………………………………………… 195
 4.3 求償権の制限 ………………………………………………… 195
 4.4 事前求償 ……………………………………………………… 196
 4.5 主たる債務者が複数いる場合の求償 ……………………… 197
 4.6 保証人の代位権 ……………………………………………… 198
【展開講義 36】 機関保証 ………………………………………………… 198
5 特殊な保証 ………………………………………………………… 200
 ◆ 導入対話 ◆
 5.1 連帯保証 ……………………………………………………… 201
【展開講義 37】 連帯保証と連帯債務・(普通) 保証とはどのような点
     で異なるのか ……………………………………… 203
 5.2 共同保証 ……………………………………………………… 204
 5.3 根保証 ………………………………………………………… 206
【展開講義 38】 根保証 (継続的保証) の解約権にはどのようなもの
     があるか …………………………………………… 209
 5.4 身元保証 ……………………………………………………… 210
 5.5 工事完成保証 ………………………………………………… 213

第8章 債権譲渡・債務引受・契約上の地位の譲渡

- 1 債権譲渡・債務引受・契約上の地位の譲渡の相互関係 ……… 216
- 2 債権譲渡 …………………………………………………………… 218
  - ◆ 導入対話 ◆
  - 2.1 債権の譲渡性 …………………………………………………… 218
  - 【展開講義 39】 譲渡禁止特約付債権に対する差押・転付命令と466条2項 ………………………………………………… 221
  - 2.2 指名債権の譲渡の方法 ………………………………………… 223
  - 2.3 指名債権の譲渡を債務者に主張する方法（債務者に対する対抗要件）………………………………………………………… 225
  - 2.4 指名債権の譲渡を第三者に主張する方法（第三者に対する対抗要件）………………………………………………………… 233
  - 【展開講義 40】 指名債権の多数譲渡 …………………………… 236
  - 2.5 証券的債権の譲渡 ……………………………………………… 236
- 3 債務引受 …………………………………………………………… 241
  - ◆ 導入対話 ◆
  - 3.1 債務引受の意義と性質 ………………………………………… 241
  - 3.2 免責的債務引受 ………………………………………………… 243
  - 3.3 併存的債務引受 ………………………………………………… 245
  - 3.4 履行引受 ………………………………………………………… 246
- 4 契約上の地位の譲渡 ……………………………………………… 248
- 【展開講義 41】 契約上の地位の譲渡の第三者対抗要件 ………… 249

事項索引 ………………………………………………………………… 251
判例索引 ………………………………………………………………… 255

文献略語

安達・	安達三季生・債権総論講義（信山社，1990年）
石坂・	石坂音四郎・日本民法（債権総論）（有斐閣，1911年）
梅・	梅謙次郎・民法要義（巻之三債権編）（明法堂，1897年）
内田（勝）・	内田勝一・債権総論（成文堂，2000年）
内田（貴）・	内田貴・債権総論・担保物権（東京大学出版会，1996年）
奥田・(上)(下)	奥田昌道・債権総論（上）（下）（筑摩書房，1982，1987年）
奥田・〔増補版〕	奥田昌道・債権総論〔増補版〕（悠々社，1992年）
於保・	於保不二雄・債権総論〔新版〕（有斐閣，1972年）
潮見・	潮見佳男・債権総論〔第2版〕（信山社，2001年）
鈴木・	鈴木禄弥・債権法講義〔改定版〕（創文社，1987年）
注解判例民法(2)・	林良平編・注解判例民法（2）「債権法」（青林書院，1987年）
注民(10)～(12)・	注釈民法(10)～(12)〔著者名〕（有斐閣，1966年～1987年）
富井・	富井政章・民法原論（債権総論上）（有斐閣，1929年）
鳩山・	鳩山秀夫・増訂改版日本債権法（総論）（岩波書店，1925年）
林＝石田＝高木・	林良平＝石田喜久夫＝高木多喜男・債権総論〔改訂版〕（青林書院，1996年）
平井・	平井宜雄・債権総論〔第2版〕（弘文堂，1994年）
星野・	星野英一・民法概論Ⅲ（債権総論）（良書普及会，1978年）
前田・	前田達明・口述債権総論〔第2版〕（成文堂，2000年）
水本・	水本浩・債権総論（民法セミナー4）（一粒社，1976年）
民法学(4)・	奥田昌道他編・民法学4（有斐閣，1976年）
民法講座(4)・	星野英一編・民法講座4債権総論（有斐閣，1985年）
柚木・(上)(下)	柚木馨・判例債権法総論（上）（下）（有斐閣，1950，1951年）
柚木＝高木・	柚木馨＝高木多喜男・判例債権法総論〔補訂版〕（有斐閣，1971年）
我妻・講義Ⅳ	我妻栄・新訂債権総論（民法講義Ⅳ）（岩波書店，1964年）
我妻ほか・判コメ	我妻栄＝有泉亨＝水本浩・判例コンメンタール債権法（日本評論社，1965年）

導入対話による

民法講義（債権総論）

第1章　債権法とは何か

1　債権の意義と性質

―――――◆　導入対話　◆―――――

学生：先生，「さいけん」という言葉は，日本語では，いろいろな意味があるんじゃないですか。たとえば，債権，債券，再建などですが……。
教師：そうだね。では，それぞれの意味をきみは知っているかい。
学生：ウーン……，再建は，再度建て直すことで……，債券は，あっそうだ，投資した場合に，……債券を買ったと父が言っていたな。
教師：なるほど，では，きみがあげた最初の「債権」というのはどうかな。
学生：それも債券と同じじゃないんですか。
教師：さあ，どうかな。

1.1　債権の意義

(1)　債　権　と　は

債権とは，特定の人が特定の人に対して一定の行為を請求できる権利をいい，人の人に対する権利（対人権）ととらえることができる。その典型は契約によって発生する債権である。たとえば，買主Aと売主Bとの間でB所有の土地について売買契約が成立すると，AにはBに対して所有権の移転を請求する権利や土地の引渡を請求する権利が発生し，BにはAに対する売買代金の支払を請求する権利が発生する（図1参照）。これらのAやBに発生する権利が債権である。そして，一定の行為を請求できる権利（債権）を有している者を債権者，請求の相手方，すなわち一定の行為をすべき義務（債務）を負っている者を債務者という。上の例でいえば，所有権の移転や土地の引渡に関しては，買主Aが債権者，売主Bが債務者となり，代金支払に関しては，逆にBが債権者，Aが債務者になる。

債権者は，債権にもとづいて債務者に対しその一定の行為を請求できるが，請求の対象（これを債権の目的または債権の客体という）となるのは，債務者の一定の行為であり，これを給付という。上述のＡＢ間の売買契約でいえば，買主Ａの債権の目的は売主Ｂの所有権移転行為や目的物引渡行為であり，Ｂの債権の目的はＡの代金支払行為である。もっとも，債権の目的となるのは，このような債務者の積極的な行為（作為）に限られず，消極的な行為（不作為）でもよい（たとえば，一定レベル以上の騒音を出さないというような債務。債権の目的については，第2章参照）。

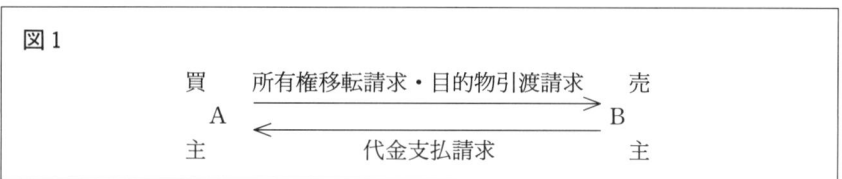

図1

(2) 債権と請求権

債権は，債権者が債務者に対して給付を請求する権利であるから，請求権の一種である。しかし，債権の権利内容は請求権につきるわけではなく，給付保持力や摑取力といった権能を含み（これらについては，第3章1参照），他方では，物権にもとづく請求権（物権的請求権）や親族法上の請求権（夫婦の同居・扶助・協力請求権（752条）など）も存在するので，単純に債権は請求権であるということはできない。もっとも，債権と同じ意味で請求権という用語が使われることがある（721条・724条など）。

1.2 債権の法的性質

民法は，財産権として，債権のほかに物権を規定している。物権は，特定の物を直接的かつ排他的に支配できる権利，すなわち人の物に対する支配権である。そして，この物権の性質と対比することによって債権の法的性質をより明確にすることができるので，以下では物権と対比しながら債権の性質を述べていくことにする（物権の意義と法的性質については，『導入対話による民法講義（物権法）』第1章1参照）。

(1) 直接性の欠如

まず，権利内容を実現するために他人の行為を必要とするかどうかについて，

物権と債権とで違いが見られる。すなわち，物権においては，他人の行為を介在しないで権利者自ら目的物を支配することによって権利内容を実現することができ，これを物権の直接性という。これに対し，債権では，常に債務者という他人の行為（給付）がなされることによってのみ権利内容が実現される。賃貸借契約における賃借人の賃借権のように，最終的には物の支配を内容とする債権であっても，債務者である賃貸人の引渡行為がなされて初めて目的物の支配が可能となるのである。このことから債権には直接性がないといわれている。このような物権と債権との差違は，権利の対象（客体）が物か人の行為かという違いによるものである。

(2) 平　等　性

物権は物を直接に支配できる権利であるから，同一物の上に同一内容の物権が複数併存することはできない。たとえば，ある土地についてAが所有権を取得しておれば，同時にA以外の者が所有権を取得することは認められない。これを物権の排他性という。ただし，物権の排他性は登記や引渡といった公示手段（対抗要件）の具備と結びついていることに注意する必要がある。これに対し，債務者の行為を請求する債権は，債務者の意思を媒介として実現される権利であるから，そこには排他性がなく，同一内容の債権が併存することができる。たとえば，同一の日時に異なる場所で講演する債務がその例である。もっとも，実際に実現されるのはそのうちの一つであり，実現されなかった他の債務は債務不履行（履行不能）の問題として処理される。このように債権には排他性がないために，同一債務者に対して成立している複数の債権は，その成立の前後によって債権の効力に優劣がなくすべて平等に扱われる。その結果，債務者の破産の場合には，複数の債権者は平等に扱われ，その債権額に応じた按分比例によって弁済を受けることになる。これを債権者平等の原則という。

(3) 相　対　性

物権は，だれに対しても主張できる権利であり，権利者以外のすべての者が物権を侵害してはならない義務（不可侵義務）を負う。これを物権の絶対性という。これに対し，債権は，特定の債務者に対してのみ主張できる権利であり，債務者のみが債権を侵害しない義務（履行義務）を負う。これを債権の相対性という。物権と債権にはこのような違いがあることから，物権が侵害されたと

きは，原則として，常に物権的請求権によってその侵害を排除することができ，また不法行為が成立するのに対し，債権については，債務者以外の第三者によって侵害されることはあり得ないから，債権にもとづく侵害の排除は認められず，また債権侵害が不法行為になることもない，とかつては解されていた。しかし，今日では第三者の債権侵害による不法行為の成立が認められているし，また不動産賃借権による妨害排除請求権も認められている（これについては，第3章1参照）。もっとも，不法行為の成立の判断にあたっては物権と債権の違いが考慮されており，不動産賃借権以外の債権について妨害排除請求権が問題となることはないので，上述のような物権と債権の間の権利としての基本的な性質の違いは否定できない。

(4) 譲渡性の有無

物権は，物に対する権利であることから，譲渡性が認められている。債権も，原則として譲渡性が認められている（466条1項本文）。しかし，債権は人に対する権利であることから，譲渡性が制限されたり，当事者の特約によって譲渡性を否定したりすることができる（466条1項但書・2項。債権譲渡については，第8章参照）。たとえば，他人の土地を利用する権利であっても，物権である地上権や永小作権（272条参照）では譲渡性が認められているのに対し，債権である賃借権では譲渡性が制限されている（612条。詳細は，債権各論の教科書に譲る）。

2　債権法の意義と内容

2.1　財貨移転秩序に関する法としての債権法

1.1で述べてきたような債権を取り扱う民法の分野を債権法というが，この債権法は，財貨移転の秩序に関する法であるととらえることができる。たとえば，1.1で取り上げたＡＢ間の土地の売買契約を例に述べると，この売買契約によって買主Ａには所有権の移転や土地の引渡を求める債権が発生し，売主Ｂには代金の支払を求める債権が発生する。そして，これらの債権が実現（履行）されることによって，これまで売主Ｂに帰属していた土地や買主Ａに帰属していた金銭の一定額（売買代金額）といった財貨がそれぞれ相手方ＡやＢに

移転することになる。このように，債権法は財貨移転の秩序を規律する法であるということができる。これに対し，物権を取り扱う民法分野を物権法というが，この物権法は財貨帰属の秩序に関する法ととらえることができる。たとえば，前述の売買の目的土地は売主Bが所有権という物権を有していたが，このことはその土地がBに帰属し，しかもBによって自由に使用・収益・処分されるという支配に服していたことを意味していた（206条参照）。そして，売買によって買主Aがその土地の所有権を取得したということは，今度はその土地がAに帰属し，Aがこれを自由に使用・収益・処分できることを意味することになるのである。

2.2 債権法の意義

2.1で述べた財貨移転の秩序を規律する債権法とは，形式的には民法第3編債権（399条〜724条）をいう（形式的意義における債権法）。しかし，実質的には債権関係を規律する法規の全体を意味する。したがって，実質的意義における債権法は，民法第3編を中心としつつ，民法の他の編（たとえば，第1編第1章 人，第2章 法人，第4章 法律行為，第6章 時効など）や債権に関する特別法（たとえば，利息制限法，供託法，借地借家法，失火責任ニ関スル法律，自動車損害賠償保障法など）をすべて含む。

2.3 債権法の内容

債権法の中心部分を占める民法第3編債権は，総則・契約・事務管理・不当利得・不法行為の5章から成り立っている。総則は，およそ債権一般に共通に適用される通則的規定を集めたものであり，債権の目的・債権の効力・多数当事者の債権関係・債権の譲渡・債権の消滅から成っている。この総則を対象とするものが講学上債権総論と呼ばれ，いわば債権の一般理論を扱っている。つぎに，契約・事務管理・不当利得・不法行為は，それぞれが債権の発生原因に当たるものであり，これらを対象とするものは債権各論と呼ばれている。

2.4 債権法の特色

(1) 任意法規性

債権法は，原則として任意法規である。物権と異なり，債権は排他性がないので，第三者に影響を与えることが少なく，そのため，契約自由の原則などの当事者の意思を尊重するシステムがとられている。しかし，借地借家法などの

特別法では，強行法規化がみられる。
(2) 普　遍　性
　物権法や家族法が地域的色彩や民族的特色を有するのに比べて，債権法は普遍的性質を有する。さらに，国際取引の発達がこの傾向に拍車をかけており，特に動産売買取引においてこの現象が著しい。
(3) 信義則の支配
　債権法では信義則（信義誠実の原則）の支配が強い。債権債務関係は当事者の信頼関係の上に成り立つものであるからである。信義則は，民法1条2項に民法の基本原則として定められているが，債権法において強く働く原理である（信義則については，『導入対話による民法講義（総則）』第2章参照）。

第2章 債権の目的・内容

1 債権の目的の意義

― ◆ 導入対話 ◆ ―

学生：先生，先日，私の祖父が他界したので，お寺さんに供養を頼んだのです。でも，いくらぐらい払えばいいのかよく分からないねって，母が言うんです。
教師：確かにそうだね。コンビニで，ジュースを買うのと違って，値段があってないようなものだからね。
学生：そうなんです……。値段がわからないような内容を目的とするものにも，債権が発生するんですか。もし，発生するとすれば，その内容はどのようなものなんですか。
教師：さあ，民法は，こうしたものに債権の発生があると言っているか，これから勉強してみよう。

債権の目的には，二つの意味があり，一つは，対象，内容をさし，二つ目には，手段に対する目的をいう場合である。ここにいう，債権の目的とは，債権の内容をいい，債権者が債務者に対して「一定の行為を要求することのできるもの」をいう。すなわち，債務の内容＝債務者の行為といえる。物権法では民法175条で，原則として，法律に定められたもの以外の物権ならびに内容を当事者で決めることはできないと定めている。これとは反対に，債権は，公序良俗に違反する（90条）とか，強行規定に反するとか（91条）以外，その種類，内容をわれわれが自由に定めることができるという「法律行為（契約）自由の原則」による。

1.1 債権成立の客体としての給付

ところで，債権の目的たる給付（債務者の行為）は，金銭の支払，品物の引

渡のような積極的な行為（作為債務）から，たとえば，夜，何時以降はピアノを弾かないというような消極的な行為（不作為債務）も含まれる。なお，講義では，債権の目的と債権の目的物とは区別されているが，民法における用語は統一されていない（402条2項・419条1項参照）。

では，どのような内容でも債権の目的になりうるのだろうか（法的拘束力の付与の要件）。

1.2 給付の有効要件

(1) 一般的要件

債権の発生原因には，法律の規定にもとづきその定める内容をもったものとして発生する場合と，法律行為，とくに契約によって発生する場合とがある。前者を法定債権といい，当然以下のような有効要件をそなえているものとして取り扱われる。しかし，契約自由の結果，債権が法律行為（契約）によって生ずる場合には，有効であるための要件をそなえていなければならない。それは，①給付が適法であり（適法性），②社会的見地からみて妥当なものであり（社会的妥当性），③実現でき（可能性），そして，④確定できる（確定可能性）ことを必要とする。

(a) 目的の適法性・社会的妥当性　これには，債権の目的である給付自体が違法ないし公序良俗違反（90条）の場合と，結婚しないとか，営業しない等，債権として法律的拘束力を認めることが違法ないし公序良俗に反する場合にも，その債権は無効となる。

(b) 目的の可能性　債権の目的は実現可能なものでなければならず，不能な給付を目的とする債権は無効である。可能か不能かは物理的なことではなく，通常の社会観念による（東京高判昭30・6・27下民集6巻6号1204頁）。そして，その判断時期は債権成立の時である。したがって，給付が債権成立時に不能（原始的不能）の場合には，その債権は無効となる。反対に，債権成立後に不能となった場合には（後発的不能）履行不能の問題を生じ，損害賠償（415条）か危険負担の問題（534条・536条）となるが，債権の効力には影響はない。ただし，債権の成立要件をはじめからそなえていない（これを原始的不能という）場合でも，一部不能の場合には売主の担保責任（560条以下）が，全部不能の場合には，いわゆる「契約締結上の過失」が問題となる（最判昭25・10・26民集

4巻10号497頁，最判昭42・6・29判時494号41頁）。

(c) 目的の確定（可能）性　給付の内容は債権成立時に具体的に確定しなくても履行期までにこれを確定できる標準が定まっていればよい（大判大5・3・14民録22輯360頁）。なぜなら，債権は目的物の直接支配が内容ではなく，その履行が将来なされうるものだからである。この標準は，まず第一に，当事者の意思，すなわち，当事者の目的を合理的に解釈して定められる。それが不明な場合，第二に，民法の定めを活用し（401条・402条・403条・406条・408条・409条・417条・489条等），取引上の通念，慣習を参考に，当事者の目的を合理的に解釈し，たとえば，契約ではその社会的目的を考慮するなどして定められる。こうした標準でも給付内容を確定できない場合，たとえば，目的物の二分の一のみ表示したが，その二分の一の分割方法やどの部分であるかということをなんら定めなかったという債権は無効となる（大判大12・7・27民集2巻572頁）。

では，給付の内容が定まらない場合に，現実の手続をどのようにするのか。一方当事者は，相手方または第三者に対して確定すべきことを訴求できるか，また，裁判所に対して指定を求めることができるかである。我妻博士は，前者は，現行訴訟法上では訴訟上の利益を欠き，後者においては，許されないとされる[(1)]。どのような方法によるのかは，当事者が，自ら合理的と考える内容を定めて，その給付を訴求し，裁判所は，その裁判における先決問題として，その債務内容を決定することになる。結果的には，これが裁判所の決定となる。

(2) 特別の要件

以上の一般的要件に加えて，債権の目的の特別の要件として，債権の目的が経済性（金銭的価値）をもつものでなければならないか。古くは，債権の範囲が不明になるとの理由により，債権は金銭的価値をもっていなければならないとの考え方もあった。しかし，今日，人格的利益を目的とする場合でも法的保護がなされており，給付は「金銭ニ見積ルコトヲ得サルモノ」（399条）でも債権の目的とすることができる。この意味は，金銭的価値のない行為に拘束力をもたせるのは，常に必ずしも道徳，宗教により拘束されるだけではなく，法律的拘束（債務を履行しない場合は損害賠償を負わされる）をも受けることがあるとの趣旨である。さらに，金銭に見積もりうるとは，金銭的価値を与えるとい

うことか，給付自体が金銭的価値を有するということか。この点は，399条の趣旨を，いずれの意味においても金銭的価値を必要としないということであると解すべきであろう。

では，金銭的価値を有しない給付がすべて裁判上の法的保護を与えられると解すべきか。当事者の意思，その他の事情に従って決定しなければならないが，道徳，宗教等の領域に属する非法律関係が，社会的にみて裁判上の保護に値しない場合には法律上の債権債務の関係を生じないと解すべきであろう（称名念仏事件＝東京地判大正2（ワ）922号新聞986号25頁）。なお，金銭に見積もりえない債務者の行為を内容とする債権が成立すればその債権の効力は一般の債権と同様である。強制執行の手段は代替執行（414条，民執171条）か，間接強制（民執172条）によることになろう。金銭に見積もりえないということより，損害賠償額の算定に困難をきたさないかとの疑問もあるが，いわゆる慰謝料が金銭をもって支払われることと同様，算定は可能といえる。

2　給付の内容による債権の種類（概説）

給付の種類には制限はないが，その態様，あるいはその内容である給付の目的物の性質等により分類が可能である。債権の目的は一般に次のように分類されている。まず，給付が物の引渡（交付）によるか，それとも債務者の行為によるかである（与える債務となす債務）。そして，前者については給付の目的物が特定しているか否かにより（特定物債権と不特定物債権，種類債権ともいう），後者については債務者の行為が積極的か消極的かによりさらに分類される（作為・不作為）。また，給付が分割的に実現しうるか否か（可分給付，不可分給付）により分類され，これは多数当事者の債権関係において問題となる。給付の実現の態様に着目すると，給付が一時的か，回帰的か，継続的かにより分類される。

さらに，最近ではフランスの判例・学説による「結果債務」，「手段債務」という分類も有益とされている。

(1) 特定物債権と種類債権（不特定物債権）

特定物債権は，一定の特定された占有の引渡を目的とする債務を内容とし，

種類債権(不特定物債権)は,一定種類に属する物の一定量の引渡を内容とする。したがって,種類債権は,履行のために給付が特定されねばならない。両者は,引き渡される物に対する関係の緊密性に濃淡を生ずる。種類債権は抽象的な価値の一定量の給付に限りなく近づく。また,債務者の物の保管義務の程度に違いを生ずる(400条)。

(2) 作為債務と不作為債務

作為債務とは,請負人の義務とか,労務者の行為等,給付としての債務者のなす行為が積極的行為である場合をいい,不作為債務とは,隣地を観望しないとか,一定の土地を通行しない等,不作為の意思を有するか否かは別として,給付の内容が一定の行為をしないという消極的状態を保持すべきものをいう。広い意味では与える債務も作為債務であるが,与える債務では債務者自身の行為であるか否かはほとんど意味をもたず,その物の引渡が重要となることから,債権の強制執行において著しい差異を生ずる。

(3) 与える債務・なす債務

与える債務とは,売買から生ずるような物の引渡を目的とする債務をいい,特定物引渡債務,種類債務がこれにあたる。なす債務とは,それ以外の労務を給付する等,作為,不作為債務がこれにあたる。この分類の意義は,なす債務においては給付と債務者の人格とが結合していることから,とくに,強制履行の方法に重要な差異を生ずる。

(4) 可分債務・不可分債務

給付を分割して実現しうるか否かによる区別である。可分給付は,当事者の意思ないしは法の規定により(手39条2項)生ずる。不可分給付には,給付を分割することにより給付の本質ないし価値を害するために不可分の物(性質上の不可分)と,給付の性質上は分割可能ではあるが,当事者の意思により不可分としたために生ずる場合とがある。この区別の実益は,多数当事者の債権関係について生ずる。

(5) 一時的給付・回帰的(反復的)給付,継続的給付

この分類は,その給付が,土地の譲渡,書物の売買等,一個または数個の個々の給付行為によって債権が満足されるか(一時的給付),新聞の配達,牛乳の配達等,一定期間反復してなされるものであるか(回帰的(反復的)給付),

土地の貸借，電気・ガス・水道の供給のように給付が継続してなされることによって，初めて債権の満足がえられるものである場合か（継続的給付）による区別である。回帰的（反復的）給付・継続的給付においては，なんらかの基本債務が存在し，それを基礎として個々の独立した支分債権が発生することが特色である。ただし，この各個の給付が独立しているといっても，全給付の部分であることには変わりがない。この区別の実益は，債務不履行，契約の解除の効果について現われる。すなわち，回帰的（反復的）給付・継続的給付においては，その解除は債務の性質上，将来に向かって終了するにとどまり，遡及しない。また，継続的給付においては，当事者間に継続的な関係を生ずることから，一時的給付の場合と異なり，当事者間の人的関係，すなわち，信頼関係を生ずる点に特色があり，弁済や，債務不履行，同時履行の抗弁権などにおいて異なった取扱いがなされ，さらに信義則や事情変更の原則の適用の余地が強くなる[2]。

(6) 結果債務・手段債務

結果債務とは特定物の引渡債務のように一定の結果が目的とされた債務をいう。手段債務は，医師の診療債務のように，結果の実現（治癒）が目的ではなく，病気の治癒のために注意深く努力，尽力することが内容となっている債務をいう。この分類は，責めに帰すべき事由の証明責任に関して実益がある。すなわち，前者では結果給付の実現のないことを証明すれば不履行を証明したことになるのに対して，後者ではそこでなすべき行為内容をあげ，かつ，そのことの履行がなかったことを証明しなければならない。民法は，以上の給付の分類のうち，特定物引渡債権，種類債権，金銭債権，利息債権，選択債権について規定している。これ以外に，任意債権と損害賠償債権とがある。前者は，選択債権と対比され，後者は債務不履行，不法行為（709条）によって生ずる。

---

[1] 我妻・講義IV22頁。
[2] 橋本恭宏「継続的契約・継続的債権関係という観念は，有用ないし必要か」講座現代契約と現代債権の展望⑤55頁以下所収。

【展開講義 1】 不作為債(権)務はどのような債務か

一般に，不作為債務とは，給付の内容が一定の行為をなさないという消極的

状態を保持すべきものをいう。今日，この不作為債務の問題は，たとえば一定の環境を保持するためとか，一定の場所に一定の構築物を建てないとか，騒音を出さない等，種々重要な意味をもっている。しかし，わが民法は，不作為を目的とする債務の強制履行の方法を定めるのみで（414条3項），ドイツ民法のような，給付は不作為についても認められるとか（ド民241条），フランス民法のような，一定の行為をなさざるべき債務不履行は損害賠償に転化するとか（フ民1142条）の規定がない。むろん，わが民法も，不作為債務が法律上の債務ではないということではない。しかし，その給付内容が一定の行為をなさないという特質から，その法律関係をどのように考えるべきかについては問題がある。まず，不作為給付とは何か，たとえば，その内容が不作為であるとしても，他人の権利を侵害しないとか，相隣関係にともなう受忍義務のようなものはこの概念には入らない。さらに，その有効要件においても，何をなさないかという消極状態を維持することが履行となるから，不作為債務を履行する意思の有無を問題とする必要はない。また，不作為給付の本質を考えるとき，それが，法律上の行為でないこともあるが，法律上の行為の場合にも，そこでいう意思は，いわゆる効果意思とは異なるものであるから意思表示（93条以下）の適用は問題とはならない。なお，不作為給付は不可分債務の法理に従う。不作為債権を目的として担保を設定できるかについては，人的担保についてはこれを肯定できるが，物的担保については否定すべきであろう。

2.1 特定物の引渡（＝特定物債権）

(1) 特定物債権の意義

特定物債権とは，何丁目何番地所在の土地一筆（いっぴつ）とか，何丁目何番地所在の建物一棟（いっとう）というように，当事者の意思によって，具体的に特定している物の占有を移転することを目的とする債権をいう。特定物の引渡とは，所有権の移転する場合と，占有だけを移転する場合の両者を含む占有の移転のことをいう。この法律関係はさまざまな原因によって生ずるが，贈与，売買，交換，使用貸借，賃貸借，寄託，委任，請負，事務管理，不当利得，また，取消，解除による原状回復義務の内容としてなんらかの財産権を移転する場合において生ずることもある。ただし，特定物の引渡が問題となる債権を一括して特定物債権としてもあまり意味はなく[1]，個々の契約関係（債権債務）のなかで，その内容を特

定していくことが重要といえる。すなわち，民法400条は，当該契約，当該法律関係により定められない場合の補充的，一般的規定であるからである。特定物債権は，債権成立の初めより特定物の引渡を目的とする場合に限らない。種類債権や，選択債権において目的物が特定した場合，その時より，特定物債権となるわけではないが（種類債権には変更権がある），同様の取扱を受ける。

(2) 債務者の保管義務（善管注意義務）

民法400条は，債務者は，特定物の引渡を目的とする債権について，当該特定物の引渡をなすまで「善良ナル管理者ノ注意ヲ以テ（善良な家父の注意）」その物を保管（保存）しなければならない旨定めている。

(a) 「善良なる管理者の注意」の意味　善良なる管理者の注意（善管注意）とは，その譲渡の有償・無償に区別なく，債務者の職業，その属する社会的・経済的地位などにおいて一般に要求される程度の注意をいう。ドイツ民法では「取引上必要な注意」（ド民276条）といい，ローマ法，フランス民法では「良家の父の注意」といわれている（フ民1137条）。たとえば，不動産取引業者が業として取引を行う場合には，宅地建物取引主任者としての注意が必要となる。ところで，この概念は，各人が日常，自分の能力に応じ，自己の物を保管する注意，すなわち，民法のいわゆる「自己の財産におけると同一の注意」(659条)，「自己のためにすると同一の注意」(827条) に対置される。一般には，「善管注意」の方が，「自己の財産におけると同一の注意」等よりレベルの高い注意であり，前者の注意を怠ることを抽象的軽過失，後者の注意を怠ることを具体的軽過失という。通常，民法で過失というときはこの抽象的軽過失をさす。

(b) 保存の意味　保存とは，特定物の事実上，法律上の維持に必要な法律行為，事実行為をいい，自然的または人為的滅失・毀損から物を保護し，物の経済的価値を維持することをいう[2]。したがって，物の腐敗・変質を防ぐ行為は保存である（生まゆ乾燥事件＝大判大7・7・31民録24輯1555頁）。たとえば，不動産売買では，更地は更地として，建物は原状において保管することが必要となる。登記の管理もこれに入る。その性質は，目的物の所有権の帰属いかんにかかわりなく生ずる義務であり，他人の所有物の占有者として負担する義務ではなく，特定物について自己の占有を移転すべき義務を負っている占有者に負わしめた義務である[3]。なお，債権者が引取りに来ないとか，受領が遅滞

している場合の保存の費用は，債権者が負担する（485条の類推適用）。

　(c) 債務者の保管義務違反とその責任　　債務者が保管義務に違反すると責めに帰すべき事由があったことになり，たとえば，目的物を滅失・毀損させたような場合には，債務不履行による損害賠償の責任を負うことになる（415条）。

　(d) 「引渡ヲ為スマテ」の意義　　債務者は，物の引渡をなすまで善管注意をもって保存義務を負う。履行期までという意味ではない（通説）。ただし，①履行期にすでに責めに帰すべき事由によって遅滞にある者は，たとえ，その後の履行につき善管注意を尽くしたとしても全責任を負う。②債権者が受領遅滞に陥った場合は，債務者の注意義務は軽減され，故意・重過失についてのみ責任を負う。では，履行期後，引渡までの間で，債務者が善管注意を負うのは，結局，履行期に履行しないことの理由が不可抗力である場合，留置権（295条），同時履行の抗弁権（533条）が付着し，履行しないことが違法ではない場合（すなわち，①②にあたらない場合）といえる。

　(e) 現状引渡の原則　　債務者は，善良なる管理者の注意をもって保存した上で，その目的物自体を履行期における現状で引き渡すことを要し，かつそれで足りる（483条）。目的物が特定している結果，他のものをもって代えられないからである。したがって，履行期までに毀損すれば毀損のままで引き渡してよい。滅失したときも同様である。ただし，債務者の責めに帰すべからざる事由による滅失・毀損の場合には，危険負担の問題となる（534条）。なお，滅失したか否かは，取引観念により，必ずしも物理的観念によるわけではない。

　(f) 果実の帰属　　履行期までに果実を生じた時は，果実は目的物と別個のものだから，債務者がこれを取得する（例外，665条・646条準用）。履行期以後の果実は目的物として債権者に引き渡さなければならない。ただし，売買の場合には，果実と代金の利息とが相殺される形から，引渡前に生じた果実は売主に属する（575条1項，有償契約へ準用559条）。

2.2　種類物の引渡＝種類債権

(1) 種類債権の意義

　(a) 意義・性質・問題点　　種類債権とは，たとえば米10キロ，ビール5ケースのように，一定の種類に属する一定数量の物（不特定物）の引渡を目的とする債権をいう（401条）。正確にいうと，各個の物の一群の一般的な特徴を

指示してその群のなかの一定量をもって債権の目的とすることである[4]。今日の資本主義社会は同じ種類の商品を大量に生産し，流通させる，いわゆる種類物社会である。したがって，今日の商取引においてこの種類物とは何かということは重要である。類似の概念に「代替物」があるが，これは，一般的な取引観念であるのに対して，種類物は当事者の意思を考慮に入れた取引観念である[5]。種類債権の目的物は代替物である必要はなく，不特定物であればよい。したがって，不代替物である住宅，車でも種類債権の目的となりうる。種類債権の発生原因は，消費貸借の目的物の返還債権，消費寄託の受寄物返還債権等，とくに，種類と数量をもって指示された商品の売買において生ずる。種類債権は，当事者において，目的物の個性に着目せずその種類物の範囲ならどれでも給付してよいとする目的物の代替性を肯定してなされた債権である。したがって，①履行不能がない，②目的物特定後でもその物の代替性を失わない等の特徴を有する。種類債権は，当事者において，引き渡されるもの自体の個性に着目せず，一定範囲に属するもののうち一定量ならばどれでもよいと考えられている債務である。しかし，それでも，債務者は，定められた種類のうちどの品質のものを給付すべきかが問題となり，また，債務の内容を具体的に特定しなければ債務を履行できないので，目的物の特定が問題となる。

　(b)　制限種類債権　　種類債権ではあるが，たとえば，A港のB倉庫内にある米100キロ，というように，取引上，その範囲についてさらに制限したものがある。これを制限種類債権（限定種類債権）といい，種類債権の一種と解されている。一般に種類債権が原則として，履行不能となることがないのに対して，制限種類債権はその限度内で種類物がなくなった場合には履行不能となる。ところで，制限種類債権のようにみえても，それが種類債権か，選択債権か，特定物債権かの認定は慎重になされなければならない。制限種類債権の，その制限の範囲が狭く，その種類物に各々個性があり，当事者間でその個性を重視している場合には，選択債権に近似してくる。その場合に，目的物の特定をどうするのか。判例は，選択債権に関する規定は制限種類債権における選択権不行使の場合にも準用されるとする（大判大5・5・20民録22輯999頁）が，単に選択債権とすべきであろう[6]。両者の区別の実益は次の点にある。①給付の目的物の確定方法の相違，②選択債権では選択権を有しない者による過失にも

とづき不能となった給付を選択し，免責される（410条2項），③事変による種類物の滅失後の目的物の取扱い，④目的物に対する注意義務の程度等である。

(2) 目的物の品質

種類債権の問題の焦点はその「特定」にある。しかし，その前提として，「品質」を決定しなければならない場合がある。同種類に属するものであってもその品質が異なる場合があるからである。品質の確定方法には次の三段階がある。まず，消費貸借の返還債務は借りたものと同一の物を返す（587条）というように，法律行為（契約）の性質によって定まる。次に，上等品とか，中等品と指示するように当事者の以心伝心により定まる。さらに，以上の標準によっても定められない場合，民法は，「債務者ハ中等ノ品質ヲ有スル物ヲ」給付すべきであるとしている（401条）。何が中等品かは鑑定人の鑑定等，履行地，履行時における取引通念によって定まる（材木引渡事件＝大判大5・10・7民録22輯1853頁）。

所定の品質の異なる物を給付した場合，債務の本旨に従った履行とはならない。もし，下等品を給付された場合には，債権者はその受領を拒絶でき，債務者の債務不履行となる（415条）。これに対して，より上等品を給付された場合債務不履行になるか否かについては，受領を強制しえないとの考え方もあるが，債権者が特に中等品でなければならないような特殊の事情があるとか，必要性があるとかの事情の場合は別として，債務不履行にならないと解すべきであろう。ただし，上等品の給付を肯定するについても，債権者の反対給付と切り離して，同一の代価で上等品を給付するとする場合についてである。一般的には，上等品を給付されることは債権者にとって有利であり，かつ取引の目的を達成できるのが普通であるが，対価の増大等，債権者にとり不利益な場合もあり，かならずしも上等品でもよいということはできない。上等品の代価を請求できるかは，当該取引の諸事情により決すべきである。

(3) 種類債権の目的物の特定

(a) 意義　「種類債権の特定または集中」とは，種類債権において，給付すべき目的物を具体的に確定することをいう。種類債権は，不特定債権であり，同種の物が市場にある限り論理的には履行不能となることはない。しかし，これでは債務者の責任が不当に重くなるし，また種類債権も履行の段階では，そ

の目的物がその種類に属する物のうちのどれかに具体的に決まっていなければならない。そこで、民法は目的物の特定の方法と時期について規定し、特定後は、履行不能や、危険負担（534条・535条）についての取扱いに差異を生ずるものとした。

　(b)　目的物の特定方法と時期　　特定の方法は、①当事者の特約により目的物を選定したとき、または当事者から指定権を与えられた第三者が指定したとき、②債務者の行為によるとき（401条）とがある。

　②には、(イ)「債務者カ物ノ給付ヲ為スニ必要ナル行為ヲ完了シタルトキ」（401条2項前段）、(ロ)「債権者ノ同意ヲ得テ其ノ給付スヘキ物ヲ指定」した時である（401条2項後段）とがある。

　(イ)「債務者カ物ノ給付ヲ為スニ必要ナル行為ヲ完了シタルトキ」とは、債務者側においてなすべき行為をなし終え、債権者側においてなすべき行為があれば直ちに債務が実現される状態が現われることをいう。民法上、特約なき限り持参債務（484条）を原則としているが、債務者が物の引渡をするに必要な行為を完了したか否かは、取引の慣行、取引の通念により異なる。一般には、履行の場所との関係において持参債務か取立債務か、送付債務かで異なる。

　(i)　持参債務　　持参債務とは、目的物を債権者の住所において引き渡すべき債務をいう。目的物を債権者の住所において提供することによって特定する。債務者が物を取り分け、郵便・宅配便等の運送機関に託し発送しただけでは、特約または慣習なき限り特定しない（鱈(たら)不着事件＝大判大8・12・25民録25輯2400頁〔民法判例百選(初版)8頁〕）。

　(ii)　取立債務　　取立債務とは、目的物を債務者の住所において引き渡すべき債務をいう。債務者がその住所において引き渡すべき目的物を取り分け、これをいつでも債権者に引き渡すことができる状態におき、かつその旨を債権者に通知することによって特定する（493条但書）。単に引渡の準備をして口頭の提供（493条但書）をしただけでは特定しない（漁業用タール引渡事件＝最判昭和30・10・18民集9巻11号1642頁）。なお、この通知が不到達の場合も特定を生ずると解される。

　(iii)　送付債務　　送付債務とは、債権者または債務者の住所以外の第三地において引き渡すべき債務である。この種の債務では独立の標準はない。裁

判例では，債務者が第三地において履行することが義務の場合には持参債務と同じく，目的物が第三地に到達して債権者が受領できる状態になった時に特定し（最判昭47・5・25判時671号45頁），債権者の要請に応じ，債務者の好意でなす場合には，第三地に向けて分離・発送した時に特定するという。ところで，特定を生ずるための債務者の行為は債務者が履行遅滞から免責される弁済の提供（492条）とは必ずしも一致しない。弁済の提供は口頭の提供でも十分であるが（493条但書），口頭の提供だけでは特定は生ぜず，目的物の分離の終了を必要とする（前掲最判昭30・10・18＝漁業用タール引渡事件）。

　㋺　さらに，「債権者ノ同意ヲ得テ其ノ給付スヘキ物ヲ指定」したときに種類債権は特定する。

　この意義については学説上の争いがある。これは，特約によって債権者から債務者に指定権（一種の形成権）が与えられた場合と解される（通説）。しかし，その同意が，「物の指定に対する」同意か，「給付すべき物」についての同意かは問題である。種類物に品質の差異がない場合は前者と解してよいが，そうでない場合には後者と考えられるから，この両者の意味を含むと解される[7]。なお，債権者の同意を要するから，㋑のような行為の完了は要しない。

　では，指定権者が右の指定権を行使しないか，行使しえない場合はどうなるか。学説ならびに判例では，選択債権の規定を準用（408条・409条2項）すべきとするものがある（大判大5・5・20民録22輯999頁）。また，㋑の債務者の行為によって特定を生ずるとするものもある[8]。給付の目的物の性質（個性の強弱等）によっては，選択債権とみた方がよい場合と，債務者の行為によって特定が生ずると解する方がいい場合があろう。

(3) 特定の効果

　民法は特定の効果につき統一的規定はない。特定後はその債権は特定した物だけを目的とする。債務者はその目的物を引き渡すまで善管注意義務を負う。双務契約の場合には，特定の時から危険負担は債権者が負う（534条）。また，特定により目的物の所有権は，特約なき限り債権者に移転する（最判昭35・6・24民集14巻8号1528頁，大判昭7・6・25裁判例6巻196頁）。

(a) 種類債権の目的物が特定した後の種類物債権は特定債権に転化するのか。

　立法者は特定物になると解している[9]。たしかに，目的物特定後は，特

定物の給付を目的とする債権となるという意味では特定物債権になるといってもよい。しかし，本来の特定物債権とは異なり代替性を失われず，特定後，同種・同品質・同量の物を引き渡しても債務の本旨に従った履行となり，この意味で従来の種類債権としての性質は失わず，このことは，さらに，後述の変更権が認められることの根拠ともなる。

(b) 種類債権が特定した後でも債務者に変更権が認められるか。　かつての学説では相手方の同意なき限り変更できないとされていた。今日では，判例・通説とも，目的物の特定により種類債権が特定物債権となるか否かの見解の相違により，その理由を異にするが，この変更権は承認している。

---

(1) 奥田・(上)35頁。
(2) 於保・29頁。
(3) 注民(10)・3頁〔金山〕。
(4) 浅井清信「種類債権の特定」総合判例研究叢書民法(7) 4頁以下参照。
(5) 注解判例民法(2)16頁。
(6) 同旨，我妻・講義Ⅳ120頁，於保・34頁，林＝石田＝髙木・33頁。
(7) 同旨，注民(10)・90頁〔金山〕。
(8) 於保・125頁。
(9) 法典調査会議事速記録24巻146頁〔梅〕。

〰〰〰〰〰〰〰〰〰〰〰〰〰〰〰〰〰〰〰〰〰〰〰〰〰〰〰〰〰〰〰〰〰〰〰〰〰〰

【展開講義　2】　特定後の変更権

　種類債権が特定すると，それ以後はその物を給付すべきこととなる。したがって，論理上は，その後当該目的物を変更することはできない。学説には，相手方の同意のない限り変更できないと解するものもあった[1]。裁判例をみると，古くは，これを否定したものもあったが（横浜地判大10・10・21評論2民法45），株式の売買では，売主は特別の事情のない限り，給付すべき株式の特定後においても名義の書換えを終えるまでは，これに代えて番号の異なる同種の他の株式に変更する自由，すなわち，変更権があるとした（大判昭12・7・7民集16巻16号1120頁）。種類債権の特色は，いったん確定した目的物が，債務者の責めに帰すべき事由によって滅失，毀損したとき，債務者が目的物を変更し，種類債権としての本来の給付義務を履行し，その債権の目的を達成できることにある。債権者が特に，当初特定した物についてなんらかの特別な利益を有する場合は別として，まったく同価値の物の給付を拒絶することは信義則に反する。また，売主が目的物を一度提供したことにより特定した後，買主がこれを

受領しない場合，取引の必要上その目的物を他に売却，直ちに他の物を準備しておくことが是認されることからも変更権を肯定してよい[2]。なお，特定により，いったん生じた危険負担の移転，所有権の移転については，その効果はいまだ抽象的であるといえ，当事者が種類債権の目的物の代替性を認めるとの意思を有することで理解できると思われる。

---

(1) 富井・(上) 102頁，石坂・147頁。
(2) 我妻・講義IV34頁

2.3 金銭の支払（＝金銭債権）

(1) 金銭債権の意義

金銭債権とは，金銭によって指示された一定額の貨幣価値の給付を目的とする債権をいう。種類債権の一種である（【展開講義 3】参照）。金銭はそれ自体個性はなく，価値そのものを表わしているから，種類債権のような特定という作業は必要でなく，履行不能も生じない。したがって，一般の種類債権と異なった法的取扱がなされる。債権の目的が金銭である場合すべてを金銭債権というなら，次のものを区別する必要がある。

(2) 金銭債権の種類

(a) 特定金銭債権　　陳列，収集のため，特定の金貨を売買，貸借する契約，たとえば，骨董的貨幣（古銭）の引渡を目的とした債権をいう。その性質は特定物の引渡を目的とする債権であり，金銭債権としての特徴はない。

(b) 金種債権　　第一に，収集の目的等で，一定の種類に属する金銭（たとえば，昭和63年発行の1万円札）の引渡を目的とする債権である。これは，他の種類の金銭で給付することが許されないから，絶対的金銭債権とよばれる。その性質は，種類債権である。第二に，10万円を支払う場合に，1万円札ではなく千円札100枚でというとき，当事者の意思は一応千円札でということである。しかし，もし，法律の改正等で履行不能となった場合，一般には別種の貨幣でもかまわないであろう。これを，相対的金銭債権という。その性質は一種の金銭債権である（402条1項但書）。

(c) 外国金銭債権　　外国の金銭の引渡を目的とする債権である。外国の通

貨は，わが国では通貨としての効力はない。しかし，民法は，国際取引を考慮して，特約のない限り，その外国通貨による弁済を認めている（402条3項）。以上に対して，本節でいう金銭債権は，金額債権とよばれる。給付すべき金銭の種類については特別の定めがなく，一定額の金銭の引渡を目的とする債権である（402条1項本文）。その性質は価値債権である。相対的金銭債権はその修正されたものといえる。

【展開講義　3】　金銭債権は種類債権か

　金銭債権は種類債権の一種か否かについては大きく，①種類債権（の一種）とする説，②両者は明確に区別すべきであるとする説に分かれる。①説は，金銭債権は一見すると，金銭という特殊の種類に属する物の一定数量を目的とし，数量の単位が価額という抽象的観念により定まっている点で，種類債権と異なるようにみえるが，この差は本質的ではなく，金銭の特殊な機能による特則が設けられているにすぎないとか，金銭債権は，数量をもって表示された一定の貨幣価値を目的とし，これを実現する物自体がまったく問題にならず種類債権よりいっそう抽象的であり，目的物の特定・履行不能は生じない[1]，という。②説は，金銭債権は金銭という物の債務であり，金銭と同価値であっても，金銭以外のものの給付では債権は満足されない点で価値債権ではない，しかし，金銭は有体物であるが，取引ではその有体物として取引されるのではなく，貨幣単位を基準として授受され，紙幣か硬貨かというような種類的特徴はないから種類債権と異なる特殊な債権であるとか[2]，金銭は抽象的無体財産力であり，金銭債権は債権者が財産力に対する一定の供与を受けるべき権利であるとして，金銭はそれ自体債権の目的ではないから種類債権でも，価値債権でもないとか述べる[3]。思うに，この債権は広くは種類債権の一種であると解される。しかし，支払手段としての金銭にはまったく個性がなく，極度の代替性を有するから，それは価値表象物といえる。

　では，金銭債権に関し貨幣価値が変動した場合，金銭債権にどのように影響するか。

　これには二つの考え方がある。すなわち，その変動に応じて金額を増減するという実価主義，貨幣価値の変動にかかわらず契約上表示された一定金額を不動の債権額とする名目主義である[4]（403条参照，名額債権ともいう）。わが国は原則として名目主義を採る。その根拠については考え方が分れるが，主たるものは金銭の名目的価値により，金銭の実質的価値が変動してもなんら顧慮せ

ず，取引・支払にはなんら支障をきたさないことが，経済組織の安定には必要だからと考えている。しかし，貨幣価値が大暴落した場合にも，債務者は初めの金銭債権額を弁済することにより免責されるかは問題である。これには，2つの方法が考えられる。第一には，貨幣価値担保約款の締結である。それは，恒常的価値をもつ金の一定量を客観的基準として貨幣の価値の暴落に備えようとするもので，国際間取引に利用されている。第二は，第一次世界大戦後（1923年頃）のドイツは莫大な賠償金の支払いに苦しみ経済は不安定で，紙幣が紙くず同然のインフレーションとなった（数年間の賃借料と一片の石炭とが同価値）。この際，立法的解決に先だち，学説・判例は債権法を広く支配する信義則（ド民242条）を根拠に，そもそも，金銭債権が社会に存在する商品との均衡の上に立ち存在していることを理由に，一定金額の通貨を増額評価した。これは，いわゆる「事情変更の原則」の適用である。わが国の立法でもこの考え方を取り入れたものがある（借地借家11条・32条は，地代・家賃の増額請求を認めている，17条は借地条件の変更）が，こうした立法がない場合に一般的貨幣価値の下落の場合，この「事情変更の原則」の適用を肯定できるか否かは問題である(5)。なお，判例は，金銭債権に事情変更の原則を適用することについて消極的である（最判昭36・6・20民集15巻6号1602頁）。

---

(1) 我妻・講義IV35頁，於保・39頁。
(2) 柚木馨「金銭債務概念の再吟味」論叢30巻1号55頁。
(3) 吉岡幹夫「金銭債権」静岡大学法経論集12号31頁。
(4) 能見善久「金銭の法律上の地位」民法講座別巻(1)125頁以下参照。
(5) その要件・効果について議論がある。参考，五十嵐清『契約と事情変更』。

2.4 利息の支払（＝利息債権）

(1) 利息の意義

利息債権は利息の支払を目的とする債権であり，消費貸借，消費寄託の場合に発生するが，売買代金の支払を猶予するために利息をつけることもある。利息とは，金銭その他の代替物（元本債権）の使用の対価として，一定の利率により，その存続期間に比例して支払われる金銭その他の代替物をいう。当事者の特約または法律の規定により生ずる。前者を約定利息，後者を法定利息という。利息は元本を増加させるものでなければならないから元本と同一種類の代替物でなければならないとの見解もあるが，金銭の貸借で一定率の利子を支払

うのも利息であるから，必ずしも元本と利息は同種の代替物であることは要しない(1)（大判明35・4・12民録8輯4号34頁）。

利息はこの元本債権のあることを前提として，これに従として支払われるものである。したがって，元本債権は，特定物の返還を目的とするものではなく，同一種類の物を返還させるものでなければならない。したがって，土地，家屋の使用の対価である地代・家賃は利息ではない。利息は元本使用の対価（元本の収入），すなわち法定果実である。元本の償却分とか，分割払金，株式の配当などは利息ではない。いわゆる遅延利息（419条・669条）は債務者が元本を返還すべき時期以後，債権者において資本として利用できなかったことによる損害賠償であり，利息ではない(2)。

利息は，元本額とその使用期間に応じて一定利率によって算定される。したがって，たとえ元本使用の対価でも，謝礼とか謝金は利息とはいえない。

(2) 利息債権の性質と種類

利息の支払を目的とする債権を利息債権という。利息は元本から生ずる収益といえるから，元本債権を前提とし，これに従たる債権である。さらに，元本額に対する一定の利率により定められるから，一種の種類債権といえる。

利息債権には，基本権たる利息債権と支分権たる利息債権とがある。基本権たる利息債権とは，元本に対して一定期に一定率の利息を生ずることを内容とする基本的債権をいう。支分権たる利息債権とは，基本的な債権の効果として毎期ごとに発生する一定額の利息の支払を内容とする支分的な債権をさす。

基本権たる利息債権は元本債権に附従し，元本債権なくしては成立しない。そして，元本債権の移転とともに移転し，元本債権が消滅する（例：時効により）と利息債権も消滅する。反対に，支分権たる利息債権は，弁済期に達した各期の利息を目的とするから，元本債権および基本権たる利息債権なくしては発生せず，一度発生すると独立性をもち，元本債権と分離して譲渡できる。したがって，その元本債権の譲渡は，特約のない限り，その利息債権の譲渡をともなわない（大判大9・2・14民録26輯128頁）。また，元本債権とは別個に弁済され，別個に消滅時効にかかる（大判大6・2・14民録23輯158頁）。

(3) 利息債権の発生と利率

利息債権の発生は，法律の規定か（419条1項・442条2項・459条2項・545条

2項，575条2項等），法律行為（消費貸借・消費寄託等）による。前者を法定利息，後者を約定利息という。利率とは，元本額に対する割合で，たとえば，年利・月利・日歩というように，元本利用の一定期間を単位として定められる。その利率は契約または慣習によるが，利息を生ずることのみの合意で利率を定めなかったときは，民法上年5分（404条），商行為によって生じた債権については，商法上年6分という法定利率による（商514条）。

(4) 重　利

(a) 意義　期限の到来した利息を元本に組み入れ，これを元本の一部として利息をつけることを重利または複利という。重利には，当事者間に特約による場合（約定重利）と，そうした約定のない場合でも民法は，一定の要件を具備する場合に利息を組み入れる権利を認めている（405条）。これを法定重利という。一般に約定重利を有効とする。

> 例：100万円をサラ金から年23パーセントで借りた場合，1年後の元利合計は100万×1.23＝123万円となるが，次年度は，この123万円を元金として計算する。したがって，123万円×1.23＝151.29万円となる。

(イ) 約定重利　約定重利には，利息がすでに発生し，その弁済期が到来している場合に，当事者がこれを元本に組み入れる契約をするものと，利息の弁済期に到来しない以前にあらかじめなされる契約（重利の予約）がある。両者とも利息制限法に違反しない限り有効である。重利の予約には，①利息の支払いを遅滞することを条件として，これを元本に組み入れる場合と，②利息の遅滞を条件とせず，利息が発生したときは当然に元本に組み入れる場合との2種ある。この両者は，債務者の予測を超えて債務額が短期間に巨額となることから，これを禁止する立法例もある（ド民248条，フ民1154条）が，わが国では，一般に重利の約定は，利息制限法に違反しない限り自由にできる。判例は，年6回の組入れを予約した重利の予約で，毎期における組入れ利息とこれに対する利息との合算額が，元本債権に対する関係で，1年につき利息制限法に違反しない限り有効とする（最判昭45・4・21民集24巻4号298頁）[3]。

(ロ) 法定重利　法定重利の要件は，利息を1年以上滞納してなお支払わない場合に限られ，特約のない限り，この要件を充足すれば利息を組み入れることができる（大判大6・3・5民録23輯411頁）。元本に組み入れるには債務者

に対する意思表示でよい。なお，ここにいう利息は，一般に約定利息をさすが，遅延利息についても同様に解される（大判昭16・12・9新聞4749号12頁）[4]。

(5) 約定利率と利息制限法

　資本主義社会は，資本による利潤追求の社会である。利息を生じない資本はない。したがって，利息を禁止することは不可能である。しかし，信用取引では，債務者の無思慮・無経験に乗ずることも多い。そこで，契約自由の原則の下，「利息自由の原則」暴利行為を禁止する（90条）以外は，が認められる。わが国でも，明治10年に利息制限法が制定され，その後，昭和29年には，経済状況にあわせた改正がなされ，今日に至っている。その主要な点は，(a)利率制限の限度を，元本10万円未満年2割，元本10万円以上100万円未満年1割8分，元本100万円以上年1割5分とする。(b)制限超過利息は無効である。ただし，債務者が任意に支払ったときは，その返還を請求できないとした。さらに，(c)天引に関する規定（利息2条），ならびにみなし利息の規定（利息3条）を置く。

　(a) 利息制限法の内容　利息制限法は，金銭を目的とする消費貸借上の利息の約定に適用される（利息1条1項）。したがって，売買代金に利息をつける場合には適用はないが，金銭の貸借に米を利息として支払うという場合には適用がある（大判明35・4・12民録8輯4号124頁）。ただし，売買代金といってもその内容は貸付金ということもあり，この場合には利息制限法の適用があると解される。また，債権者が受ける元本以外の金銭は，契約締結および債務弁済の費用は別として，その名目が，礼金，割引金，手数料，調査料その他どのようなものでも利息とみなし（利息3条），脱法行為を禁じている。もし，こうした金銭を利息以外に天引きした場合には利息の天引きの効果を生じる（利息2条）。「出資の受入れ，預り金及び金利等の取締りに関する法律」では，その制限利率が利息制限法のそれより高いが（年利109.5％，業として行う場合は29.28％（同法5条1項・2項）），それは，それを超える高利を刑罰をもって取り締まろうとするもので，利息制限法の適用を排除するものではない。旧法と現行法にまたがる事件については遡及効はない（利息附則4条）。さらに，「貸金業の規制等に関する法律」との関係が問題となる。とくに，制限利率超過部分について，後で述べる判例の動向とは逆に，現行の利息制限法と同じく，任意の支払いを有効とする規定を設けたため（同法43条），両者の関係をどのようにみ

るかが問題となる。

　(b)　**制限利率と違反の効果**　　利息制限法は，(i)制限超過の利息や賠償額の予定はその超過部分につき「無効」である（利息1条1項・4条1項）と定めつつ，(ii)債務者がこれを任意に支払ったときは返還を請求することはできない（同1条2項・4条2項）と規定する。そこで，この両者の関係をどのように理解すべきかが問題となる。とくに，任意支払の制限超過利息を残存元本に充当できるか，これを認めるとして元本完済後の過払分の返還を請求することができるかが問題となる。判例は，(i)につき，当初，元本への充当を認めることは返還請求を肯定することになる，との理由からこれを否定した（最大判昭37・6・13民集16巻7号1343頁）。しかし，その後，判例は，これを変更し，元利を割賦で弁済してゆく場合に，各回の支払で制限利息を超えている額は，法定充当の規定（491条）により元本に充当できる（最大判昭39・11・18民集18巻9号1868頁）として充当肯定説に転じた。さらに，(ii)についても，元本充当により，元本が消滅したが，債務者が気づかずその後も利息を支払った場合，債務がないのに弁済したこととなり，不当利得（703条）として，返還請求できる（最大判昭43・11・23民集22巻12号2526頁）。また，制限超過利息とともに元利を完済した場合について，その支払の元利への充当に関して特段の意思表示なき限り制限に従った元利合計額を超える支払額は不当利得として返還請求できる（最判昭44・11・25民集23巻11号2136頁）として，これを肯定した[5]。

---

(1)　我妻・講義IV42頁。
(2)　判例・学説には，いずれにしても遅延利息の額は弁済期前の元本に対する一定の利率によって算定されるのが普通であるとの理由から利息とするものもある。大判昭17・2・4民集21巻107頁，石川利夫「利息債権における法定利率」篠塚昭次編・判例コンメンタール4民法II（増補版）254頁。
(3)　反対，柚木＝髙木・57頁。
(4)　詳細は奥田・（上）141頁以下注(3)。
(5)　これらの判例の動きならびに学説の対応については，川井健・民法の判例〈第2版〉153頁以下参照。

|||||||||||||||||||||||||||||||||||||||||||||||||||||||||||||||||||||||||||||||||||||||||||||||||||||||||||||||||||

【展開講義　4】　利息制限法・サラ金規制法と利息の制限

　この問題を考えるにあたっては，まず，制限超過利息を元本に充当できるかについて考える必要がある。元本充当否定説は，法文を重視して，返還請求が

できない以上，それと同質の元本充当も認められない[1]とか，債務者が必ずしも経済的弱者ではなく，これを認めると金融閉塞の弊害も生ずる[2]という。これに対して，通説は，元本充当肯定説であるが，その理由は一律ではない。すなわち，超過部分が無効であることから，債権者は有効な弁済としてこの部分を保有できない，したがって，元本が残存する以上この弁済は充当される[3]。とか，一般には利息制限法は社会立法であるから債務者を有利に取り扱うべきであるという。あるいはまた，利息制限法2条が天引きにつき元本充当を肯定していることから，超過利息等にもこれをあてはめるべきという[4]。そこで，問題は，「貸金業の規制等に関する法律」43条との関係についてである。同規定は，利息制限法1条2項と同じく，制限超過利息の任意支払は有効であるとしているが，これと，前記判例との関係はどうなるか。一般的には，同法の規制を受けるには，貸金業者に一定の枠組（契約の場所ならびに受取証書の交付）があること等より，右規定は前記判例を変更したと解することは妥当ではないと思う。なお，裁判例によると貸金法43条1項，同条3項にいう「任意に支払った」とは，債務者が利息の契約にもとづく利息等の支払に充当されることを認識した上，自己の自由な意思によって支払ったことをいい，利息制限法1条1項の制限額を超えていることまたは超過部分の契約が無効であることまで認識していることを要しない（最判平11・1・21民集53巻1号98頁）という。

(1) 西村信雄「利息制限法批判」民商39巻4＝6合併号465頁。
(2) 昭和37年判決の河村補足意見。
(3) 前田耕造「利息の制限」契約法体系III398頁。
(4) 森泉章「制限超過利息の法的性質」民商34巻6号914頁。

(6) 利息の天引きの問題

利息の天引きとは消費貸借の締結にあたり，利息をあらかじめ計算して元本から控除することをいう。いわゆる利息の前払である。利息制限法は，従来の判例を考慮して，天引きのあった場合には，現実に債務者が受領した額を元本として同法1条で計算し直し，天引額がそれを超える部分については，元本の支払にあてたものとみなすとした（利息2条）。たとえば，500万円の貸借で1割5分の75万円の天引きをした。しかし，受領額は425万円であり，これを元本として計算すると，制限利率は年1割5分だから，その利息は62万2,500円である。そうすると，その差額12万7,500円が元本に充当されるから，債務者

は残存元本487万2,500円を支払えばよいことになる。

2.5 複数債権からの選択（＝選択債権）

(1) 選択債権の意義

選択債権とは，数個の給付のなかから選択によって定まる一個の給付を目的とする債権をいう（406条）。たとえば，パソコンか，自動車かのいずれかを引き渡すというようにである。選択債権は，種類債権と異なり特定を必要とする点で似ているが，種類債権のようにその種類の物ならどれでもよいというのではなく，たとえ，取引上同種類のものであっても，これか，あれか，という各個の給付の個性が重視される点に差異がある。また，選択債務における給付の確定と債権の成立とは無関係であり，いわゆる条件付債務でもない。そうすると，選択を誰がするかが重要となるから，この点について民法は規定をおく。選択債権は，土地の一部の賃貸借で，約旨した場所が相当数ある場合，賃貸部分を特定して引き渡すべき賃貸人の債務（最判昭42・2・23民集21巻1号189頁）のような法律行為（契約）により，また，無権代理人の責任（117条），占有者および賃借人の費用償還請求権（196条2項・608条）等，のように法律の規定により発生する。

(2) 選択債権の特定

選択債権の特定は，原則として，選択権者の選択による。さらに，数個の給付中の一部の給付不能によっても特定する。

(a) 選択による特定　(イ) 選択権者は，特約なき限り債務者にある（406条），第三者が選択権者になることも可能である（409条）。

(ロ) 選択権の移転　選択権を有するものは，特約のない限り，選択権行使の義務を負わず，選択を強制されない。しかし，選択権者が選択権を行使しないときは，相手方は履行（請求・提供）について不利益をこうむる。そこで，選択権者が履行期までに選択をしないときこの相手方の不利益を防止するため，法律上，当然，選択権が相手方に移転すると規定した（408条，第三者に選択権がある場合には債務者に移転する（409条2項））。選択権者が選択をしない場合，選択すべき旨を訴えによって請求できるか。選択権の移転の規定は相手方が履行の請求，提供について不利益をこうむらないためにあるのであるから，消極的に解すべきであろう。

(ハ)　選択権移転の要件は，①債権が弁済期にあること。弁済期とは，債務者が履行をなすべき時であり，履行期と同一ではない。選択債権の目的たる各個の給付が，弁済期を異にする場合，各給付が弁済期にあることを有する。②選択権者に対して，相当の期間内に選択すべき旨を催告したこと。相当の期間は，契約の種類，性質その他の事情が斟酌されるが，給付の選択のための期間，その選択の意思表示が相手方に到達するために相当な期間である[1]。相当の期間より短い期間を定めての催告についての効果は，以下のとおりである。その期間に選択すべしとの意思である場合は，無効となり，一応の標準とした場合は有効となる。なお，具体的期間を明示せず，相当の期間内に選択すべしとの催告は有効と解されている[2]。相手方が，行方不明の場合は公示催告の方法（97条ノ2）による。③催告期間内に選択がないこと。選択をしないことの原因がどのようなものであってもよい。権利者が無責の場合も選択権移転の効果を生ずる。さらに，選択権者が以上の要件をそなえない場合にも，選択権を放棄し，一方的に，該権利を相手方に帰属させることもできる（大阪地判大14・7・14法新80号23頁，評論16巻諸269頁）。選択権移転の効果は，従来の選択権者は権利を喪失しその権利は相手方に属する。相手方が選択権を行使しない場合，同じ手続により再び選択権を回復できる[3]。

(c)　選択権の行使方法　(イ)　当事者が選択権を有する場合　当事者が選択するときは，相手方に対する意思表示による（407条1項——債務者と債権者とでその行使方法をことにする必要はないから，当事者が選択権を有する場合と解される。第三者が選択権を有する場合については，409条に定めがある）。したがって，意思表示に関する規定はすべて適用される。その法的性質は相手方ある単独行為であり相手方の承諾の有無にかかわらず，意思表示の到達によってその効果は生ずる（97条1項）。選択の方式は，特約なき限り，なんら方式を必要とせず，黙示の意思表示，代理人による意思表示でもかまわない。条件・期限をつけることができるかは，選択権行使が，一方的意思表示であることを理由に否定する見解もあるが[5]，相手方に不利益を与えない限り（信義則に反しない限り）有効と解すべきである[6]。

(ロ)　第三者が選択権を有する場合　第三者が選択するときは，債権者または債務者の一方に対する意思表示による（409条1項）。第三者に選択権を行

使させることの法的性質は，一種の代理権授与と同視される授権行為であり，第三者は行為無能力者であってもよい（102条）。第三者は代理人に選択の意思表示をさせられるが，第三者自身の意思表示を必要とする場合には，代理に親しまない行為となる。なお，第三者が数人ある場合には，全員一致による選択が必要である。全員一致なき場合には選択権は債務者に属する（409条2項）。選択の時期は，第三者においては，選択の時期が確定している場合にはその時までに，確定していない場合には弁済期までにしなければならない。もし，選択権を行使しない場合には，裁判上，強制できる（414条2項但書）が，一定の要件の下に選択権の移転を定めている（409条2項）。

　(d)　選択の効果　　選択は一度なされると相手方の承諾なくしては取り消しえない（407条2項）。この「取消」は，特別の理由のない選択の撤回である。一度選択されると給付が特定し，特定すると，相手方は，特定された給付について受領等の準備をし，第三者との取引を開始したりするので，その後の取消は，当事者に不利益を生じさせるからである。債権者，債務者がいったん選択をしても，相手方の承諾がある場合には撤回できること当然である。無能力・詐欺・強迫による取消は可能である。なお，第三者が債務者に意思表示した場合，債務者は，履行期の到来と同時に，債権者に意思表示した場合には債務者が給付の特定の事実を知るか，または債権者よりその通知を受けた場合でなければ，仮に弁済期が到来しても履行の責任は負わない。

　(ハ)　給付不能による特定　　目的物が原始的不能の場合には，「残存スルモノニ付キ存在ス」（410条1項）。後発的不能の場合は，その不能が選択権を有しない者の過失による場合には，不能となった物を選択することができる（410条2項）が，それ以外は，当事者の過失の有無にかかわらず残存するものに特定する。当事者の意思の推測である。反対の意思表示があればそれに従う。給付が一部不能の場合には，債権の目的を達しうるか否かにより決すべきであろう。当事者の共同過失により不能となった場合，残存するものに特定すると解すべきであろう。給付の全部が不能となった場合については，一般の給付不能の法理（415条）による。なお，不能による特定の効果は遡及効はない。

　㈡　選択債権の遡及効　　選択権の特定の効果は，「債権発生ノ時ニ遡リテ其効力ヲ生ス」（411条）。A建物か，B建物かのどちらかを贈与するとの契約

の場合において，A建物を選択した場合，契約成立の時から，A建物のみが債権の目的であったとみなされる。ただし，選択された物がその前に第三者の所有物となった場合には，第三者の利益が害されるので，それを害することはできない（対抗要件の問題－177条・178条）。

2.6　任意債権
(1)　任意債権の意義

　任意債権とは，たとえば，本来の給付は金銭を給付すべきであるが，同価値の土地の給付をもってこれに代えうるというように，一個の特定した給付を目的とするが，債権者または債務者が，その給付を他の給付に代えることができる権利（代用権・補充権）をもつ債権である。任意債権は，法律行為によって発生するのが一般であるが，外国金銭債権を日本の金銭で支払うことができるとか，名誉毀損による損害賠償に代えて名誉の回復措置をとることができるとか，法律の規定によって生ずることもある（403条・461条2項・723条等）。なお，一定量の米をもって弁済すべきであるところ，これが不能なときは一定額の金銭で支払うというような，不能を条件として発生する債権は任意債権ではない。

(2)　選択債権との異同

　選択債権は数個の給付が対等の関係にあるのに対して，任意債権は本来的給付のみが債権の目的であり，他の給付は補充的な地位にある。したがって，代用の給付が可能でも本来的給付が原始的に不能であれば債権は成立しないし，債務者に帰責事由のない履行不能は債権を消滅させる。代用給付を請求できるのは，この補充権を有する債権者に限られ，債務者が代用給付権を有する場合，債権者がこの代用給付を不能にした場合には，この代用物を給付することを意思表示することで，本来の債務は免れる。

---

(1)　注民(10)・167頁。
(2)　我妻ほか・判コメ46頁。
(3)　我妻ほか・判コメ46頁。
(4)　407条1項——債務者と債権者とでその行使方法を異にする必要はないから，当事者が選択権を有する場合と解される。第三者が選択権を有する場合については，409条に定めがある。
(5)　於保・63頁。
(6)　吉田・基本法コメンタール債権総論30頁，近藤ほか・注釈日本民法76頁。

第3章 債権の効力

1 総　　説

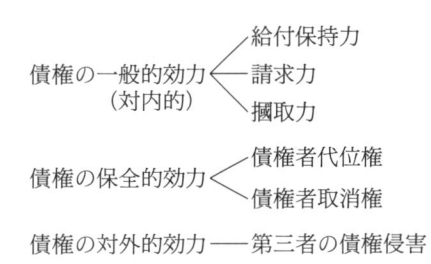

債権の一般的効力　┌ 給付保持力
　　（対内的）　　├ 請求力
　　　　　　　　　└ 摑取力

債権の保全的効力　┌ 債権者代位権
　　　　　　　　　└ 債権者取消権

債権の対外的効力 ── 第三者の債権侵害

─────── ◆ 導入対話 ◆ ───────

学生：債権の目的，種類は分かりました。では，債権にはどのような効力が民法上認められているのでしょうか。また，債権の発生原因は契約か事務管理・不当利得・不法行為に関する法規である，とのことでしたが，債権の発生原因によってその効力に違いはあるのですか。

教師：まず，債権は法的な権利であること，債権の効力に関する規定は民法第三編の第一章総則に規定されていることを考えてください。

学生：つまり，債権の発生の原因を問わず，債権一般の法的効力が問題なのですね。

教師：そうです。では，次に，この問題を債権の意義にそって考えてみましょう。債権とは，特定の者に対して作為または不作為を内容とする一定の給付を請求することができる権利である，ということでしたね。

学生：分かりました。債権の効力とは債務者に対する効力をいうのでしょう。そして，債権には債務者に対して給付を請求できる効力があるのですね。

教師：そのとおり。債権の効力とは，通常，債務者に対する効力（対内的効力または一般的効力）を意味し，第一に請求力があります。つまり，債権者には履行請求権があります。しかし，それだけではありません。たとえば，弁済により給付が実現された場合，債権は満足を得て消滅します。では，弁済

をした債務者は給付したものの返還を事後に債権者に対し請求できますか。
学生：できないことは分かりますが……。
教師：債務の弁済として給付されたのですから、債権者は法律上の原因にもとづいて給付されたものを保持できるのです（給付保持力）。その他に何か別の効力がありませんか。たとえば、売主が売買の目的物を引き渡さなかったり、借主が借入金を返済しなかった場合は、債権者は何ができますか。
学生：債権者は債務者に対して給付を訴求することができます。しかし、それは裁判上の請求力ではないのですか。
教師：確かにそうです。しかし、この場合、最終的に債権はどのようにして実現されるのか、考えてください。債権者は、裁判所の手を通じて債権の内容自体を強制的に実現させたり、それとともにまたはそれに代えて金銭賠償として債務者の一般財産に対して執行することができます。
学生：思い出しました。これに関する具体的な手続を定めているのが、民事執行法ですね。
教師：そうです。このように、国家による強制力によって債権の内容が実現される効力を摑取力といいます。
学生：結局、債権には給付保持力、請求力および摑取力があるのですね。
学生：最後にお聞きします。先生は、先ほど債権の対内的効力という言葉を使われましたね。それでは、対外的効力というものもあるのですか。
教師：第三者に対する債権の効力の話ですね。現在では、第三者が債権を侵害した場合における不法行為責任などの可否に限って論じられています。他方、債権者が第三者に対して債権にもとづき一定の権利（債権者代位権および債権者取消権）を行使できるのが債権の保全的効力です。

1.1　債権の一般的効力[(1)]

(1)　給付保持力

　債務者からの給付を受領し、これを保持する効力をいう。すべての債権が常に有する効力という点で、債権の最小限度の効力とよばれる[(2)]。給付保持力があるからこそ、債権者は給付されたものを受領することができ、かつ、保持しつづけても、非債弁済（705条）にならず不当利得返還請求の問題が発生しない。その他、民法はこの効力を補強するために、弁済として仮に他人の物を引き渡しても無条件に取り戻すことを認めず（475条）、また、期限前の弁済であっても、いったん受領されればその返還を認めない（706条）旨の規定を設

けている。

(2) 請 求 力

債権の本質は支配権ではなく請求権といわれることから明らかなように，債務者に対して給付を請求できる効力がある。通常，期限の利益は債務者にあるので（136条1項），債権者は，期限（履行期）が到来すれば，何時でも債務者に対して債務の任意の履行を請求できる（裁判外の請求力）。請求には催告の効果が認められ，債権の消滅時効中断事由（153条）となっている。

(3) 摑 取 力

自力救済が原則として禁止されている近代国家では，任意の履行がない場合，国家機関がその強制力を行使して債権の実現に助力し，それによって法的権利である債権を実効あるものにする必要がある。訴えの提起等により債務の履行を訴求できる（裁判上の請求力または訴求力）のはもちろん，それにもかかわらず履行されない場合には，裁判所の強制執行手続に従い債権の内容が強制的に実現される現実的履行強制（414条）が用意されている（執行力）[3]。この訴求力および執行力をあわせて摑取力という。さらに，任意の履行がない場合，債権者の下には損害が発生する。そこで，債権者は，一定の要件にもとづき現実的履行強制とともにまたはそれに代えて（414条4項）損害賠償を請求できる（415条）[4]。損害賠償も摑取力の現れである[5]。最終的には，債務者の一般財産に対する強制執行によって実現されるからである。

[1] 債権の効力という視点でなく，権利内容の強制的実現という視点から，強制履行，債権者代位権および債権者取消権を論ずる学説も最近登場した。平井・239頁。
[2] 我妻・講義IV64頁。
[3] 債権の効力であるから，債務者の帰責事由は，債務不履行責任と異なりその成立要件とならない（414条1項参照）。かつては曖昧であったが，近時，この点が強調されている。星野・34頁，奥田・（上）77頁，注民(12)・27頁〔澤井裕〕，平井・248頁。
[4] 契約にもとづく債権については，債務が任意に履行されない場合，契約の解除もその効果となりうる（541条〜543条）。債務不履行の場合，債権者には現実的履行強制，損害賠償請求に加え，契約の解除がその救済手段となる（545条3項参照）。
[5] 債務の履行が不能である場合，現実的履行強制を行うことはできず，もっぱら損害賠償が債権者の救済手段となる点，および金銭賠償主義の下では損害賠償が任意に実現されない限り金銭債権の強制履行という形で実現される点で，損害賠償は摑取力と関係する。ただし，損害賠償につき任意の履行がありうる点を考慮するなら，厳密には摑取力の一内容と理解することはできない。奥田・（上）82頁参照。

38　第3章　債権の効力

||||||||||||||||||||||||||||||||||||||||||||||||||||||||||||||||||||||||||||||||||||||||||||||||||||||||||||||||||||||

【展開講義　5】「債権の効力」と「債務の分類」とはどのような関係にあるか（主たる給付義務，従たる給付義務，附随義務の意味）

(1) 主たる給付義務および従たる給付義務

　債権の目的である主たる給付，これに従属する従たる給付に対応して，主たる給付義務および従たる給付義務が存在する。かつては債務イコール義務，したがって債務は**給付義務**をさした。しかし，債務は給付義務につきないとの認識にもとづき，現在，債務，とくに契約上の債務はさまざまな義務の集合をさし，その中心的な義務が給付義務であると理解されている。たとえば，特定物債務（400条）では，特定物の引渡（売買であれば占有移転および所有権移転）が給付義務である。しかし，特定物債務はこれだけを内容とするのではなく，説明書や保証書の引渡，また農地売買では所有権移転と関連した売主の知事に対する許可申請義務（農地3条・5条参照）も含まれる。特定物の引渡という主たる給付（この例では契約目的をなす主たる給付）とともに，許可申請義務などの従たる給付が合意，契約の趣旨・目的等にもとづき存在し，後者を従たる給付義務という。注意しなければならないのは，この分類が債務概念の整理にとどまらず，一定の意義を有することである。①双務契約では主たる給付義務間に対価的牽連関係があり（533条─536条参照），②主たる給付義務の不履行については，1.1で記述した債権の一般的効力がそのまま当てはまり，③契約上の義務の場合，解除権も発生しうる。他方，④従たる給付義務の不履行については履行強制および損害賠償だけが認められ，契約解除権は原則として認められない。したがって，買主が目的不動産の所有権取得の後負担する税負担義務を履行しない場合でも，売主はこれを理由に契約を解除することはできない（最判昭36・11・21民集15巻10号2507頁〔不動産判例百選（2版）69事件〕は「契約をなした主たる目的の達成に必須的でない附随的義務」という。同趣旨の判例として最判昭51・12・20民集31巻11号1064頁。逆に，従たる給付ではあるが契約の目的の達成に不可欠な義務は「要素たる責務」または「重要な責務」を構成し，その不履行につき契約の解除が認められる（最判昭43・2・23民集22巻2号281頁，最判平8・11・12民集50巻10号2673頁，最判平11・11・30判時1701号69頁）なお，特段の事情により解除を認めたものとして最判昭42・4・6民集21巻3号533頁）。

(2) 附随義務

　信義則（1条2項）を根拠に発生する義務であり，①給付義務の内容を具

体化，もしくは拡張し，または②給付義務の履行を準備，促進もしくは確保する義務をいう。給付に附随する点で**附随義務**といわれる。①の例として，物品運送人は運送物を単に目的地まで運送するのみならず，注意深く運送し，運送手段，保険等につき荷送人の要望に配慮する義務を負う。また，②の例として，売主は目的物の引渡まで目的物を注意をつくして保管し，引渡に際しても毀損しないよう注意しなければならず，さらに目的物の使用方法につき買主に説明しなければならない。②の附随義務は給付義務の履行の準備または確保を目的とするので，給付義務の成立前または履行の後にも成立する（前者の例として，最判昭59・9・18判時1137号51頁〔民法判例百選Ⅱ5事件〕）。したがって，給付義務の履行後であっても，契約目的を侵害し，または挫折させてはならない義務が生ずる。附随義務の不履行については通常，独立して訴求することはできず，債務不履行となるときのみ損害賠償請求が認められる（とくに不完全履行の事例を想起してみよ）。ただし，指示義務や報告義務のような独自の目的を有するものについては，独立して訴求することができ，履行請求権も認められる。

なお，給付義務とまったく独立し，債権者の生命，身体または一般財産の保護を目的とする**保護義務**は通常，附随義務の範疇に入れられる。これらの保護は本来不法行為法における**一般的注意義務**により達成でき，とくに契約上保護義務を承認する必要はないとの批判もある。しかし，判例は安全配慮義務を認めるに際し，「ある法律関係に基づいて特別な社会的接触の関係に入った当事者間において，当該法律関係の付随義務として当事者の一方又は双方が相手方に対して信義則上負う義務として一般的に認められるべきもの」と判示している（最判昭50・2・25民集29巻2号143頁〔民法判例百選Ⅱ3事件〕参照）。とくに契約関係では，この関係をきっかけとして一般市民間の関係を超えた特別な結合関係が成立し，当事者が相互にその法益に干渉しうる可能性を有するに至るのである。したがって，雇傭契約における国（使用者）は，給付義務（賃金支払義務）にとどまらず，労働環境において公務員（被用者）の「生命及び健康等を危険から保護するよう配慮すべき義務（安全配慮義務）」を負担する（前掲・最判昭50・2・25）。保護義務は給付義務と内容のみならず成立時期についても独立した存在である（フランチャイズ契約では，この義務違反を問題とする裁判例が目立つ）。契約成立前にも成立しうる。

1.2 自然債務

　訴求力および執行力を欠く債務を自然債務という。債務者が任意に履行しない場合でも，債権者は訴えを提起することができず，強制執行を行うこともできない。従来から，このように給付保持力のみを有する債権を債務の側から自然債務と総称してきた。具体例として，消滅時効の完成が援用された債務，不法原因給付となり，不当利得返還請求が否定される債務（708条）などのように，法律上訴求可能性を欠く債務，債権者・債務者間で訴求しない旨の特約がある債務が挙げられる。判例は著名なカフェー丸玉事件（大判昭10・4・25新聞3835号5頁〔民法判例百選Ⅱ（初版）5事件〕参照）において「裁判上の請求権を付与する趣旨」を欠き「諾約者が自ら進んで之を履行するときは債務の弁済たることを失はざらむも要約者に於て之が履行を強要することを得ざる特殊の債務関係」と判示し，訴求力および執行力を欠く債務の存在自体を肯定した（ただし，事案は心裡留保にかかるとともに公序良俗違反による契約自体の無効が強く疑われるものであった）。なお，自然債務の外に，責任なき債務，不完全債務という用語も存在する。一般に執行力だけを欠く債務（たとえば，不執行の特約のある債務）を**責任なき債務**，自然債務および責任なき債務を合わせて**不完全債務**と理解されている。

【展開講義　6】　自然債務概念は有用か

　ローマ法のみならず現代においても自然債務を法的債務と認め，この概念につき統一の要件・効果を考えることができるか。民法は旧民法にあった明文の規定を削除したが，戦前の学説は否定説からその後肯定説に転じた。我妻博士は，個々の具体例につき特殊な立法理由を探り説明することは可能である，としつつも，法律的強制を認めず他の非法律的規範に任せようとする趣旨はすべての例に共通のものであり，したがってこの概念に統一することは極めて自然の推理である，とし肯定説を採る[1]。注意すべきは，我妻説が社会関係における信義則の支配を発展，高揚させる立場から，自然債務を「信義則によって任意に履行せられるべき法律的債務」として積極的に位置づけようとしていることである。ただ，我妻博士は自然債務に対する任意弁済が有効な弁済となることを除けば，その効力（たとえば，この債務を基礎とした契約更改や準消費貸借の効果，相殺の自働債権とすることの可否，これを被担保債務とした担保設定の可否）は個別具体的に決すべきである，とし，自然債務の統一的効果を放

棄するため，問題を残している。また，単なる返還請求権の排除にすぎず債務を積極的に認めるべきでない例（不法原因給付，制限超過利息の支払）をもこの概念に含めることに対しても批判が強い。

そこで，問題となりうる例の個別的検討を通じ自然債務の例を限定しようとする見解[2]，概念自体を否定し不完全債務という範疇で把握するだけでよいとする見解[3]，法技術概念としての有用性はないが，任意弁済が有効である債権の呼称として使用するは差し支えないとする見解[4]などが主張されている。法と道徳の区別の程度は価値判断にかかる問題ではあるが，少なくとも単なる呼称としてのみ使用するのはかえって混乱を招く。法的債務性が認められる特殊債務群（不完全債務）というだけで十分であると思う。

(1) 我妻・講義 IV 70頁。
(2) 星野・31頁，奥田・(上) 87頁以下。ただし，法と道徳（徳義）の峻別につき両者は基本的スタンスに違いがある。また，星野説は奥田説ほど統一的要件・効果にこだわらない。
(3) 林＝石田＝高木・62頁。
(4) 平井・254頁。

1.3 債務と責任

無担保債権では，債権の最終的な引当てになる，つまり債権の攫取力に服するのは債務者の一般財産である。債務者の一般財産に対する強制執行によって債権の本来の内容またはそれに代わる損害賠償債務が強制的に実現される。このように，債務者の財産が強制執行の引当てになっている状態を「責任」という[1]。では，責任が債権の攫取力と関係する概念であるならば，「債務」と責任は概念上どのように関係するのか。別の言い方をするなら，債務を負担する者は常に責任を負うのか。古くは債務と責任が分化せず融合していた時代もあった。確かに通常，債務は責任を伴う。しかし，近代法の下では両者は別個独立の概念として区別される。**責任なき債務，債務なき責任**などの存在はその証左である。たとえば，当事者が強制執行をしない特約を行うことは有効とされ，その結果，責任なき債務が発生する。破産者免責（破266条ノ12）も同様である。また，物上保証人，担保不動産の第三取得者は債務なき責任を負い[2]，債務と責任の主体が分離する。また，担保保存義務違反の効果として，債務ではなく責任が縮減する場合もある（504条）。さらに，相続の限定承認（922条）のように，責任が債務者の全財産ではなく，特定財産に限定される場合もある

(物的有限責任)。

1.4 第三者による債権侵害

(1) 相対権としての債権の財産権性

絶対権である物権と異なり，債権は相対権である。第三者によって物権侵害があった場合，物権の直接的排他的支配が害されたことを理由に，損害賠償請求権（709条）および物権的請求権が成立する。一方，債権は特定人に一定の給付を要求することができる相対権であるため，たとえ第三者が債権の実現を妨害し不可能にしたとしても，債権者は債務者に対して債権侵害を理由に債務不履行責任を追及できるにすぎない。しかし，債権も物権同様，一つの財産権であり，権利としての不可侵性がある。財産権性を尊重し，債権の実現を法的に保障することが必要である（とくに，契約にもとづく債権については契約関係の保護も斟酌される要素になる）。そこで，債権者が債権侵害を行った第三者に対して，直接，損害賠償請求，さらに場合によっては侵害の除去を求める妨害排除請求を行うことが認められるべきである（債権の対外的効力）。

他方，第三者の債権侵害にもとづく不法行為責任の成否を考えるにあたっては，債権の非公示性，債権取引における自由競争の保障という点に配慮しなければならない。債権の存在の認識可能性がない場合には故意を認めることができず，過失による債権侵害には違法性が乏しいことが多い（たとえば，第三者が売買の目的物であることを知らずに引渡予定の物を毀滅させた例を考えてみよ）。また，二重売買，二重雇用などの二重契約は原則として自由競争の許容範囲に含まれ，他の会社への社員の引抜きも同様に許されている。自由競争原理は不法行為責任の成立（違法性）を排除する原理となることに留意しなければならない。

(2) 不法行為にもとづく損害賠償請求

ここでは伝統的な類型論に依拠しつつ，(a)債権が消滅する場合，(b)債権が消滅しない場合とに分類して説明することとする[3]。とくに問題となるのは(b)の場合である。

(a) 債権が消滅する場合　これは自由競争の範囲外における債権侵害事例である。①債権の帰属自体を侵害し債権を消滅させた場合：債権が法律上消滅する。表見代理人として他人の債権を処分し，本人の債権を失わせた場合，債

権の準占有者（478条）または受取証書の持参人（480条）として有効な弁済を受け，債権者の債権を消滅させた場合がこれにあたる。侵害者には故意および強い違法性が通常認められ，不法行為責任が成立する[4]。②債権の目的である給付を妨害し債権を消滅させた場合：債権が事実上消滅する。与える債務の例として，特定物債権の目的物を第三者が滅失させた場合[5]，なす債務の例として，債務者を拘束し，または殺傷して給付の実現を妨害する場合がこれにあたる。前者の例については故意・過失，違法性が物の侵害自体，引渡債権の侵害のいずれにつき存在しなければならないのか，対立がある。学説は，一般に債権の非公示性を理由に引渡債権自体の存在に関する認識可能性を問題にする。後者の例は債権者が間接被害者となる場合であり，判例・学説は，一般に賠償額の高額化を回避する理由から故意不法行為に限り賠償責任を認める[6]。

　(b)　債権が消滅しない場合　　給付が侵害される点では，(a)②と同様であるが，債権は消滅しない。第一に，自由競争の範囲外の事例として，第三者が債務者と共謀またはこれに加担して債権の目的物を滅失させたり，債権者の得べかりし利益を侵害する場合がある。買主の代理人が山林の売却を委任された者と通謀し，売主に対し売買価格を安く偽り，実際の価格との差額を共同で着服した事案において，判例は売主に買主の代理人に対する損害賠償請求権を認めた（大判大4・3・10刑録21輯278頁〔民法判例百選Ⅱ23事件〕）。受任者は債務不履行責任（644条）を負担するが（委任者である債権者の委任事務執行を求める債権自体は消滅していない），さらに第三者（買主の代理人）も売主に対して不法行為責任を負うのである。ここでは第三者には故意と違法性が通常認められ，問題なく不法行為責任が成立する。

　問題は，自由競争の範囲内と考えられる第二の事例である。たとえば，不動産の二重譲渡契約において，第二買主が第一の売買の存在を知りながら二重に買い受け，先に移転登記を経由する場合である。第一買主の特定物債権はこれによって履行不能を理由とした損害賠償請求権（415条）に転化する。177条の第三者につき背信的悪意者排除説（判例）に立つ場合，いわゆる単純悪意者は第三者に含まれ，自由競争の許容範囲の取引として許される。したがって，この例では第二買主の不法行為責任は成立しない（最判昭30・5・31民集9巻6号774頁〔不動産判例百選（2版）80事件〕）[7]。判例・多数説は，たとえば，第二

買主が第一買主を不当に苦しめる目的で売主と共謀するなど侵害行為につき，極めて違法性が強い場合のみ，不法行為責任を認める[8]。しかし，反対説は，ここでの侵害が債務者の意思の関与がなくても生じうる点で，契約関係の保護を厚くすべきであるとの立場から，第二買主が第一の売買を知り，または知り得べき場合にも不法行為責任の成立を認める[9]。なお，この問題は177条の対抗要件主義との調整をいかにはかるかがもう一つの論点となる[10]。その他，自由競争の範囲内と考えられる事例として，同一業種における従業員の引抜きが問題となる。

(3) 妨害排除請求

債権者は債権を侵害する第三者に対し損害賠償のみならずその妨害の排除・妨害行為の差止を請求できるか。現在まで議論の対象となってきたのは，債権一般ではなく不動産賃借権（605条参照）である。不動産賃借人は，不動産賃借権の目的物を不法占拠する第三者に対し，または二重賃貸借において対抗することができない賃借人または対抗問題で劣後する賃借人に対し，賃借権にもとづき妨害行為の中止または不動産からの退去を請求できるかである（以下，問題事例のうち前者を不法占拠型，後者を二重賃貸借型とよぶ）。

---

(1) これは，法的非難を意味する損害賠償責任，過失責任とは別個の「責任」概念である。
(2) これらの者の責任は，当然，担保不動産の範囲に，かつ被担保債権額に限定される。
(3) なお，注民(12)・75頁〔澤井〕75頁以下は伝統的分類を一部修正し，債権侵害を自由競争の範囲内と範囲外に分ける類型論を立てる。また，平井・118頁以下は通説の類型論は要件の点で不明確であるとの疑問を定期し，新たな類型論を提示する。
(4) 債権侵奪者に対する不当利得返還請求権も併存する。
(5) 売買の例では，権利侵害は，危険負担（534条），代償請求権，所有権侵害にもとづく損害賠償請求権（709条），との関係をめぐって複雑な問題が生じる。買主は第三者に対する損害賠償請求権を取得する。しかし代金債務が未履行の場合，債権者主義にもとづき買主の代金債務は消滅しない（534条）。他方，目的物の所有権が未だ買主に移転していない場合，売主には所有権侵害にもとづく損害賠償請求権が成立し，これに対して対価危険を負担する買主は代償請求権を行使することが可能となる（ただし，売主が代金を受領した場合，そもそも売主には損害がなくなるとも考えられる）。各請求権は常に単純に並存するわけではないが，これらの請求権をどのように調整すべきかは難問である。注民(12)・77頁〔澤井〕77頁は，権利侵害を理由とする損害賠償請求権と代金支払を条件とした代償請求権との並存を，法律構成の一つとして提案する。
(6) 平井・119頁以下は，これに反対し，過失のみで不法行為が成立するとする。契約関係の保護の立場から，個人は何らかの債権関係に立つのを常態とするという現実を直視し，かつ，

人の人格的の侵害を直接のきっかけとする不法行為を強く規範的に非難する。現在ではこのような現実認識が定着しているのか，またこの規範的判断と行為の潜在的危険性を検討する必要があると思われる。
(7) 最判昭30・5・31民集9巻6号774頁は，第二買主につき，不法行為責任の成立するためには単なる悪意では足りないとする。
(8) 我妻・講義Ⅳ 80頁。
(9) 平井・120頁以下。
(10) 判例・多数説は所有権の帰属をもって第一買主に対抗できる第二買主が不法行為責任を負うのは177条の制度に抵触すると解するのに対し，反対説は損害賠償による保護と所有権の帰属は異なる平面の問題であるので，おのおの別個に考えればよいと解する。さらに，そもそも同条につき単純悪意者排除説に立った場合，自由競争の許容範囲が縮小され，反対説同様，不法行為責任の成立範囲が広くなる。

【展開講義 7】 不動産賃借権（債権）にもとづいて妨害排除請求は可能か

(1) 問 題 点

　債権一般につき物権の直接的支配性を根拠とする妨害排除請求権（物権的請求権）を認めるのは物権と債権を峻別する民法の建前に反する。しかし，不動産に対する事実的支配を伴う点で，不動産賃借権はその権利の行使の外形上ほとんど用益物権と差がない。また，605条は不動産賃借権に対抗力を付与する。さらに，建物の築造を目的とした土地賃借権は借地借家法上同一目的の地上権と同列に扱われている。不動産賃借権のこのような物権化現象の中で妨害排除請求の可否が論じられてきた。問題は妨害排除請求を肯定するための理論構成およびその要件である。

(2) 判例の推移

　当初，不動産賃借権ではなく専用漁業権の賃借事例において，権利一般の通有性である不可侵性を根拠に妨害排除請求を認めた（大判大10・10・15民録27輯1788頁）。その後，判例は，賃借人がその賃借権を保全する目的で，不動産の使用収益を妨害する第三者に対し，賃貸人（不動産所有者）の有する妨害排除請求権を代位行使することを認めた（大判昭4・12・16民集8巻944頁）。これとは別に，戦後判例は，対抗力を有する不動産賃借権者（605条，借地借家10条・31条）が二重賃貸借において対抗することができない賃借人に対し（最判昭28・12・18民集7巻12号1515頁〔民法判例百選Ⅱ24事件〕，最判昭45・11・24判時614号49頁），また，賃借土地を不法占拠する第三者に対し（最判昭30・4・5民集9巻4号431頁），それぞれ賃借権にもとづき妨害排除を請求できることを承認した。他方，対抗力を有しない不動産賃借権に

については不法占拠者に対する賃借権固有の妨害排除請求を否定する（最判昭29・7・20民集8巻7号1408頁）。

(3) 評　　価

権利の不可侵性理論は，物権と債権の区別を曖昧にする点および二重賃貸ケースでは処理しきれない点で問題がある。したがって，戦後の対抗力理論が妥当である。ただし，この説には理論的問題点もあることに留意しなければならない。対抗力は物権の「排他性」の問題であり，物権の「直接的支配性（絶対性）」から帰結される物的請求権とは本来理論的に別である。つまり物権と同様の排他性があることを理由に，物権的請求権たる妨害排除請求権を帰結することは理論的におかしいのである。しかし，判例を支持する学説は，以下のような論拠によってこの矛盾を解消しようとする。たとえば，不動産賃借権と地上権については，債権と物権の区別はある程度法政策的なもの，という点を前提にして，債権が排他性を有し物権と同様の効果を有するにいたった場合には，政策的に妨害排除請求権を肯定すべきであると説明する。また，債権である不動産賃借権が排他性を有する場合，目的物の直接的利用を一層強固にするので，物権の直接的支配性を前提とする妨害排除請求権を認めてよいと説明する。ただ，後者の考えを推し進めると，逆に排他性なくてもこれを肯定する余地が出てくる。すなわち，対抗力を有しないが占有を有する不動産（とくに土地）賃借権についても，占有があれば目的物との緊密な事実上の関係が発生し，しかも第三者もこの関係につき認識可能であるので，たとえ排他性が認められなくても，違法な侵害を排斥する効力を付与してよいとの考え[1]が成り立つ。二重賃貸事例も含めて考えるなら，対抗力理論にとどめるのが適当であろう。

---

[1] 我妻・講義 IV 85頁。なお，占有訴権（198条）および債権者代位権構成も並存しうる。

2　履行請求権（現実的履行の強制・強制履行）

◆　導入対話　◆

学生：債務者が履行期に債務を履行しない場合，債権者はどのようにしてその債権の内容を実現できるのでしょうか。

教師：債権には摑取力，執行力がありますから，国家機関である裁判所の助け

によって債権の内容を強制的に実現できます。これを現実的履行強制といい，強制執行手続に従います。債権者が有する債務の履行請求権は債務者が任意に履行しない場合に債権の内容の強制的実現をはかることも目的とするわけです。

学生：履行可能が前提なのですね。ところで，履行強制を定める414条なんですが，1項から3項までの内容がよく分からないのですが。

教師：その前に，債務名義の話をしておきましょう。強制執行をするためにはまず債権者が真実債権を有することの証明が手続上必要になります。これが「債務名義（民執22条）」です。債務名義は裁判による確定判決だけでない点に注意してください。

学生：分かりました。でも，債務名義があれば，債務者は直ちに強制執行を受けるのですか。債務を履行しないというのは415条にも規定があり，債務者の帰責事由が必要なのではありませんか。

教師：414条1項と415条の条文を読み比べてください。414条の方は債務者の帰責事由を要求していませんね。債権は本来履行されるべきものであり，任意に履行されなければ強制的に実現させるべきものですから，帰責事由はいらないのです。

学生：現実的履行強制というのは債務者に無理やり支払わせたり，物を引き渡せることなのでしょうか。

教師：そうではありません。現実的履行強制でも債務者の人格は尊重されねばなりません。具体的には，414条1項がいう「強制履行」つまり直接強制，同条2項と3項が定める「債務者ノ費用ヲ以テ第三者ニ之ヲ為サシメル」代替執行，さらに民事執行法172条が定める間接強制に分かれます。たとえば，金銭の借主が返済を怠る場合，裁判所が債務者の特定財産を差し押さえ，売却（競売）し，売却代金からの配当によって，貸主は貸金債権の弁済を受けるのです。また，不動産売買の売主が目的物を引き渡さない場合，執行官が売主の占有を強制的に排除し買主に目的物の引渡を行います。これらはすべて直接強制の例です。

学生：分かりました。民事執行法の講義でもう一度詳しく勉強してみます。

2.1　履行請求権（現実的履行強制・強制履行）の概観

法的権利である債権は，債務者に対する効力として請求力および摑取力を有する。債権者は，期限（履行期）が到来すれば，いつでも債務者に対して債務

の任意の履行を請求できる。しかし，債務者は期限が到来すれば，当然債務を履行しなければならないのであるから，この裁判外の請求力だけをもって履行請求権と理解することにはあまり意味がない。むしろ，債務者が任意に履行しない場合こそ，履行請求権によって本来の給付を実現させることが必要なのである。したがって，履行請求権の概念には，債権の内容である一定の給付が最終的には裁判所によって強制的に実現されることを請求できる権能が含まれる。これは，既述のように債権の摑取力とりわけ執行力を意味する。債権者は債務の履行が可能であるかぎり，裁判所の強制執行手続に従い，債権の内容を強制的に実現できる。この実現方法が414条が定める現実的履行強制である。本来，この種の規定は手続法（強制執行法）に属する。わが国はフランス法の影響の下，民法に規定が設けられた。ただ，詳細は民事執行法で定められている。

ところで，現実的履行強制は債権の効力として認められる。したがって，成立要件は，履行期に履行が可能であるにもかかわらず履行が行われておらず，かつ，不履行が違法であるだけで足りる。415条にいう債務不履行とは異なり債務者の帰責事由および損害の発生は不要である。帰責事由がある場合には，現実的履行強制とともに債務不履行にもとづく損害賠償を請求できる（414条4項）。

現実的履行強制の具体的方法は，債務の種類によって定まる。これを整理したのが**表1**である。以下，表を参考にしながら説明しよう。

表1

①	直接強制	414条1項 民執168条〜170条	与える債務	債務者の人格への影響　小
②	代替執行	414条2項・3項 民執171条	なす債務のうちの代替的作為債務等	次順位の強制手段
③	間接強制	民執172条	なす債務のうちの不代替的作為債務	債務者の人格への影響　大

2.2 手続的種類による分類（直接強制・代替執行・間接強制・特殊な履行強制）

(1) 直 接 強 制

　たとえば，借主が貸金を返還しない場合，特定動産売買または不動産売買において売主が目的物を買主（特定物債権の債権者）に引き渡さず，または買主が代金を売主に支払わない場合，賃貸借契約が終了したにもかかわらず賃借人が賃借物を明け渡さず，または引き渡さない場合に行われる。つまり，不動産や動産の引渡債務が任意に履行されない場合や金銭が支払われない場合に，直接強制が行われる。物や金銭の引渡自体は債務者の身体や意思に対し強制を加えなくても実現できる。債務者がその物を占有していれば，その占有状態を第三者が解いて債権者に占有移転すればよい。金銭を支払わなければ，債務者の一般財産を第三者が売却し売却代金を債権者に弁済金として渡せばすむ。そこで，国家機関である裁判所が債務者の意思を無視し，債権の内容を実現させるのが直接強制である（414条1項）。①金銭債務の場合，執行裁判所が債務者の不動産を差し押さえ強制競売（民執43条以下）または強制管理（民執93条以下）によって得た売却代金または収益・換価代金から，あるいは執行官が債務者の動産を差し押さえ売却した代金から（民執122条以下），あるいは執行裁判所が債務者の金銭債権を差し押さえ第三債務者から取り立てた金銭から（民執143条以下），金銭債権者はおのおの配当（民執84条・105条・139条以下。配当は債権者平等の原則に従い行われる）を受け，これを債権の弁済に充当する。②金銭債務以外の債務の場合，たとえば，不動産の引渡を目的とする債務では，執行官がその不動産に対する債務者の占有を解いて債権者にその占有を取得させる（民執168条）。動産の引渡を目的とする債務では，執行官が債務者からその動産を取り上げて債権者に引き渡す（民執169条）。

　このように直接強制は債務者の身体や意思に対する影響が少なく，債務者の人格に最も配慮した執行方法である。そのため，直接強制が可能な場合には，他の執行方法は許されない（大判昭5・10・23民集9巻11号982頁）。ただ，直接強制は以上の例からも分かるようにいわゆる与える債務にのみ認められ，なす債務ではこの方法はとれない。一定の行為を行うことを目的とする債務につき直接強制を用いるなら，債務者の身体・意思に直接強制力を加えることになっ

てしまうからである（414条1項但書参照）。

(2) 代替執行

直接強制と異なり，なす債務につき認められる執行方法で，以下のように分けられる。ただし，なす債務の中でも債務者本人の履行が債務の性質上要求されるものは，代替執行が許されず，間接強制によるほかない。

(a) 代替的作為債務の場合　　名称のとおり，第三者が債務者に代わって債務の履行（一定の作為）を行い，それに要する費用を債務者から強制的に取り立てる方法である（414条2項，民執171条）。第三者が履行を代行できる債務（代替的作為債務）でなければならない。代替執行は，単なる費用償還・損害賠償ではないので，第三者による履行代行は債務者の権利圏への介入を伴い，それにつき債務者の忍容を要する場合でなければならない。たとえば，賃借地上に自己所有の建物を有する土地賃借人が，賃貸借契約の終了により負担する建物収去債務（616条・598条）がそうである。この場合，第三者（執行裁判所から授権された建物解体業者）が，債務者（土地賃借人）の支配下にある建築物の取壊し債務を代行すべく，債務者所有の建物に立ち入り，それを取り壊すのである[1]。なお，判例は名誉毀損を認める確定判決があったにもかかわらず被害者が謝罪広告（723条の「適当なる処分」）を出さなかった場合，この債務につき代替執行を認めた（大決昭10・12・16民集14巻2044頁，最大判昭31・7・4民集10巻7号4頁）。

(b) 意思表示をなすべき債務　　作為債務のうち，法律行為を目的とした一定の意思表示または準法律行為（たとえば，467条の「債権譲渡の通知」）をなすべき債務については，本来債務者の意思を尊重し間接強制にとどめることも可能である。しかし，民法は，早期の実現を目的にして特殊な代替執行を設けた。裁判をもって債務者の意思表示に代える判決代用を認める（414条2項但書，民執173条）。通知を命ずる判決があれば，債権の譲受人は通知を命ずる判決を債務者に送付すれば，通知（467条2項）があったことになる。

(c) 不作為債務　　青空駐車場を設置する目的で土地を賃借した場合，賃借人は建物を建築しない債務を負う。このように作為でなく一定の行為をしない（不作為）債務につき，民法が想定するのはこれに違反したケースである。つまり，不作為債務を履行しないことによって有形的な状態が継続して存在する

場合（建物を築造したこと）を前提にしている。この場合，債務者の費用によって違反状態を除去（建物の取壊し）し，かつ，再度の違反がないように適当な処分（将来の損害賠償のための担保の提供）を命じる（414条3項，民執171条）。他方，不作為債務の不履行が単に無形の違反状態を継続させる場合（一定以上の騒音を出さない債務に違反し，大騒音を出す場合）につき直接の規定はない。次に述べる間接強制は認めるべきである。

(3) 間接強制

民法ではなく，民事執行法172条に規定がある。履行が遅れれば債務者が一定の金銭（履行遅延による実損害とは別のいわば制裁金）を支払わなければならないというやり方で，債務者に間接的なプレッシャーをかけて債務者本人に履行を強制させる方法である。債務者の意思に間接的であれ圧迫を加える点では，債務者の人格に与える影響が一番大きい。だから，なす債務のうち代替執行ができないもの（不代替的作為債務）にだけこの方法が許され（民執172条1項参照），なす債務につき代替執行と間接強制との選択はできない[2]。たとえば，親権者に幼児を引き渡すべき債務（大決大元・12・19民録18輯1087頁，最判昭38・9・17民集17巻8号968頁）が挙げられる[3]。他方，夫婦の同居義務，雇用契約上の労務提供債務，芸術的創作を行う債務は間接強制をすることができない。

2.3 債務の種類による分類

以上の説明を債務の種類からもう一度みてみよう。与える債務については直接強制，なす債務のうち代替的作為債務，意思表示をなすべき債務および不作為債務についてはおのおの異なる内容の代替執行，なす債務のうち不代替的債務の一部については間接強制が認められる。なす債務については代替執行と間接強制との選択は認められず，間接強制は代替執行ができない場合にのみ許される。なす債務のうち間接強制も認められない債務については，債務者に帰責事由がある限り損害賠償を請求できるだけである。

---

(1) 逆に，債務者の権利圏に介入する必要のない場合，代替執行は無意味であり必要がない。たとえば，債権者（注文主）の土地上に請負人が建物を建築する債務では，履行がなければ，債権者は請負契約を解除して別の請負人に建物を建築させ，元の請負人に対しては損害賠償を請求するだけですむ。代替的作為債務につき常に代替執行を認める必要はないことに注意を要する。奥田・(上) 113頁参照。

(2) 旧民訴734条の下ではこのような解釈が可能であったが（星野・41頁），現行民訴172条はこれを否定し，間接強制の適用範囲を明確に限定する。ただ，日本の間接強制は債務者の拘留など肉体的拘束を伴わない緩やかなものであるので，債務者の人格への影響はむしろあまり大きいものでなく，だからこそ代替執行との選択を認めてもよいとの解釈論があったことに注意しなければならない。
(3) 最判昭43・7・4民集22巻7号1441頁は，人身保護法による人身保護請求により妻から夫に対する幼児の引渡を認めた。

3 債務不履行と損害賠償

◆ 導入対話 ◆

学生：債務不履行の効果は損害賠償請求だけでなく現実的履行強制もありうるのですか。

教師：そうです。履行遅滞につき債務者に帰責事由がある場合はね。ところで，債権総論では債務の具体例はほとんど双務契約上の債務ですね。たとえば，特定物売買の売主が目的物の引渡債務（特定物債務）を遅滞し，買主が何度履行を求めても売主がこれに応じない場合，買主は普通どうしますか。

学生：契約を解除します。

教師：541条と545条3項を見てください。買主は双務契約を解除し，その後415条にもとづき損害賠償請求できるのです。ただし，解除は損害が発生していなくてもできます。

学生：分かりました。ところで，債務不履行とはどのような事態を具体的に指すのですか。

教師：一般に履行遅滞，履行不能または不完全履行を指します。遅滞と不能は明文があります（412条・415条・541条・543条）。不完全履行はこの二つに当たらない事例のいわば集合です。手術ミスのような医療過誤のケース，買主に届けられる商品が運送中毀損したケースを考えてみてください。

学生：ところで，新聞報道をみると医療過誤では，不法行為を理由にする損害賠償請求訴訟があったのですが……

教師：実は損害賠償制度は，どこの国でも通常二本立てなのです。

学生：契約上損害を被った者はどちらを根拠することもできるのですか。

教師：あなたの言い方は正確ではありませんが，そうなる場合があります（請求権競合）。ただ，415条と709条は成立要件の文言が違うのです。

学生：同じ民事責任ですから過失責任じゃないのですか。

教師：415条は解釈論上むしろ無過失責任に近いのです。

> 学生：先生の言われるのは，帰責事由と過失の違いですか。
> 教師：そうです。債務者の帰責事由は債務者の過失よりも広く，自身に過失がなくてもいわゆる履行補助者の過失についてまで責任を負うのです。
> 学生：715条の使用者責任と似ていませんか。
> 教師：履行補助者と被用者はよく重なりますが，責任は同じではありません。
> 学生：最後に，416条の解釈（賠償範囲，算定基準時）は学説が多く難しいと先輩に聞いたのですが。
> 教師：理論的な対立がとくに顕著なところです。よく勉強してください。

3.1 債務不履行責任の概観

債務不履行責任とは，債務者が自らの帰責事由により債務の本旨に従った給付を行わなかった場合に負担する損害賠償責任をいう（415条）。損害賠償責任を課す民事責任である点で，不法行為責任（709条以下）と共通する。二つの責任は，民事責任として要件面でも効果面でも共通または類似する。したがって，二つの責任が競合する場合が発生する（いわゆる「**請求権競合問題**」）。ただ，導入対話で述べたように債務不履行責任は，債務者の帰責事由を主観的要件とする点で709条の過失責任とは異なる。帰責事由とは債務者本人の過失（債務不履行の結果を回避すべき義務に対する違反）のみならず，債務の履行を補助または代行する者の過失をも含む。自身に過失がなくても債務の不履行につき履行補助者の過失があった場合には，債務者はこの責任を負う。その限りで報償責任を趣旨とする使用者責任（715条）と類似する。しかし，債務不履行責任には免責条項（715条1項但書）がない絶対責任なのである。債務者に免責を認めないのは，債務者がすでに債務を負担しているのであり，債務は本来債務の本旨に従った履行されるのが当然だからである。免責は責任の成立範囲を著しく狭め，法的権利である債権の保護がはかれなくなる。したがって，証明責任についてもその分配が逆になっている。加害者の過失は被害者がその存在につき証明責任を負担するのに対し，債務者の帰責事由は債務者がその不存在につき証明責任を負担するのである。ただし，民事責任における非難可能性という点では不法行為責任の方が当然インパクトが強い。債務不履行責任は単に履行されるべき債務が履行されない場合の損害填補に重点があり，非難の側面は余り

強くない。他方，不法行為はいわばけしからぬ行為をやったことに対する社会的非難を含んでいる（請求権競合の場面で，被害者が不法行為責任を追及するのはそのためである）。

ところで，415条が主に想定する「債務」不履行は主たる給付に関する給付義務（たとえば，売買目的物の引渡債務，被用者の労務提供債務，請負人の仕事完成債務）の不履行である。遅滞や不能という事態が簡単に思い浮かぶからである。しかし，債務を構成するのは給付義務だけではない。だから，すでに1で既述したように，従たる給付義務や付随義務についても不履行がありうる。農地売買における売主の許可申請義務や雇傭契約において使用者が負担する安全配慮義務，診療契約での医師の説明義務がそうである。注意すべきは，これらの義務不履行は不完全履行の態様をとることが多い。上記の許可申請義務では履行遅滞が問題なるが，通常発生するのは債務・義務が一応履行されたがそれが何らかの点で不完全であったケースである（医療過誤の多くは診療債務の不完全履行事例である。安全配慮義務も同様である）。ただ，不完全履行の概念有用性，その範囲・効果については学説上議論がある。遅滞や不能と違い，この概念はドイツ法の影響を受け解釈論上生まれたものだからである。

債務不履行責任のほとんどは双務契約上の債務の不履行事例である。同時に，債権が履行可能であるかぎり，債権者は履行に代わる損害賠償ではなく本来の給付を請求できる。そこで，契約上の債務では，履行遅滞の場合，債権者は現実的履行強制とともに遅延損害の賠償請求を行うか（414条4項），541条にもとづく契約の解除とともに履行に代わる損害賠償を請求するか（545条3項）するか，いずれかを選択できる。また，履行不能の場合この選択はできず，履行に代わる損害賠償請求のみを行うか，それとともに契約を解除するか（543条・545条3項），選択できるだけである。なお，不完全履行についてはその態様がさまざまであるため，一概にはいえない。たとえば，付随義務の不履行の場合，損害賠償請求のみが認められ，現実的履行強制になじまず，それによって契約の目的を達成できないときにでないぎり，解除が認められない。また，債権者の生命・身体・一般財産にまで損害が発生するときには（積極的契約侵害），それらに対する損害賠償も認められる。

効果の点でとくに学説上議論が盛んなのは，損害賠償の範囲（416条）およ

び損害賠償算定の基準時の問題である。416条2項から明らかなように日本はもともと完全賠償主義を採用していない。にもかかわらず，完全賠償主義を採用するドイツ法下で賠償を制限する目的で生まれた相当因果関係論が学説に継受されたため，混乱を招いた。ただ，要は妥当な損害賠償が行われるか否か，結果の妥当性が重要である。判例は一貫して相当因果関係説に立ちつつ，妥当性を探っている。損害賠償算定の基準時とは，いつを基準にして損害賠償額を算定すべきかの問題である。とくに履行不能の場合には本来の給付に代わるものを賠償金として支払わせるので，同種の物につき価格変動があるとき，基準時をどこにおくのか（履行不能時か，最高価格時か，第二審の口頭弁論終結時か，裁判官へ委ね決定してもらうのか）が大きな論点となる。

　なお，損害賠償責任が成立するにもかかわらず，債務者が損害賠償債務を履行しない場合，金銭債務として現実的履行強制（414条1項）が行われる。

【展開講義　8】　安全配慮義務

(1)　その意義については1の総説の【展開講義 5】で既述した。特別の社会的接触の関係に入った当事者間において，相手方の生命，身体，健康，一般財産をこの接触関係から生ずる特別な危険から保護するよう配慮すべき義務をいう。判例は信義則に根拠を求め，「ある法律関係に基づいて特別な社会的接触の関係に入った当事者間において，当該法律関係の付随義務として当事者の一方又は双方が相手方に対して信義則上負う義務」と位置づけている（最判昭50・2・25民集29巻2号143頁〔民法判例百選Ⅱ3事件〕）。ただ，社会的接触の関係のうち取引的接触の関係の代表例は契約であるので，実際には危険な物的・人的環境下の契約関係においてこの義務が認められることが多い。その代表が雇傭契約である。判例は自衛隊での労災事故事例に偏ってはいるが，使用者たる国が雇傭契約上，賃金支払債務のみならず「公務員に対し，国が公務遂行のために設置すべき場所，施設もしくは器具等の設置管理又は公務員が国もしくは上司の指示のもとに遂行する公務の管理にあたって，公務員の生命及び健康等を危険から保護するよう配慮すべき義務」をも負担することを承認する。この義務が登場した背景には，理論面では学説における附随義務論（とくに保護義務論）の深化，現実面では当時労災事故において労災補償額が実損害に比較し低額であったという事情が存在する[1]。これをきっかけに安全配慮義務は，学校事故における学校設置者（就学契約），運送

人による運送中の事故（運送委託契約：最判平2・11・8判時1370号52頁），さらに賃貸人による賃借人の財産の焼失（賃貸借契約：最判平3・10・17判時1404号74頁）にも認められている。

(2) ただ，各契約における安全配慮義務の性質に若干の差があることに注意しておくべきである。雇傭契約については，労務者が負担する労務提供債務の履行につき，債権者である使用者がその債務の履行に適した一定の物的・人的環境を整備・確保すべく負担する義務が安全配慮義務なのである。この点で，労働者の労務提供債務に対応した使用者の「給付義務」と評価することも可能である（同時履行の抗弁を認めうる）。他方，営業用賃貸借において賃貸人と賃借人が同一家屋をおのおの一部利用し，賃借部分に賃借人が営業用動産を常備する場合で，かつ，賃貸人が家屋全体の火気の使用を独占・管理するときには，賃貸人は使用・収益させる債務に加え「附随義務」として家屋内の賃借人所有動産の安全につき配慮する義務を負う。

(3) 今日，学説は判例の安全配慮義務論を一般に承認する。なかには，ドイツ法での保護義務と日本の安全配慮義務との近似性を強調することを出発点とし，安全配慮義務を契約全般にわたって契約相手方の生命健康等を保持することに向けられた保護義務として積極的に位置づける学説も存在する。しかし，わが国はドイツと異なり不法行為に関する一般規定（709条）を有し，その内容も柔軟である。不法行為における一般的注意義務（709条）とその内容が類似するのであるから，安全配慮義務の範囲を不必要に拡大することは，いたずらに債務不履行責任の拡大を招く。附随義務の一つと理解すべきである。ただ，特別な社会的接触の関係は契約成立前の商談の段階（契約準備段階）または契約終了後の関係においても成立しうるため，この関係と不法行為が前提とする一般市民の関係とが競合しうる場合には，この義務の存在意義につき評価が分かれる。判例は元請企業と下請企業の労働者との関係のように，契約関係に立たない場合にも当事者関係にも特別な社会的接触の関係を認めている[2]。これとは逆に，不法行為責任との競合事例では，この義務が存在意義を有する。雇傭契約における第三者惹起事故[3]がこれにあたる。

(1) さらに先例となった最判昭50・2・25の事件には被害者救済の必要性があった。被害者側の無理からぬ事情により訴訟の提起が遅れ，不法行為にもとづく損害賠償請求権につき消滅時効（724条）が完成したため，債務不履行責任を根拠としないかぎり損害賠償請求の途が閉ざされる事情があった。

(2) 最判平3・4・11判時1391号3頁〔民法判例百選Ⅱ4事件〕は，造船所で働く下請企業の労働者（社外工）の作業による難聴につき，一定の要件の下で元請企業の労働者（本工）の

場合と同様に安全配慮義務違反を認めた。実際上本工と類似の法的地位に立っていたと評価したのである。
(3) 就業中，第三者の違法な侵害によって労務者が損害を被る例では，このような侵害から労務者を保護すべく措置を講ずる一般的注意義務（709条）を使用者に認めることはできない。被害救済のためには安全配慮義務違反を問うほかない。判例は，宿直勤務中の被用者が窃盗目的で来社した元被用者に殺害された場合，および過激派が幹部自衛官に変装して隊に侵入，隊員を殺害した場合につき，使用者または国の安全配慮義務違反を肯定した（最判昭59・4・10民集38巻6号557頁，最判昭61・12・19判時1224号13頁）。

3.2 債務不履行の一般的要件と効果

(1) 一般的要件

415条前段は，これを「債務の本旨に従いたる」履行を行わないときと定義する。これが客観的要件である（本旨履行の参照条文として412条・474条・479条・482条・483条・484条など）。さらに，同条後段は履行不能を例に挙げて債務者の帰責事由の存在を主観的要件にする。債務不履行は，債務者の帰責事由にもとづくものでなければならない。債務者の帰責事由には，債務者の故意または過失が含まれる。故意とは，債務不履行になることを知りながら，あえて一定の作為または不作為を行うことである。過失とは，債務不履行になることを認識せず，そのため債務不履行を回避すべき一定の作為または不作為を行わなかったことをいう。その他，同条は明言していないが，債務不履行が違法であること（違法性），損害が発生したこと，債務不履行と損害と因果関係も成立要件となる。たとえば，債務者が反対債務につき同時履行の抗弁（533条）を有する場合，履行が遅延したとしても，債務不履行責任は成立しない。損害発生が要件となるのは，債務不履行責任の効果が損害賠償責任の発生にあるからである。因果関係の存在については，単なる原因・結果の関係（あれなければ，これなしの関係）が要求される。ただ，債務不履行ではあまり問題ならない[1]。以上の成立要件のつき，債権者が証明責任を負担するのは不履行の事実と損害の発生だけである。債務は本来履行されるべきものである以上，証明責任が転換され債務者に分配されている。債務者が債務不履行責任を免れるためには，債務者が帰責事由の不存在，債務不履行が違法でないこと等につき証明しなければならない。この点は，不法行為責任における過失の証明責任との大きな差異である。

金銭債務については419条2項後段が特則を設け，不可抗力にもとづく履行遅滞であっても債務不履行責任の成立を認める。同条項の「不可抗力」とは債務者の故意・過失以外の外部的原因（たとえば天災）を指す。また，同条項前段は金銭債務の不履行には利息分の遅延損害が当然発生するとみなし，その限りで損害の発生につき債権者は証明する必要がない。

なお，通常，債務不履行という用語は，損害賠償をその効果とする債務不履行責任の意味で使用される。他方，広義の債務不履行とは債務の本旨に従った履行のない客観的状態を指す（414条1項・534条〜536条参照）。これに対応して履行遅滞，履行不能という用語も，単に客観的な遅滞・不能の意味で使用されることがある（410条1項・536条）。債務不履行責任は契約責任と同義で使用されることもあるが，厳密には異なる。契約上の債務でなく一定の合意にもとづく債務または法定債権関係上の債務についても不履行が生ずるからである[2]。

(2) 効　　果

債権者は債務不履行によって被った損害の賠償を債務者に対して請求できる。損害賠償の範囲については416条が定める。損害賠償の方法は，不法行為責任と同様，金銭賠償である（417条）。債権者が取得する損害賠償債権は期限の定めのない債権であり，債権者が履行請求したときから履行遅滞となる（413条3項）。履行不能にもとづく損害賠償債権は本来の給付に代わる金銭債権であり，単に債権の内容が変更されたにすぎない。したがって，債権は同一性を保っており，消滅時効の起算点は元の債権の弁済期翌日となる。

---

(1) ただし，医療過誤では成立要件としての因果関係（事実的因果関係）が訴訟上争点となることが多い。医学の進歩は日進月歩であり，患者の身体には個人差が伴うからである。
(2) 契約準備段階において信義則や特約を理由に認められる義務の不履行は，債務不履行責任の問題であり契約責任を論ずるのは誤解を招く。

【展開講義　9】　債務不履行と帰責事由

415条前段は，債務不履行責任につき債務者の帰責事由を要求しない。他方，同条後段は債務不履行のうち履行不能につきこれを要求する。形式的に解釈すれば，これは履行不能の場合に限った成立要件と考えうる。しかし，債務者の帰責事由は債務不履行一般の成立要件と解される。それ以外の態様の債務不履

行において帰責事由が成立要件とならないならば，債務不履行の態様によって責任の成否につきアンバランスが生じる。同条後段は履行不能を例に挙げて債務者の帰責事由が一般的成立要件になることを定めていると解釈されている。

債務者の帰責事由が債務者の故意・過失と同義ではないことは既述した。債務者本人の故意または過失および「信義則上これと同視しうべき事由」もこれに含まれる。したがって，債務者は自己に過失がなくても責任を負う点で，709条の故意・過失と同義ではない。信義則上，債務者本人の故意または過失と同視しうべき事由とは，具体的には「債務の履行につき債務者本人を補助または代行する者」の過失をいう。後述するように，債務の履行につき履行補助者の故意または過失が原因となって債務不履行が発生した場合，債務者本人の故意または過失があったものとみなすのである。

ところで，債務者の帰責事由によらず債務不履行が発生した場合はどうなるのか。履行不能については次のような制度が存在する。まず，双務契約において一方の債務が債務者に帰責事由がないにもかかわらず履行不能となった場合，危険負担の問題となる（533条～536条）。したがって，特定物売買において売主の特定物債務（400条）につき履行不能が発生した場合，不能につき債務者に帰責事由があるときは債務不履行責任が成立し，他方，債務者に帰責事由がないときは債権者である買主が対価危険を負担し，代金債権が存続する（534条の債権者主義・買主負担主義）。債務者に帰責事由がない場合とは，具体的には債権者・債務者双方に帰責事由がない場合（536条1項），債権者に帰責事由がある場合（536条2項）。請負契約の例として，最判昭52・2・22民集31巻1号79頁），第三者に帰責事由がある場合および不可抗力による場合をいう。第二に，同じく売主の特定物に関する財産権移転義務（555条・560条）につき移転不能が発生した場合，売主は権利の瑕疵に関する担保責任を負担する（561条・563条）。移転不能の原因につき売主の帰責事由の有無を問わないので，帰責事由がある場合には同時に履行不能にもとづく債務不履行責任も成立する（最判昭41・9・8民集20巻7号1325頁）。

(3) 債務不履行の類型（三類型か二類型か）

415条前段にいう「債務ノ本旨ニ従ヒタル履行ヲ為ササルトキハ」，具体的にどのような態様をさすのか。判例・通説はこれを履行遅滞（412条），履行不能（415条後段）および不完全履行の三態様に分類する。履行遅滞とは履行期に履

行が可能であるにもかかわらず履行しないことをいう。履行不能は履行期に履行することが不能であるため履行しないことをいう。この二つは履行期に何ら履行しない点で共通するが，他方，履行期に履行が可能であったか否かの点で異なる。他方，不完全履行は履行期に何がしかの履行はあったものの，履行が何らかの意味で不完全であった場合をいう。確かに，履行遅滞にも履行不能にもあたらないという事例は，とくに役務（サーヴィス）提供を内容とする債務では容易に想像しうる。また，ドイツ法で最初に想定された例（家畜売買において病気に罹患した家畜が買主に提供されたため，買主が従前から飼育中の他の家畜に病気が伝染し，買主が損害を被った事例）から明らかなように，この類型は積極的な存在意義を有する。つまり，発生する損害の内容が異なるのである。履行遅滞では履行の遅延によって債権者が被った遅延損害が，履行不能では履行不能によって本来の給付を得られなかったことによる塡補損害がおのおの賠償の対象となる。他方，上記不完全履行の事例では損害は債権者の一般財産（買主が飼育中の家畜）にまで及んでいる。この例を指して積極的契約侵害（積極的債権侵害）と呼ぶのもそのためである。

　ただ，展開講義で後述するように，従来から不完全履行は履行遅滞でも履行不能でもないという「消去法」によって残ったものを包括した概念であったため，要件面でも効果面でも若干の混乱があったのは事実である。債務の履行のどの部分が不完全かに注意しつつ，不完全履行の成立範囲は厳格に確定する必要がある。

【展開講義　10】　履行補助者に故意・過失がある場合，債務者は責任を負うか

　　履行補助者とは，債務の履行につき債務者本人を補助または代行する者をいう（前者を狭義の履行補助者，後者を履行代行者ともいう）。履行補助者責任法理とは，債務不履行（不履行の態様は問わない）に関する履行補助者の故意・過失を債務者本人の過失とみなすことによって，債務者自身に債務不履行責任を課す法理論をいう。わが国の判例・学説は明文規定はないものの[1]，すでに戦前からこの法理を認めた（大判昭4・3・30民集8巻363頁〔民法判例百選Ⅱ6事件〕，最判昭30・4・19民集9巻5号556頁）。債務者本人は他人の利用に

よってその取引領域の拡大し利益の享受しているのであるから，それに伴って発生する危険に対して債務者本人の過失責任を単純に適用すると債務者の免責範囲が拡大し，債権者が保護されなくなることを考慮したのがこの法理である。債務者は履行補助者の選任・監督につき無過失であることをもって免責されない。

なお，明文上履行代行者を使用できない場合（104条・625条2項・658条1項など）および明文上積極的に履行補助者の使用が許される場合（105条・658条2項など）には，債務者の責任はこれらの規定に従って定まり，この法理は問題にならない[2]。

履行補助者の過失を債務者本人の過失とみなすのは，「債務の履行につき」履行補助者が債権者に対して損害を発生させた場合に限られる。損害発生行為と債務の履行との間にいわば内的関連性が必要なのである。したがって，たとえば，部屋の内装補修契約において請負業者に雇用された職人が注文者の貴金属を内装工事中窃取した例のように，債務の履行を奇貨として履行の機会にたまたま行われた履行補助者の故意・過失行為については，債務者は債務不履行責任を負わない。なお，履行補助者は債務者が具体的に負担する債務との関係で個別具体的に定まり，抽象的に確定しない。履行補助者になり得る者に過失があっても，そもそも前提となる義務が債務者自身の負担する債務または義務でないかぎり，この法理は適用の余地がない（最判昭48・5・27民集37巻4号477頁〔民法判例百選Ⅱ7事件〕）。債務者と履行補助者の内部関係では通常，法律関係が存在する。従業員・社員，病院勤務医が履行補助者（被用者的補助者）となる場合には雇用契約が，下請業者，運送機関，金融機関が履行補助者（独立的補助者）となる場合には事務処理型の委託契約が存在する。後者の例のように独立の事業者も履行補助者となりうる点で，715条の被用者と異なる。ただし，債務者が履行代行行為につきまったく干渉可能性を持たない場合（たとえば売主が目的物の引渡を運送業者に委託する場合），そもそもこの法理をそのまま適用していいのか疑問の余地がある[3]。

最後に，承諾転借人は賃借人が負担する目的物保管債務・用法遵守義務の履行補助者であるかについては判例・学説上議論がある。判例はこれを肯定する（大判昭4・6・19民集8巻675頁）。承諾転借人は賃借人による賃借権の行使つまり賃借物の利用を補助する立場にも立つので，単純な履行補助者というよりも利用補助者と評価することができる。ただ，承諾転借人は賃借物を自らの転借権にもとづき独立して利用し，かつ，613条1項にもとづき賃貸人に対して

直接義務を負担する利用形態から考え、有力説(4)が主張するようにこの法理の適用例ではないと思われる。したがって、承諾転借人による賃借物の毀損・滅失につき、賃借人が責任を負うのは自己に過失（選任・監督義務違反）があるときだけである。

---

(1) ドイツには明文の規定（278条）がある。わが国商法にはこの法理にもとづくと評価される諸規定がある（商560条・577条・590条・592条・594条2項・617条など）。
(2) かつて学説は履行補助者の類型化と称してこれら明文のある場合も挙げ、責任要件を論じてきた（我妻・講義 IV 106頁以下）。しかし、この法理の適用余地のない場合をも含め履行補助者の過失についての債務者の責任を論じるのは無意味である。
(3) 平井・[初版] 62頁。ただし、債務はそもそも干渉可能性のない領域にまで及んでいないとも考えうる（注民(10)・429頁[奥田]）。しかし、逆に被用者に対する使用者の指揮・監督関係を要求する715条と異なり、干渉可能性がなくても他人の行為についての責任を肯定できる点に、この法理の存在意義があるとの評価も可能である（平井・[初版] 86頁）。
(4) 我妻・講義 IV 109頁。

(4) 不完全履行概念の不明確さ

一応まがりなりに履行はあったが、給付が不完全であったという例はさまざまである。学説が行ってきた伝統的分類は、①目的物自体に瑕疵があった場合（病気に感染した馬の給付、故障が頻繁に起こる電器製品の給付、注文した1ダースのビールのうち3本が気が抜けていた例、2枚組みCDのうち1枚が破損し、しかも品切れで交換できない例）、②履行方法が不完全な場合（軽率な運送による目的物の毀損、治療水準以下のずさんな診療行為）、③履行に際して必要な注意の懈怠があった場合（内装業者による注文主所有家具の損傷）の三つである。他方、類型化は要件面はともかく効果面でも行われ、追完（新たな完全履行）請求が可能か不能かによって分類されてきた。しかし、そもそも目的物が種類物の場合、①類型が不完全履行となるのか疑問である。給付された種類物に瑕疵がある場合、債務の本旨に従った履行が未だ行われていない（特定も生じていない）のであり、したがって、債権者が再度、種類債権の履行請求（具体的には代物給付または修理請求等のいわゆる「追完請求」）をできるのでないのか。このように考えると、従来、不完全履行という債務不履行に限って認められた追完請求は、不完全履行責任の固有の効果でなくなる。種類債権の本来の履行請求は、売主

の帰責事由の有無を問わず請求できる。他方，①の事例では買主が目的物をすでに受領している以上，種類物債権の目的はその物に特定していると考えるなら，この瑕疵が原始的瑕疵であるかぎり，不完全履行の問題ではなく特定物の瑕疵担保責任（570条）の問題となる。

　このように不完全履行の成立範囲に関する従来の考え方には疑問が多い。そこで，さまざまな学説が提唱されている。一部学説は従来の考えの基本を踏襲し，①類型につき種類物債権は受領によっても未だ消滅していないとしつつ，あくまで不完全履行責任の事例であり，債務者（売主）の帰責事由を要件として，追完請求を責任の効果として肯定する。ただ，上記疑問に応えて，買主が目的物の瑕疵発見後一定期間内に通知するなど適当な処置を講じないならば，それ以降に買主が不完全履行責任を理由に代物請求することは信義則違反であり許されず，修理または損害賠償請求をできるだけであるとする[1]。他方，類型化自体を批判する学説も有力である。ある学説は履行遅滞または履行不能と考えられるものは不完全履行から除外すべきであるとし，①の類型のうちビールとCDの事例はおのおの一部履行遅滞と一部履行不能と考えれば足りるとする[2]。ある学説は①類型を不完全履行の事例としつつ，追完請求には債務者の帰責事由を要求せず，帰責事由があるときには債務不履行の効果である損害賠償責任等も発生するとする[3]。さらにある学説は①類型での追完請求権を種類物債権にもとづく本来の給付請求権と評価し，不完全履行の事例でないとする[4]。この立場では①類型のうち，不完全履行は追完不能事例（何度修理しても故障が直らない目的物の事例）に限られる。基本的には最後の説が理論的に明快である。

---

[1]　我妻・講義Ⅳ 151頁。
[2]　星野・52頁。
[3]　奥田・（上）160頁。
[4]　注民⑿・43頁〔澤井〕。

【展開講義　11】　不完全履行と積極的債権侵害の関係はどのようなものか
　不完全履行の類型を発生する損害の点から眺めた場合，債権者の生命・身体・一般財産に損害を及ぼす事例が含まれることが分かる。①類型の馬の売買にお

いて買主が飼育中の他の馬に病気が伝染した場合，さらに②の類型の場合，損害はいずれも債権者の一般財産にまで及んでいる。このような拡大損害が発生する不完全履行事例をドイツでは，とくに積極的債権侵害と呼んでいた。また，契約上の債権については**積極的契約侵害**と呼ばれた。債権のみならず債権者の他の法益に対する侵害をも行う債務不履行であるため，「積極的」という用語が使われたのである。前者①の例は瑕疵ある目的物を給付した給付義務違反によって**瑕疵損害**のみならず瑕疵を原因に派生した**瑕疵結果損害**が発生した場合として理解しうる。他方，後者②の例（内装業者による注文主所有家具の損傷）は，給付義務の履行に際して要求される附随義務の違反の結果，発生した損害と評価できる。ただし，この附随義務は不法行為における一般的注意義務（社会生活上の保安義務）とその内容がほぼ重なるので，後者の例は請求権競合事例となる。そのため，債務不履行責任をいたずらに拡大することとなるとの批判を浴びるのは，このケースである。ただ，このような附随義務の存在自体は既述のように柔軟な不法行為法を有するわが国でも認めてよいと考えられる。附随義務の存在意義は不完全履行にこそある。また，①類型の中でも特定物売買において目的物の瑕疵によって瑕疵結果損害が発生した場合については，損害賠償請求権の消滅時効期間が問題となる。瑕疵損害の賠償請求権には，担保責任の短期消滅時効（570条・566条3項）が適用されることとのバランス上，瑕疵結果損害の賠償請求権につき消滅時効の一般規定（167条）を適用することは妥当でないからである。

なお，積極的債権侵害固有の効果はない。この概念は不完全履行の中の一つの類型として理解すべきであろう。

(5) 履行遅滞の要件と効果

(a) 要件　履行遅滞とは，履行期において履行が可能であるにもかかわらず，債務者の責めに帰すべき事由により違法に履行が行われないことをいう。履行遅滞の発生時期は履行期（期限）の定め方により異なる（412条1項〜3項）。暦日で特定の日時を期限として確定できる確定期限付債権では期限到来の時から，暦日で特定の日時を期限として確定しえない不確定期限付債権では期限が到来し，債務者がこれを了知した時から，期限の定めのない債権では債務者が履行請求（催告）を受けた時から，おのおの遅滞となる（412条）。したがって，貸主の父親が死亡すれば返済する約束で貸金債務を負担する場合，死亡の事実

を知った時から貸金債務の履行遅滞が発生する。死亡の事実を知らない借主に遅滞責任を負わすのは酷であるからである。ただ，貸主が死亡を前提に履行を催告した時には，催告の時から遅滞に陥ると解されている。期限の定めのない債権の例は法定債権，安全配慮義務違反による損害賠償債権（最判昭55・12・18民集34巻7号888頁）である。ただし，不法行為にもとづく損害賠償債権については被害者保護の趣旨から催告を待たないで不法行為の時（債権発生時）から当然遅滞になる（判例）。また，期限定めのない消費貸借については特別規定がある（591条1項）。なお，1週間以内に支払えというように期間を付して催告する場合，催告期間経過の時から遅滞となる。

　債務者が履行期を徒過しても，履行しないことが違法でなければ履行遅滞とならない。具体的には，債務者が同時履行の抗弁権（533条）または留置権（295条）を有する場合をいう。たとえば，双務契約である売買において目的物の引渡と代金支払を同一日付で行う約定をし，当日，売主が引渡場所に目的物を持参したのに，買主代金を持参せぬまま目的物の引渡だけを要求した場合，売主は同時履行の抗弁権を援用して引渡を拒絶することができる。したがって，引渡期日を徒過しても売主は引渡債務につき履行遅滞責任を負わない[1]。ただし，買主（引渡債権者）が533条に従い代金債務（反対債務）につき債務の本旨に従った履行の提供を改めてしてくれれば，引渡債務につき売主（債務者）の同時履行の抗弁はこの時点で消滅するので，売主（債務者）が引渡を行わないと，これ以降引渡債務は履行遅滞となる。なお，同時履行の関係にあった債務につき相殺による対等額で債務消滅の効果は遡及するか（506条），残債務は相殺した日の翌日から履行遅滞となったのである（最判平9・7・15民集51巻6号2581頁）。

　なお，履行遅滞中も債権（本来の給付請求権）は存続する。しかし，債権者の催告に応じて債務者が改めて債務を履行する場合，遅滞による損害（遅延賠償）を付加して履行しないと債務の本旨に従った履行にならず，履行遅滞は解消しない。

　(b)　効果　　債権者は，履行遅滞にもとづき発生した損害，いわゆる遅延損害の金銭賠償を債務者に請求することができる。たとえば，マンションの一室の売買契約において部屋の引渡が2カ月遅れたため，買主がその間別の賃貸マ

ンションに仮住まいした場合，分譲マンションと同程度の部屋の2カ月分の賃料相当額が通常，遅延損害となる。金銭債務の場合，遅延損害を遅延損害金または遅延利息と呼ぶことがある。金銭債務は特別な約定がない限り，元本の年5％が遅延利息となる。具体的な損害賠償の範囲は416条に従い算定される。当事者間で予め損害賠償額を定めておくこともできる（420条・421条）。なお，債権者は債務者の帰責事由の有無を問わず現実的履行強制を行うことができる点（414条4項），契約上の債務については541条の要件に従い法定解除権が発生する点は既述した。契約を解除した場合，履行期から解除時までの遅延損害および解除に起因する損害（本来の給付を受けられなくなることによる損害，つまり填補損害）が賠償の対象となる[2]。特定物債権については，履行遅滞中の債務者は目的物に関する保管義務を加重される。

(6) 履行不能の要件と効果

(a) 要件　履行不能とは，履行期において履行が債務者の責めに帰すべき事由により確定的に不能であり，かつ，不履行が違法であることをいう。履行不能の典型は，給付の目的である特定物の滅失または毀損である（滅失は全部不能，毀損は一部不能）。ただ，不能の態様は物理的不能に限らない。法律的不能もある。たとえば，不動産の二重売買において対抗しえない第一譲受人の特定物債権は履行不能となる[3]。不能の有無は法的評価により判断される。一定の日時または一定の期間内に履行しなければ，契約の目的を達成できない**定期行為**の場合，理論的には履行期に履行可能であっても履行不能と同じ取扱いとなる（542条参照）。たとえば，商人が中元用に顧客に配布するうちわの売買（絶対的定期行為）や結婚式当日配布する引き出物に関する売買（相対的定期行為）では，履行期に履行されないならば，履行不能として取り扱われる。金銭債務には履行不能はない。

履行不能の有無は原則として履行期を基準に判断される。ただし，履行期前において不能が確実になった時，その時点で履行不能となる。他方，履行遅滞中に不能が発生した時，その時点から履行不能となる。この場合，履行遅滞中の債務者は，不能につき無過失責任を負担する。

履行不能は受領不能と区別される。受領不能は受領遅滞の一形態であり，債務者からの履行提供があったにもかかわらず，債権者が受領することができな

い場合にいう。両者のうちいずれに当たるかが問題となるのが，雇傭契約におけるロックアウト事例である。工場がロックアウトされて被傭者が労務提供債務を履行できないのは，被傭者の履行不能なのか使用者の受領不能なのか。この点，一般に債権者，債務者いずれの領域の事情により不能が発生したかによって判断する**領域説**が有力である。これによれば，使用者側がロックアウトしたときは，労務提供債務の受領不能となる。

(b) 効果　債権者は本来の給付の価格相当額を損害として賠償請求できる。これが塡補損害の賠償である。本来の債権は履行不能によって消滅し，これに代わって，本来の給付に代わる損害賠償債権が成立する。つまり，既述のように本来の債権が履行不能によって損害賠償債権に転化するのである。問題となるのは，何時を基準にして本来の給付を価格算定するかである。これが後述する損害賠償額算定の基準時の問題である。なお，契約上の債務に関するに履行不能では，債権者に法定解除権も発生する（543条）。

(7) 不完全履行の要件と効果

(a) 要件　不完全履行とは，一応の履行はあったが債務者の帰責事由により債務の本旨に従わない違法な，かつ，不完全な履行があったことをいう。履行のどの部分が不完全であるかに関する伝統的な分類法とその問題点については(4)で既述した。

(b) 効果　債権者は不完全な履行によって被った損害の金銭賠償を請求できる。積極的債権侵害の場合には，債権者の一般財産，生命または身体に発生した損害の賠償を請求できる。種類物債権の目的物の瑕疵に関する追完請求権（代物請求権，修補請求権）は不完全履行の効果でなく，債権自体の本来の給付請求にすぎない点は(4)で既述した。追完不能な場合，履行不能と同様，債権者は契約を解除できる（543条類推適用）。一部追完不能な場合や附随義務の不完全履行の場合，それによって契約の目的を達成できないときに限り，債権者に解除権が発生すると解し，解除権の成立を限定すべきであろう[4]。

3.3　損害賠償の範囲

(1) 金銭賠償主義

債務不履行によって発生する損害は，際限なく拡大する余地がある。成立要件としての因果関係は原因と結果の関係で足りるので，いわば「風が吹けば桶

屋が儲かる」式の因果律に結ばれ，損害が派生していく。たとえば，家屋の内装請負契約において，内装作業中，請負業者が注文主所有の高価な壺を破損し，その破片を注文主が誤って踏んで負傷した場合において，さらに入院中の手術過誤により重大な後遺症を被ったとき，賠償の対象となるのは壺の価格相当額か，負傷による入院治療費相当額か，あるいは死亡損害まで含むのか。そこで，債務不履行によって際限なく広がりうる損害のうち，債務者が賠償責任を負担すべき損害はどこまでかを確定する必要がある。417条は金銭賠償主義を採用するので，賠償の対象となる損害範囲を決定し，それを金銭評価して金銭賠償額を決定しなければならない。

この賠償額の算定は，以下で述べるように必ずしも容易でない。そこで，現実の契約実務では，通常，損害賠償額の予定（たとえば，不動産売買における違約金条項）により予め賠償額が特約されている（420条・421条）。

(2) 損害の分類

これは不法行為法（709条以下）と同じである。まず，財産的損害と非財産的損害（慰謝料）に分類できる。債務不履行では後者は通常あまり問題とならないが，非財産的損害の賠償自体が否定されているわけではない。場合によっては医療過誤のように慰謝料が認められることもある。次に，積極的損害（現実に発生した損害）と消極的損害（得べかりし利益・逸失利益）に分類することができる。たとえば，居住用にマンションを購入したのに，物件の引渡が2カ月遅延し，そのため当時居住していた賃貸マンションの明渡が2カ月遅れた場合，支払った2カ月分の賃料が積極的損害である。また，事業用の工作機械を購入するも引渡が5カ月遅れ，この間予定していた月50万円の収益増加をはかれなかった場合，計250万円の収益損が逸失利益である。

(3) 損害賠償の範囲

これを定めているのが416条である。1項において債務不履行により通常生ずべき損害（**通常損害**）につき無条件に賠償を肯定し，他方，2項において債務不履行において特別事情により生じる損害（**特別損害**）については債務者[5]が債務不履行時にその特別事情を予見し，または予見しうべき場合に限り賠償を認める[6]。この規定の趣旨につき，判例・旧通説は債務不履行と相当因果関係に立つ損害だけを賠償させる相当因果関係の考えを体現したものと考えてき

た。つまり、1項の通常生ずべき損害とは、「債務不履行と相当因果関係に立つ」損害を意味する。2項は、相当因果関係説を前提として「因果関係の相当性」を判断するにあたり、特別事情に関する債務者の予見可能性を斟酌するという特則であり、相当因果関係説であることに変わりはないという[7]。損害賠償は損害塡補によって当事者の公平をはかろうとする制度であるから、通常の場合に生ずべき損害を塡補させることが制度の目的に適する。したがって、債務不履行があれば一般に生ずるであろう損害だけを賠償対象とする相当因果関係説は、まさに損害賠償の制度趣旨に適合した理論であると理由づけるのである。

通常損害とは、一定の債務不履行があれば社会通念上通常発生すると考えられる損害をいう。特別損害とは、ある債務不履行により通常は発生しない損害、すなわち、何らかの特別事情（転売目的で購入する例のような当事者間の内部事情、価格暴騰のような外部的事情）が存在し、この事情が原因となって発生した損害をいう。たとえば、履行遅滞と履行不能では以下のようになる。まず、売買契約の目的物の引渡につき履行遅滞が発生した場合、個人としての自己使用のときは遅滞中、その物を使用できなかったことによる損害（他から同程度の物を借り入れたときの賃料相当額）が、営業用の使用のときは営業逸失利益が、転売目的のときは、転売遅延のために有利な転売時期を逸したことによる転売差益がそれぞれ通常損害となる。同様の事例で履行不能が発生した場合において、買主による自己使用が目的であるときは他から同種の物を買い入れた際の代金の差額（契約解除を伴う例が多い）が、同種の物を買い入れないなら目的物時価相当額（契約を解除しないなら、代金債務が存続する）が、転売目的のときは転売できなかったことによる転売逸失利益が、それぞれ通常損害となる。

履行不能の場合、自己使用の目的のときは目的物の時価相当額が通常損害となるのは、履行不能がなければ債権者は現在その物を所有しているはずだからである。もっとも有利な時期における転売できなかったことによる転売逸失利益や目的物と同種の物の価格が、当時、騰貴中であったとき現時点に一番近い時点を基準に決定した目的物価格相当額は、いずれも特別損害である。ただ、何が通常損害、特別損害にあたるかは、当事者の属性（商人か否か）、目的物の性質、契約の類型・態様により異なることに留意する必要がある。

(1) この例で，代金債務（反対債務）は直ちに履行遅滞となり，買主はこれ以降，同時履行の抗弁がないのか。判例は，当事者の一方があくまで履行を求めるかぎり，自己の債務につき履行提供を継続することが相手方の同時履行の抗弁の消滅要件とする。したがって，売主は引渡債務の履行の提供をこれ以降も「継続しない限り」，買主は代金債務につき同時履行の抗弁を有するので，代金債務の履行遅滞は発生しない。しかし，これによると，売主がその後引渡債務の履行または履行の提供をしないで代金債務だけの単純請求をした場合，今度は買主が同時履行の抗弁を主張できることとなる。どの程度債務の履行提供を継続すべきかの問題はともかく，一度履行提供をした売主に過度な負担を強いるので，当事者の公平という点で，判例の立場には問題がある。
(2) 塡補損害が対象となる点で履行不能における損害の範囲と同じである。ただし，履行不能と異なり，債権者が解除により免れる反対債務（たとえば代金債務）の額を控除したものが厳密な意味での損害である。
(3) 一方の買主が先に移転登記を経由した時点で，他方の買主の特定物債権は履行不能となる。
(4) 買主が不動産売買契約の目的物の不動産税を支払わないことを理由に売主が契約の解除を争った事案で，最判昭36・11・21民集15巻10号2507頁〔不動産判例百選（2版）69事件〕は租税負担義務は要素たる債務でないことを理由にこれを否定する。他方，農地売買において売主が知事への許可申請を怠っている事案で，最判昭42・4・6民集21巻3号533頁は契約の解除を肯定する。
(5) 416条2項は「当事者」とするが，その意味は債務者であると解されている。
(6) 予見または予見可能性の対象は特別事情であり，特別損害ではない。また，予見の時期は債務不履行時である。
(7) 我妻・講義Ⅳ118頁以下。

llllllllllllllllllllllllllllllllllllllllllllllllllllllllllllllllllllllllllllllllllllllllllllllllllllllllllllllllllllllllllllllll

【展開講義 12】 履行利益と信頼利益の概念はどのようなものか，また有用か

　この二つの概念は賠償の対象となる損害の範囲（債権者の得たであろう利益または被った不利益）を示すものであり，有効に契約が成立したか否かを基準にこの二つは区別される。これは損害賠償につき原状回復主義をとるドイツ法で生まれた概念である。履行利益とは，契約が有効に成立した場合において，債務の本旨に従った履行があったならば得たであろう利益（履行に代わる損害賠償）をいう。信頼利益とは，有効な契約が成立すると信頼した結果被った不利益（有効な契約の前提にして出費したにも拘らず，契約が有効でなかったため無駄に終わった費用）をいう。契約が有効に成立していないのであるから，信頼利益は履行利益の額を超えることが許されない（ド民法122条・179条・307条は取消，無権代理，原始的不能の各場合につきこれを明文化する）。わが民法にはこの概念につき明文規定はない。しかし，契約が不成立に終わった場合，とくに契約締結上の過失責任では，契約締結のために出費した費用（現地調査

費用，契約書作成費用・収入印紙代，第三者から弁済資金として借り入れた際の利息），契約不成立によって第三者に支払った違約金および他からの有利な契約申込みを拒絶した結果被った損害などの信頼利益が賠償の対象となると一般に理解されている。信頼利益は常に契約無効と直結するわけではないことに注意する必要がある。瑕疵担保責任に関する法定責任説では，損害賠償の対象となる信頼利益は買主が瑕疵を知ったならば被ることがなかったであろう損害と定義される。売主の担保責任における損害賠償責任が信頼利益に限られるとするのが判例の立場である（最判昭57・1・21民集36巻1号71頁は〔民法判例百選Ⅱ54事件〕原審の信頼利益説を原則として肯定した）。他方，177条の無権代理人の責任における損害賠償責任は履行利益にまで及ぶと理解されている。ただ，わが国は損害賠償の範囲につき416条を有するのであるから，この概念が説明概念の域を超えてどこまで有用なものであるか，若干問題を残している。

【展開講義　13】　損害賠償の範囲の決定基準は何か，どのようなものか

判例・旧通説が416条をもって相当因果関係説を明らかにした規定であると評価することは3.1に既述した。しかし，もともと**相当因果関係理論**は完全賠償主義に立つドイツ民法下でその制限理論として生まれたものであり，制限賠償主義を採用するわが国にこの理論を持ち込むのは問題である。そのため，有力説は問題を事実的因果関係[1]，賠償範囲（保護範囲）および損害の金銭的評価の三つの段階に区別し，その第二段階として本条の位置づける。すなわち，事実的因果関係は条件説（あれなければ，これなし）で判断され，416条は因果関係に関する規定でない。また損害の金銭的評価（損害賠償の基準時の問題をも含む）は裁判官の自由裁量の問題にすぎない。416条は無限に広がる事実的因果関係に立つ損害のうち，どこまで賠償させるのが妥当か，という政策的価値判断にもとづく規定であり，単に相当性だけでなく公平，規範の保護目的等の視点が付加されている。同条2項はこれを表現したものと解するのである（**保護範囲説**）[2]。ただ，判例は一貫して相当因果関係説の立場に立つ。理論面もさることながら，通常損害，特別損害が具体的に何を指すのか，類型ごとに過去の判例を参照にしつつ検討することの方が重要であろう。一般理論としては，相当性の判断が適切に行われるかぎり，相当因果関係説で構わないと思う。1項の「通常」は規範的概念であり，その有無に公平性が関係すると考えることもできる。2項も有力説が指摘するように予見しうべき事情を考慮する点で規範的判断が当然含まれている。したがって，相当性の内容をある程度柔軟に考えていくならば，両説の違いは言葉の問題に近づくのではなかろうか。ただし，相

当性を超えた損害にもかかわらず公平性，保護規範の目的などを考慮して賠償を認める必要があるならば，保護範囲説を考慮する必要があろう[3]。

---

(1) 因果関係は成立要件としての事実的因果関係の問題であり，損害の金銭的評価は裁判官が判断すべき問題であるとする。ただ，そうなると後者の問題は裁判官への白紙委任につながるとの批判を受けている。
(2) 平井・90頁以下。
(3) 注民(12)・49頁〔澤井〕。履行遅滞中の履行不能に関する債務者の絶対責任は，相当因果関係説では説明できないとする。しかし，履行不能の特殊例と考えるならば，効果の問題ではなく要件の問題となるにすぎないのではなかろうか。

‖‖

3.4 損害賠償額の算定

(1) 算定時期

損害賠償の範囲が確定したならば，次にそれを金銭評価し賠償額を算定しなければならない。たとえば，売買契約において目的物の引渡につき履行遅滞が発生した場合，転売目的のときは転売遅延のために有利な転売時期を逸したことによる転売差益が通常損害となる。では，有利な転売時期とは何時を指すのか。履行期なのか，債権者が任意に時期を選択できるのか。また，同じ事例で履行不能が発生した場合において，目的物の自己使用目的のとき，目的物の現在の時点の市場価格相当額が通常損害となる。ならば，ここでの市場価格とはいつの時点のものか。このように履行遅滞においても履行不能においても損害賠償を算定するにあたっては，いつを基準にして賠償額を算定すべきであるか，損害賠償の算定時期（損害賠償の基準時）の問題が生ずる。同様の問題は，履行遅滞にもとづき契約を解除した場合，解除に起因して発生する填補損害はいつを基準に算定するかという形でも生じる。基準時の問題は展開講義で後述する。

(2) 賠償額の制限・減額

(a) 損害賠償の予定と制限　当事者があらかじめ損害賠償額を定めておくことができる点は既述した。この約定がある場合，裁判所は実損害が予定額を下回るか否かと関係なく予定額を減額することが原則としてできない（420条1項。例外は90条違反の場合）。違約金は賠償額の予定と推定される（420条3項。

推定を覆せるなら，違約罰としての違約金の約定も可能である）。逆に，損害賠償の予定につき，法律上制限が設けられている。利息制限法は，金銭消費貸借の遅延損害金（遅延利息）を制限利息の利率（利息1条1項）と関係づけて制限する（利息4条）。また，割賦販売法6条，特定商取引法10条はおのおの賠償の予定額を制限している。

(b) 過失相殺　債務不履行にもとづく損害の発生または損害の拡大につき債権者の過失が寄与した場合，賠償責任の成否または賠償額の決定につき斟酌される（418条）。公平の理念にもとづく制度である。責任が否定されることは実際上ありえないので，過失相殺は賠償額減額の制度として機能する。不法行為責任でも被害者の過失につき過失相殺規定が設けられている（722条2項）。ただし，文理上418条は債権者の過失を必ず斟酌しなければならないと定めるのに対し，722条2項は被害者の過失の任意的斟酌にとどめている。ただ，裁判実務ではいずれも必要的斟酌がほとんどである。なお，過失相殺にいう過失とは，責任成立要件としての過失とは異なり単なる不注意をいう。義務違反を意味しないのである。

(c) 損益相殺　債務不履行を生じさせたのと同一の原因により債権者が利益を得たときは，その利益相当額が控除され残額が賠償額となる。明文の規定はないが，過失相殺同様，公平上の観点から認められる。損益相殺と505条の相殺は異なる概念である。債務不履行とは別の原因，たとえばある契約の給付原因事由にもとづく利益（火災保険金，見舞金など）は損益相殺の対象となる利益ではない（最判昭50・1・31民集29巻1号68頁〔火災保険金事例〕）。損益相殺は債務不履行よりも不法行為で問題となることが多い。

【展開講義　14】　損害賠償額算定の基準時はいつか
　判例・多数説は，原則として履行期が基準時になるとする。この立場は，履行遅滞により「履行期」に転売できなかったことによる転売差益が原則として通常損害額になると考えるのであるから，債権者は履行期に目的物を取得すると同時に転売するのが通常であると仮定していることとなる。また，目的物の自己使用目的における履行不能事例では，「履行期」における目的物の市場価格

相当額が原則として通常損害になると考えるのであるから，債権者は履行期に直ちに代物を購入し，それ以降の損害の拡大を防止するのが通常であると想定していることとなる。さらに，この履行不能事例において履行期を算定基準時にするため，債務の本旨に従った履行が履行期に行われたなら，それ以降現在まで得られたであろう使用利益の賠償はそもそも認められない[1]。次に，この立場は例外として価格騰貴時（第二審口頭弁論終結時または中間最高価格時）を基準時にすることを認める。騰貴価格（値上り益）を付加利益と評価し，416条2項の「特別損害」と考えるのである[2]。したがって，416条2項が要求する特別事情，すなわち履行期後も「価格騰貴中であったこと」につき債務者が履行期において予見可能性を有することの立証が，債権者に必要となる[3]。また，履行遅滞にもとづき契約を解除し損害賠償を請求する場合には，基準時は解除時つまり塡補損害賠償請求権の発生時が原則となる[4]。

　しかし，以上の立場に対しては学説からの批判が多い。そもそも，履行期を算定基準時とすることを前提とした上記の想定は余りに非現実的でないのか。債権者は履行期より後の転売または代物購入を考えているのが通常である。少なくとも自己使用の場合，目的物を現在保有している状態を回復させるべく，これに最も近い第二審口頭弁論終結時時点を基準時と考えるべきである。ただ，転売差益の算定基準時（履行期に給付があれば，債権者は何時転売をしたであろうかという点）については履行期より後のどの時点を原則とすべきか，一律に考えることは難しい。しかし，だからといって有力説のように損害の金銭的評価を裁判官の自由裁量に委ねてしまうのも問題である。基準時の主張と立証は債権者に委ね弁論主義に服させるべきである。ただ，訴訟法上は釈明権の行使によって，または債権者の主張に近い基準時の決定を裁判官に認めることによって柔軟な判断を許すべきである[5]。

---

[1] 大判大15・5・22民集5巻386頁〔民法判例百選II 84事件（富貴丸事件）〕。この判決（事案は不法行為による損害賠償）によると，履行期を算定基準時とした目的物の交換価値の賠償だけが認められ，履行期以降の目的物の賃貸による得べかりし利益の賠償を否定される。

[2] 前掲最判昭50・1・31，大判大15・5・22民集5巻386頁。

[3] 判例は当初「債権者が転売等によって騰貴利益を確実に取得しえたこと」の立証を債権者に要求したが，その後これを不要とする（最判昭37・11・16民集16巻11号2280頁，最判昭47・4・20民集26巻3号520頁〔民法判例百選II 10事件〕）。

[4] 大判大7・8・27民録24輯1658頁〔民法判例百選II 8事件〕，最判昭28・12・18民集7巻12号1446頁〔民法判例百選II 9事件〕。前者の判例は，マッチ1万箱の売買においてマッチの引渡が遅延したため，買主が契約を解除して損害賠償を請求する場合，契約解除時におけるマッチ1万箱の市場相場価格から売主の代金債務額を控除した差額が「通常損害」であり，

マッチの価格が当時騰貴中であった場合，価格騰貴時における市場価格が特別損害となるとした。

(5) 注民(12)・52頁〔澤井〕。

3.5 賠償責任の調整

(1) 代償請求権

　履行不能の場合において，債務者が履行不能と同一原因により目的物の代償と考えられる利益・権利（たとえば，保険金債権，第三者に対する損害賠償債権）を得たときは，解釈論上，債権者は被った損害の限度で代償物の引渡またはその権利の譲渡を債務者に請求できる（ド民法281条参照）。判例もこれを認める（最判昭41・12・23民集20巻10号2211頁）。公平の原則から認められて当然である。代償請求権は履行不能に関する債務者の帰責事由の有無とかかわりなく成立する。そのため，双務契約において債務者の帰責事由なき履行不能でも解釈論上認められる（534条の危険負担）。代償請求権を行使したときは，それによって得た利益は賠償額から控除される（ド民法281条2項参照）。

(2) 賠償者代位（422条）

　たとえば，他人の物を保管する受寄者が過失により受寄物を第三者に盗まれた場合において，受寄者が寄託者に対し債務不履行にもとづく損害賠償としてその物の価額を賠償したとき，盗まれた寄託物の所有権はどうなるのか。債権者はその物に代わる賠償金を得たのであるから，寄託物の所有権を依然有するのは過ぎたる利得である。そこで，公平上の観点から，損害賠償によって，債権の目的であった物の所有権または権利が債務者に移転することを定めたのが422条の賠償者代位である。民法は債務不履行責任の場合についてのみこれを認めるが，不法行為責任でも加害者に同じく賠償者代位が認められると解されている。

4　受領遅滞

◆　導入対話　◆

学生：受領遅滞を債権者遅滞と呼ぶことがあるのですか。

教師：ドイツ法の影響かも知れませんが，そう呼ぶこともありますね。ただし，債務者の履行遅滞と債権者遅滞とを同じように理解すべきか否かは問題です。
学生：履行遅滞と同じなら，債権者遅滞とは債権者が負担する何か義務について履行遅滞があったと考えるのですか。
教師：そうです。議論の発端は受領遅滞の規定（413条）が債務不履行に関する諸条文の中に位置している点と413条が受領拒絶と受領不能という二つの態様を明らかにするにとどめ，要件と効果がはっきりと定められていない点にあります。
学生：債権者が負担する義務というのは，ひょっとしたら受領義務のことでしょうか。
教師：そうです。だから，この義務を認める学説では，受領遅滞は債権者の義務（債務）不履行責任と考えますので，要件面で債権者の帰責事由を要求し，効果面で損害賠償と契約解除権を認めるのです。
学生：しかし，この義務を否定するのが一般なのでしょうか。
教師：そうです。では，詳細について勉強していきましょう。

4.1 受領遅滞の意義と本質
(1) 受領遅滞の意義

受領遅滞とは，債務の履行につき受領その他債務者の協力を必要する場合のおいて，債務者（弁済者）の「履行ノ提供アリタル」にもかかわらず，「債権者カ債務ノ履行ヲ受クルコトヲ拒ミ」または「之ヲ受クルコト能ハサル」ことをいう（413条）。前者が受領拒絶，後者が受領不能である。債権者が給付の目的を受領し，または債務の履行につき協力して，初めて債務の履行が完了する場合を前提とする。問題はその要件と効果である。効果については「債権者ハ……遅滞ノ責ニ任ス」とのみ規定されているにすぎず，いかなる性質の責任であるのか明らかでない。ただ，債務者が履行の提供を行ったにもかかわらず履行が行われなかった場合については，492条が「弁済の提供」概念を設け，債務者の履行遅滞責任を免責させている。また，受領遅滞があった場合，債務者は目的物を履行期以降も保管しなければならず，当然余分な保管費用が必要となってくる。これに関し485条但書は増加費用の債権者負担を定めている。しかし，これらがそもそも受領遅滞の効果であるのか（とくに413条と492条との関

係)問題である。また，413条は確かに債務不履行の条文群に位置してはいるが，受領拒絶または受領不能の原因，債権者の帰責事由の有無につき何も触れていないため，この点でもこの責任の性質が明らかでなく，解釈論でこれを決定しなければならない。これが次に述べる受領遅滞の本質論である。

(2) 受領遅滞の本質（法定責任説・債務不履行説・折衷説）

判例・多数説は受領遅滞を413条により特別に認められた法定責任であると解する（**法定責任説または提供説**）[1]。債権者はそもそも債権の目的（物）を受領する義務を負担しないので，この責任は受領義務の不履行を意味する債務不履行責任ではないと考えるのである。債権者はあくまで目的物の引渡を請求できる権利者であって，受領するか否かは権利者の任意の意思に委ねられ受領を強いられることはないという。413条が債権者の帰責事由を要求していない点もその根拠である。法定責任説では，受領遅滞責任の成立要件として債権者の帰責事由は不要となる（無過失責任）。単に，債務者の債務の本旨に従った履行の提供があったにもかかわらず，債権者が理由の如何を問わず目的物の受領を拒絶し，または受領が不能であっただけでよい。また，債務不履行ではないので効果の面で受領遅滞の固有の効果として損害賠償請求および契約の解除は認められない。492条との関係については，受領遅滞の効果イコール弁済提供の効果と解し，受領遅滞の中心的効果は表裏一体の二つの規定，すなわち債権者の責任負担という積極的効果を定めた413条と履行遅滞責任からの債務者の解放という消極的効果を定めた492条において定められているとする。

他方，有力説は債権者の受領義務を積極的に肯定することから立論し，これを債務不履行責任と解する（**債務不履行説**）[2]。債権関係（とくに契約にもとづく債権関係）は信義則が支配する信頼関係であり，したがって債権者も債務の履行に協力すべく信義則上受領義務を負担するというのである。債権者，とくに買主の場合，目的物の引取義務を肯定する。413条の条文の位置，比較法上ドイツ民法433条・640条が買主や注文者に引取義務を肯定していることもその根拠として挙げられる。債務不履行説では受領遅滞は債権者の帰責事由を要件とし，また損害賠償請求と契約解除が固有の効果として認められる。契約解除権を認める必要があるのは，先履行の約定のある引渡債務につき受領遅滞が発生した場合，受領遅滞を理由とする解除を肯定しないと後履行の代金債務の履

行がいつまでも実現されないという不都合が発生するからである[3]。

こうした状況の中，物の引取についてのみ引取義務として受領義務を認めようとする折衷説も生まれている。債権関係一般で受領義務を認めるのではなく，たとえば，買主の目的物引取義務だけを肯定する説[4]である。

債権関係を信義則が支配する共同体理論によって理解すべきか否かの当否は別としても，受領義務を一般論として肯定するのは問題である。とくに契約上の債権関係では，契約類型，当該契約に伴う特殊事情，目的物の性質などを考慮して引取義務を場合によって認めれば足りる。判例も，鉱石の継続的供給契約の事案において，鉱石につき信義則上の引取義務を買主に例外的に肯定し，その効果として売主に損害賠償請求権を認めている[5]。最近，さまざまな領域での信義則上の義務の発展にはめざましいものがある。ただ，さしあたっては，受領義務は個別具体的に信義則上の附随義務として認めれば十分であり[6]，基本的には法定責任説が妥当である。

4.2 受領遅滞の効果

法定責任説では，受領遅滞の効果は債務者側については492条の「弁済ノ提供」の効果でもある。したがって，受領遅滞の結果，いまだ債務の履行が行われず遅延していても，債務者が履行遅滞責任を免責されることは既述した。また，債務者は供託によって債務を免れうる。その他，発生する具体的効果は，以下の通りである。まず，①債務者の目的物保管義務の軽減：債務者は債務を後日履行するまで目的物を保管しなければならない。特定物債務の場合，債務者は善管注意義務をもって保管するのが原則であるが（400条），受領遅滞があったときはこの義務が軽減され，自己の物と同様の注意をもって保管すれば足りる（ド民法300条1項は保管に関する債務者の軽過失を免責する）。②「危険」の移転：双務契約における対価危険は受領遅滞によって債権者に移転する（ド民法300条2項は種類物債務につきこれを明示）。したがって，受領遅滞中に債務者（たとえば，引渡債務を依然負担する売主）に帰責事由がないにもかかわらず目的物が滅失し，引渡不能となった場合，たとえ債務者主義（536条1項）が適用されるときでも，反対債務（買主の代金債務）は存続し，債権者（買主）は対価危険を負担しなければならない。③増加した弁済費用の償還請求：債務者が再度債務の履行を行うのに必要な費用（目的物の保管・維持費用など）につき，

債務者は債権者に対して償還請求権を有する（485条但書）。これは厳密には賠償義務ではない（ただし，ド民法304条）。

以上と異なり，債務不履行説をとった場合，債権者の帰責事由を要件としてさらに損害賠償請求と契約解除が債務者に認められる。①の債務者の目的物保管義務の軽減については債権者の帰責事由を必要とし，また③の増加した弁済費用の償還請求については明文の規定があるため帰責事由を不要とする。②の危険の移転については，債権者の帰責事由が要件となるか否かについてはこの説でも一致していない(7)。

(1) 大判大4・5・29民録21輯858頁，最判昭40・12・3民集19巻9号2090頁，於保・118頁以下，柚木＝髙木・155頁。
(2) 我妻・講義Ⅳ 236頁以下。星野・136頁は効果から要件へという立場から統一的要件を提示しないが，基本的には債務不履行説である。
(3) 注民⑿・82頁〔澤井〕。判例・多数説は契約解除という固有の効果を否定する理由として，受領遅滞中の債権者は，反対債務につき履行遅滞のあるのが普通であるから，反対債務の履行遅滞を理由とした契約解除を認めるだけで足りると主張している。しかし，本文に挙げた例では，反対債務の履行遅滞が発生していないため，判例・多数説では解除を認める余地がなくなる。
(4) 遠田新一「受領遅滞の問題点」民法の争点Ⅱ22頁。
(5) 最判昭46・12・16民集25巻9号1472頁〔民法判例百選Ⅱ12事件〕。この事案では，硫黄鉱石という目的物の特殊性，売買のような一回的給付でなく継続的供給契約である点が斟酌された。
(6) 効果として損害賠償さらに契約の解除を認めることができる。信義則上の引取義務は通常契約の目的達成に不可欠な附随義務と思われる。
(7) 債務不履行説のうち，我妻説は債権者の帰責事由を必要とする。ただ，履行遅滞後の不可抗力による履行不能の場合と同様，不可抗力による場合でも536条2項を適用して債権者の帰責事由による履行不能とみなす。他方，澤井説は債権者の帰責事由不要説である。この説は危険移転の契機を債権者による履行妨害（536条2項）の場合と債務者による提供（413条）の場合とに分類し，受領遅滞のように債務者の提供を危険移転の契機とする場合には，債権者の帰責事由を不要とするのが公平であるとする。

【展開講義 15】 弁済提供の効果と受領遅滞とはどのような関係にあるのか

法定責任説では受領遅滞の効果は弁済提供の効果でもある。そのため，債務者が履行遅滞責任の免責，債務者による弁済供託・自助売却権の承認といった債務者側の効果や反対債務に関する債権者の同時履行の抗弁の喪失という債権

者側の効果は，弁済提供の効果と考えられる。また，本文の③の弁済増加費用の償還請求は，債務の本旨に従った履行の内容に関する補充規定の一部であり，485条但書は受領遅滞のみを念頭に置いたものとはいえない。受領遅滞固有の効果はせいぜい解釈論上認められている危険の移転と本文の①の債務者の目的物保管義務の軽減にすぎない[1]。しかも，受領遅滞が最も問題となる双務契約のうち，特定物に関する物権の設定・移転を目的とした契約では危険負担に関する534条により債権者主義が適用されるため，特定物売買では受領遅滞の効果として危険移転を論じる実益はなくなる。とくに，534条を契約締結時よりそのまま適用する判例ではそうなる。534条と異なる特約（引渡まで債務者主義をとるとの特約）のある場合，さらに534条を制限解釈し，適用時期を契約締結後にずらす学説に立って初めて，意味があるにすぎない。このように見てくると固有の効果として損害賠償請求と契約解除を認める債務不履行説の方がある程度論理的に明快であり，責任としての受領遅滞の性質を明確化しているものと評価しうる。ただし，法定責任説からは，その効果として損害賠償と解除を認めなくとも，無過失責任の点で債権者に過酷となる成立要件と債務者に厚い保護を与えるわけではない法律効果の間においてバランスが十分とれているとの反論もある[2]。法定責任説については，534条1項を離れて，債権者への危険の移転という受領遅滞の効果にどの程度存在意義があるのか，その評価に関わると思う。また，信義則上の付随義務の発展・推移をいましばらく見守る必要があろう。

[1] 平井・176頁は，法定責任説の立場から①〜③の効果を受領遅滞の固有の効果とする。
[2] 平井・175頁。

第4章　債権者による債務者の財産の保全・確保

1　債権者による債務者の財産の保全・確保の概観

　債務者の責任財産（一般財産）は，すべての無担保債権者の最終的な引当て，つまり，強制執行の対象となる。では，その責任財産は誰が「管理」さらに「処分」するのか。債権者は債務者に対して一定の給付だけを請求できるにすぎないので，責任財産は債務者自身の排他的・独占的管理権に服するのが原則である。債務者は，責任財産を構成する個々の不動産，動産，その他の財産権を所有権その他の権利者として自由に管理・処分できる。しかし，無制限にこれを認めると，債務者の不適切な管理または詐害的な処分によって，結局，責任財産が減少または逸失し，将来強制執行の対象となる予定の財産が不足し，または皆無となる。そこで，例外として，債務者による責任財産の管理（具体的には，責任財産を維持・充実させる行為を行わないという不作為または責任財産を著しく減少させる行為を行うという作為）に対して債権者が干渉し，債務者の責任財産の保全をすることが必要となる。債権者代位権（423条）および債権者取消権（424条以下）はそのために設けられた制度である。つまり，債権者代位権は，債権者が債務者に代わって債務者の権利・財産権を行使し，それによって債務者の責任財産を「維持・充実」させる制度である。他方，債権者取消権は，債権者が債務者によってすでに行われた法律行為を取り消し，それによって債務者の責任財産の「減少を回復」させるものである。債権者は，これらの権利の行使により債務者の責任財産を保全し，その結果として自己の債権の実質的価値を保全する[1]。それゆえ，この制度は債権の保全的効力を意味する。

---

(1)　強制執行の準備手続という点に制度の本質がある以上，債権者代位権または債権者取消権を行使した代位債権者または取消債権者だけが優先的な弁済を受けることを保障する制度ではなく，あくまで「債権者平等の原則」が貫徹される（424条参照）。

2 債権者代位権

── ◆ 導入対話 ◆ ──

学生：債権者代位権は債務者の責任財産を保全する制度であるといわれますが，いったい条文のどこにそんなことが書いてあるのでしょうか。むしろ，423条を読めば，債権者は単に自分の債権の保全だけのためにこの権利を行使できるのじゃないのですか。

教師：確かにそのとおり。しかし，423条は債権編の第一章総則の第二節「債権ノ効力」の中で債務不履行責任の次に設けられ，しかも趣旨を同じくする債権者取消権につき425条があることに注意してください。

学生：425条は「総債権者ノ利益ノ為メニ其効力ヲ生ス」とありますから，債権者代位権でも同じ効果が発生し，だから，うーん……。

教師：そうです。だから，423条の文言についてもあなたが最初にいった趣旨の制度だと考えられているのです。代位債権者は責任財産の保全によっていわば間接的に自己の債権を保全するだけなのです。

学生：いわゆる債務者の無資力要件もこの制度趣旨から出てくるのですね。

教師：そうです。この権利は債務者の責任財産を保全する必要がある場合にだけ認められるものですから，当然そうなるのです。ただし，無資力要件とは必ずしも責任財産がゼロになる場合だけを指すわけでないことに注意してください。

学生：ところで，無資力要件が必要でない場合もあると聞きましたが……。

教師：そうです。これはこの制度が本来適用できないケースに借用される例と理解され，一般に転用（例）と呼ばれています。転用例では代位債権者は自己の債権の保全目的のためにこの権利を行使できます。

学生：ところで，確か民事訴訟法の強制執行か民事執行法の講義のときに，なんとかという制度が日本にはあって，債権者代位権の代用になるようなことを聴いたのですが。

教師：よく勉強していますね。債務者の有する債権を差し押さえた債権者が差押命令を得ますと，これによって債務者の債権の取立権を取得し，代位と同様の結果を得られます。

2.1 債権者代位権の意義

債権者代位権は，債権者が債務者に代わって債務者が有する権利・財産権を

行使し，それによって債務者の責任財産を「維持・充実」させ，債務者の責任財産の保全することを目的とする。債権の保全的効力を実現するために債権者に認められた権利である。ただ，わが国ではフランス法流の債権者代位権とドイツ法流の強制執行手続が現在でも並存している。そのため，代位の対象となる債務者の権利が金銭債権である場合，債権者はこの金銭債権を差し押さえて差押命令を取得すれば，債務者の債権を自ら取り立てることができ，これによって代位と同様の結果を得ることができる（民執143条・145条・155条）。さらに，債務者の有する金銭債権につき転付命令を得た債権者は，債務者からの支払に代え券面額で債権の譲渡を受け，債権者平等の原則を排除できる（民執159条1項・160条）。ただ，債権者代位権の場合，債務名義および差押手続がいらない簡便な手続であり，また形成権の代位や保存行為も行える点で存在意義を有する。

【展開講義 16】 債権者代位権を行使することは，債務者が無資力であることが必要か

　基本講義で既述したように，この制度を債務者の責任財産を保全することを目的とすると理解するならば，423条にいう「自己ノ債権ヲ保全スル」必要性とは，この責任財産が総債権者の満足をはかれない状態，つまり無資力状態にあることを意味するのは当然の帰結である。無資力要件を要求しないと，この権利の行使は債務者の財産管理権に対する不当な干渉になる。しかし，第一に，判例・多数説は債権者代位権の転用と称してこの要件を要求せず，もっぱら代位債権者の債権のみを保全する目的でこの権利を行使できる例外を認めている[1]。第二に，債務者の金銭債権を代位行使する場合，請求だけでなく第三債務者からの弁済を受領する権限をも代位債権者に認め，自己の債権と受領した金銭の返還請求権との相殺をも許す結果，代位債権者への優先弁済を事実上承認している。無資力要件を不要とする例外を認め，また，責任財産の保全という制度趣旨が徹底されないのである。そのため，最近，債権者代位権の性質につき異論も提起されている。この見解は，現行法の下における代位債権者の現実の有利な地位を考慮し，債権者代位権は「代位債権者だけのための権利（包括的担保権）」であり，「債務名義のない転付命令」に近い機能があると評価する[2]。

---

(1) 判例は近時，被保全債権が金銭債権の場合にも転用を認めるにいたった（最判昭50・3・

6民集29巻3号203頁〔民法判例百選13事件〕, なお, 最判昭49・11・29民集28巻8号1670頁〔被害者による保険金直接請求の事案〕は金銭債権の事例につき転用を認めなかった)。

(2)　平井・260頁以下。とくに通説の問題点（代位債権者による事実上の優先弁済を結果として承認する点,無資力要件を不要とする例外を転用例として正当化する点）を批判し,これらの点を正面から法理論に再構築した見解である。

2.2　債権者代位権の要件

(1)　自己の債権を保全する必要性：債務者のいわゆる『無資力要件』

自己の債権のみの直接的満足ではなく,総債権者のための共同担保たる債務者の責任財産を保全することを通じての自己の債権を保全することをいう。したがって,被保全債権とは,「金銭債権」または「債務不履行により損害賠償債権に転化しうる債権」を指す。債権者が単に自己の債権の満足だけのために（換言すると債権者の非金銭債権の本来的満足だけの目的で）債務者の権利を代位行使することは,原則としてできない（例外は転用例）。

(2)　債務者の権利が代位可能なものであること（423条1項但書）

形成権,請求権を問わず,債務者のあらゆる権利が代位の対象となる。したがって,第三者のための契約における受益の意思表示,行為無能力または意思表示の瑕疵にもとづく取消権,保険金債権もこれに含まれる[1]。ただし,債務者の一身に専属する権利,つまり権利者本人の意思をあくまで尊重しなければならず,本人による権利行使が必要である「行使上の一身専属権」は,代位の対象とならない。したがって,離婚請求権や認知請求権のような財産権でない純粋の身分法上の権利はもちろん,夫婦の契約取消権や親族間の扶養請求権のような財産的価値を持つ身分法上の権利も代位の対象とならない。なお,債務者本人の意思を尊重すべき点は契約の承諾でも変わらない。債権譲渡の通知もあくまで譲渡人がすべきことが要求される。したがって,これらも代位の対象とならない。

(3)　債務者が代位の対象となる権利を未だ行使していないこと

債務者がすでに権利を行使している場合,債権者がこれに介入することを認めるべきでない。債務者の権利行使が不十分または不誠実である場合でも,同様である（ただし,債権者は債権者取消権を行使し,その権利行使を取り消すことは可能である。たとえば,債務者が第三債務者に対し債務を一部免除する場合）。た

だ，この場合，債務者の権利行使が訴訟上のものであれば，債権者はその訴訟に補助参加（民訴42条），時には当事者参加（民訴47条）ができる。

(4) 代位債権者の有する債権が弁済期に達していること（423条2項）

債権者代位権は，債権者取消権と異なり被保全債権につき弁済期が到来していることが要件となる。責任財産の保全の必要性は債権を行使できる弁済期到来によって現実化するのが原則であるからである。ただし，裁判所が関与する場合には債務者に対する不当な干渉の危険性がないので，裁判上の代位（債権者代位訴訟：第三者が当事者適格を有する場合の一つで，第三者の訴訟担当［法定訴訟担当］）は弁済期未到来の被保全債権にも認められる（423条2項）。また，責任財産を緊急に保全する必要がある場合，つまり代位権の行使が保存行為にあたる場合も（たとえば，債務者の債権に関する時効中断を行い，または，第三債務者が破産した際に債務者の債権につき債権の届出を行う場合），この要件は不要である。

2.3 債権者代位権の方法・効果

(1) 方法・範囲

① 代位債権者は自己の名義で債務者の権利を行使する。この点が民事代理と異なる。代位行使される権利の義務者（たとえば第三債務者）は，債務者自身による当該権利の行使のときと同様の立場に立つ（たとえば，代位債権者に対しても533条同時履行の抗弁の援用できる）。

② 裁判上の行使は原則として不要である。この点が債権者取消権と異なる。

③ 債務者の金銭債権を債権者が代位行使（金銭債権の取立）するときの債権額の範囲は，代位債権者の金銭債権額[2]かつ責任財産不足額[3]に限定される（判例）。

④ 代位債権者は，代位権行使として代位行使の目的となる権利の義務者（たとえば，第三債務者）から自己への直接の支払や引渡を請求できる。請求権限にとどまるならば，債務者が受領や引取を拒絶した場合，債権者代位権の目的が達成できないからである。ただし，受領した金銭または引き取ったものはあくまで債務者の責任財産を構成する。

(2) 効　　果

① 代位債権者が債権者代位権の行使につき債務者へ通知を行うと，債務者

はこれ以降その権利を処分することが禁じられる（非訟76条2項参照）。
② 代位権行使の結果は債務者に帰属する。なお，裁判上の代位の場合，債権者代位訴訟の勝訴または敗訴確定判決の効力は債務者に及ぶか（民事訴訟における既判力の主観的範囲論）につき，判例・通説は肯定説に立つ。
③ 代位の結果，第三者から代位債権者に財産が引き渡される場合も，この財産は総債権者のための責任財産を形成する（425条参照）。代位債権者はこの財産につき優先弁済権を取得せず，債権者平等の原則がはたらく（代位債権者は306条1号の一般先取特権を有するだけである）。ただし，既述したように，代位債権者が第三債務者から弁済金を受領する場合，代位債権者は相殺によって事実上優先弁済を受けることになってしまう[4]。

---

(1) 錯誤無効を主張する権利も代位の対象となりうる（最判昭45・3・26民集24巻3号151頁〔民法判例百選I 20事件〕）。
(2) たとえば，AがBに対し3,000万円の貸金債権を有する場合，BがCおよびDに対する各2,000万円の売掛代金債権を有する以外さしたる資産を持たないにもかかわらず，Bが債権を行使しないならば，事実上責任財産はゼロとなり，Aは3,000万円の範囲でBに債権に代位できる。
(3) 注(2)において，Bの債権額が各1,000万円，他に2,000万円の資産を有するなら，責任不足額は1,000万円であるので，Aは1,000万円の範囲でのみBの債権に代位できる。
(4) 立法論としては他の債権者の平等な配当を実現する規定が望まれる。現行法では相殺権の濫用，供託制度の活用によりこれを封じるしかなかろう。

///

【展開講義 17】 債権者代位権の転用とはどのような場合にできるのか

　転用とは，債務者の責任財産保全の目的でなく，債権者が自己の「金銭債権以外の債権（非金銭債権）」[1]保全だけの目的で債権者代位権を行使することを意味し，債務者の無資力要件が不要となる。本来，制度の趣旨を逸脱するにもかかわらず，主にこれによって合理的な結果を収めることができることから判例・多数説は転用を認める。その代表例は，①不動産がAからB，さらにBからCへ相次ぎ譲渡された場合において，CがBに対する自己の登記請求権を保全する目的で，BがAに対して有する登記請求権を代位行使する事例（大判明43・7・6民録16輯537頁〔民法判例百選II 14事件〕）のように，自己の「登記請求権（債権的請求権）」の保全のため，他の者の登記請求権を代位行使する例，②第三者が不動産を不法占拠する場合において，不動産賃借人が自己の「賃借権」保全のために，賃貸人の所有権にもとづく妨害排除請求権を代位行使する

例（大判昭 4・12・16 民集 8 巻 944 頁〔民法判例百選Ⅱ15事件〕）である。

　これによって，①では実体に合致した登記を実現でき，②では不動産賃借権を強化し，賃借人の保護をはかれる。ただし，①の事例につき中間省略登記請求権を認め，②につき不動産賃借権固有の妨害排除請求権を認める判例理論が形成された今日，転用の存在意義は以前より小さくなった(2)。

---

(1) 特定債権とも呼ばれる（我妻・講義Ⅳ160頁）。特定物債権とは概念が異なる。
(2) 判例はその後中間者Bの同意がある限り中間省略登記請求権をCに認め（最判昭40・9・21民集19巻 6 号1560頁〔民法判例百選Ⅰ50事件〕），対抗力を有する不動産賃借権には固有の妨害排除請求権を認めている（最判昭28・12・18民集 7 巻12号1515頁）。ただ，中間省略登記につき中間者が同意しない場合，対抗力を有しない不動産賃借人の場合，現在でも転用は存在意義を有する。逆に賃借人が所有権にもとづく妨害排除請求権を行使せず，不法占拠状態を認容する場合には，代位の対象がなくなるので転用にはやはり限界がある。

3　債権者取消権

◆　導入対話　◆

学生：取消権は総則でも勉強しましたが，債権者取消権はこれと同じですか。
教師：総則の取消権者は主に取り消しうべき法律行為の当事者です。これに対してここでの取消債権者はまったくの第三者です。他人の行った法律行為の効力を奪うことは民法では例外です。また，取消には利害関係人に及ぼす影響が大きい。状況は395条の詐害的短期賃貸借の解除と類似しますので，裁判上の行使が要求されるのです。
学生：それが債権者取消訴訟（詐害行為取消訴訟）ですね。効果はどうなるのでしょうか。総則での取消権の効果（121条）と同じく原則として絶対的無効だと思うのですが。債権者代位権と同じように債務者の責任財産を保全する制度ですから，債務者の行った法律行為が取り消されたら，法律行為の目的となった財産は責任財産に復帰するのでしょうか。
教師：そこが問題なのです。制度の趣旨はそのとおりです。しかし，取消は利害関係人に及ぼす影響が多いので，影響を最小限にとどめるよう配慮しなければなりません。そこで，判例は法的性質を折衷的に理解し，その効果を相対的無効と考えます。
学生：相対的とは誰と誰の間だけを指すのですか。
教師：債権者取消訴訟の原告となる取消債権者と被告となる者，つまり取り消

される法律行為の相手方（受益者）または転得者との間でだけ無効となるのです。

学生：ちょっと待って下さい。取り消されるのは「債務者カ其債権者ヲ害スルコトヲ知リテ為シタル法律行為」なのでしょう。どうして，取り消しうべき法律行為の当事者である債務者に取消の効果が及ばないのでしょうか。それに先生の説明だと債務者は被告にならないのですか。

教師：確かにそのとおりです。だからこそ，判例・多数説の考えに対しては従来から批判が強いのです。

学生：権利の性質論が効果論と直結している点はなんとなくわかりました。もう少し自分で考えてみます。

3.1 債権者取消権の意義

債務者がある法律行為によって，責任財産が減少し債権者に十分な弁済をすることができなくなることを知りながら，その法律行為を行った場合（424条参照），債権者はこの法律行為を取り消し，逸失した責任財産を取り戻し，これによって債務者の責任財産を回復・保全することができる[1]。これが債権者取消権である。債務者の行った法律行為が取り消され，その目的となった財産自体または相当する価格が責任財産に復帰する点で，第三者（424条1項但書にいう債務者の法律行為の相手方である受益者，さらに転得者）に与える影響が大きい。そのため，その性質を考えるにあたっては，第三者との利害調整につきに配慮する必要がある。

---

[1] 破産管財人が破産宣告前の債務者の行為につき行使する否認権（破72条）は，債務者取消権と類似の制度である。とくに，故意否認（破72条1項）は424条と同一趣旨のものである。

【展開講義 18】 債権者取消権の法的性質上，逸失した財産を取り戻せるか

債権者を害する法律行為すなわち詐害行為の取消か（**形成権説**），逸失した責任財産の取戻・返還請求か（**請求権説**）が従来対立した。しかし，両説はいずれも難点がある。形成権説では，絶対的無効がその効果となり取り消される法律行為を基礎として積み重ねられたすべての法律関係が覆滅し大きな混乱を招

く。また，責任財産を現実に取り戻すには返還請求が別個に必要となる。他方，請求権説では形成権説のこのような問題は起こらないが，423条にいう取消を取り戻し，返還請求に留めるのは解釈論上無理がある。また，法律行為はあったが未だ責任財産が逸失していない場合，取消権を行使できない。そこで，判例・多数説は**折衷説**に立ち，詐害行為の取消を請求すると同時に，逸失した責任財産の取戻・返還を請求できる権利と考えるのである（大判明44・3・24民録17輯117頁〔民法判例百選Ⅱ16事件〕）。この立場では，請求権説をも考慮するため，取消は債務者の行った詐害行為を絶対的に無効にするものではない。その法律行為は取消債権者と請求の相手方つまり被告となった受益者または転得者との関係でのみ無効となる（**相対的無効**）にすぎず，被告とならない債務者，受益者または転得者との関係では依然有効なものとして存立する。ただ，相対的無効を常に貫徹できるか否かにつき疑問を提起し，新たな見解を提起する学説もある(1)。いずれにせよ，法的性質論は取消の効力，取消の相手方（被告適格）の問題と直結していることに留意しなければならない。

(1) 責任説と呼ばれる。この説は，責任財産の保全を徹底する趣旨から，逸失した責任財産自体の債務者への復帰・帰属は認めず，単に逸失した責任財産を債権者による強制執行の対象にとどめる。受益者または転得者への権利の帰属は認めながらも，これらの者は債権者による強制執行を認容すべき立場（いわば担保不動産の第三取得者的地位）に立ち，責任を負担しなければならない，と解する（下森定「債権者取消権に関する一考察」法学志林57巻2＝4号。学説では好意的評価を得ている。たとえば，林＝石田＝高木・168頁）。ドイツ法にヒントを得た説であり，制度趣旨の徹底，法律関係の簡明処理という長所があるが，残念ながら現法にはそのような執行手続は存在せず，解釈論としての可能性に問題を残している。

3.2　債権者取消権の要件

(1)　債権の保全の必要性があること

その意味は債権者代位権の要件である「自己ノ債権ヲ保全スル」必要性と同じである。自己の債権のみの直接的満足ではなく，総債権者のための共同担保たる債務者の責任財産を保全することを通じての自己の債権を保全することをいう。したがって，被保全債権とは，「金銭債権」または「債務不履行により損害賠償債権に転化しうる債権」を指す。特定物の引渡を請求できる特定物債権者がこの権利を行使することができるかについては議論がある（後の【展開講義　19】を参照）。

(2)　客観的要件：詐害行為の存在（債務者が債権者を害する法律行為をしたこ

と）

(a) 法律行為　詐害行為は財産権を目的とした法律行為であることを要する（424条2項）。法律行為の種類は問わないので，契約だけでなく，単独行為（たとえば，第三債務者に対する債務者による債務免除，他の債権者に対する消滅時効完成後の債務承認）および合同行為（債務者による会社設立のための過大な現物出資，なお，商法141条はこれに関する特別規定である）も含まれる。財産権を目的とした身分行為がこれに当たるか否かは問題である。問題となる身分行為の制度趣旨に配慮して取消の対象となるか否かを慎重に考えなければならない。判例は，夫が自己の不貞行為を理由に離婚するに際し自己の唯一の資産であり生活の基盤である土地を妻に財産分与する行為（768条）を行った事案において，夫の債権者からの債権者取消権の行使を原則として否定する（最判昭58・12・19民集37巻10号1532頁〔民法判例百選Ⅱ20事件〕）[1]。

(b) 詐害行為の存否　債務者の責任財産を減少させ債権者に十分な弁済をなくする法律行為をいう。責任財産を構成する財産費目の変更（たとえば，不動産の適正価格での売却による不動産から金銭への変更）や責任財産の逸失に対応した負債の減少（たとえば，ある債権者への本旨弁済・代物弁済，相殺）のようにある法律行為の前後を通じ債務者の資産に計数上変動がないときはどうか。判例は主観的要件である詐害の意思の程度との相関的衡量によって判断する立場（**相関的衡量説**）に立ち，その結果詐害行為になりうるとする。たとえば，不動産の適正価格の売却は財産隠匿など詐害の意思を推定しうる行為であるので原則として詐害行為となる（大判明44・10・3民録17輯538頁〔民法判例百選Ⅱ20事件〕）。ある債権者と通謀して優先的な債権満足を得させる目的で，または他の債権者を害する意図で上記行為を行った場合には，詐害の意思が強いので詐害行為となる（最判昭48・11・30民集27巻10号1491頁〔民法判例百選Ⅱ18事件〕）。他方，適正価格で不動産を売却し売却代金を有用の資に用いる場合（たとえば，履行期が到来した債務のうちの一つにつき弁済したり，公租公課の支出に充当するとき。大判大6・6・7民録23輯932頁），詐害の意思が弱いことも考慮し詐害行為とならない。

(c) 詐害性判定の基準時・法律行為の時および取消権行使の時（事実審口頭弁論終結時）

いずれの時点でも詐害行為でなければならない。したがって，取消権を行使したとき，債務者が資力を回復していれば詐害性がなくなる。

(3) 主観的要件：詐害の意思（424条1項本文・1項但書）

詐害の意思とは，詐害の事実の有無に関する認識で足り，過失の有無は無関係である。これが必要なのは，一方で債務者，他方で受益者または転得者である[2]。債務者および受益者の詐害意思とは，詐害行為の当時当該法律行為による総債権者に対する弁済資力の不足を認識していたことをいう。転得者の詐害意思とは，転得の当時，債務者と受益者との間の法律行為が債権者を害することを知っていたことをいう。その証明責任の分配は，債務者の詐害意思については債権者がその存在の証明責任を負担し，他方，受益者または転得者の詐害意思は，これらの者がその不存在の証明責任（いわゆる善意の証明）を負担する（424条1項但書）。

(4) 取消債権者の資格要件

取消債権者の債権は詐害行為の前に成立していることが必要であり，この点で債権者代位権と異なる。換言すると詐害行為が取消債権者の債権の発生後に行われたことが必要である。債権者は債権成立当時の債務者の資力を債権の最終的引当てにしているからである。「詐害行為となる不動産売却行為→取消債権者の債権の成立→右売却行為につき受益者が移転登記を経由」，という順序のときはどうか。登記は単なる対抗要件にすぎないから，この場合には詐害行為の後の債権となるから取消権を行使できない（最判昭55・1・24民集34巻1号110頁民法判例百選II［3版］17事件）。詐害行為の当時，取消債権者の債権が弁済期にあることは不要であり，弁済期未到来でも取消権を行使できる。また，条件付き債権，将来発生する蓋然性の高い債権でもよい（たとえば，調停により金額，支払方法等が決定された婚姻費用分担請求権などのように，将来具体化すべき定期金債権）。債権の譲受人も行使できる。なお，物的担保を伴う債権も，担保物の価格が債権額に不足する限度において債権者取消権を行使しうる。

---

(1) たとえ，財産処分によって債務者が無資力になったとしても，財産分与が768条3項の趣旨に反して不相当に過大であり財産分与に仮託した財産処分でないかぎり，債権者による取消の対象とならないと判示する。

(2) 受益者に詐害の意思がない場合でも、詐害の意思を有する転得者がいるかぎり、取消債権者は転得者を被告として取消権を行使できる。

―――

【展開講義　19】　特定物債権にもとづき債権者取消権を行使できるか

　特定物債権の債権者は、債権者取消権を行使することができるか、また、できるとしても、詐害行為取消訴訟の第二審口頭弁論終結時には金銭債権に転化していなければならないのか。これが問題となるのは、主に建物の二重譲渡である。たとえば、Aが建物をBに売却した後、他にさしたる資産もないのに抵当権者Cにこの建物を代物弁済し、Cが移転登記を経由した場合、BはA・C間の代物弁済契約を詐害行為として取り消すことができるか。学説はこれを認める。判例も取消債権者は金銭債権者に限られるとの従前の立場を判例変更し、このケースにつき取消を認めるにいたった（最大判昭36・7・19民集15巻7号1875頁〔民法判例百選Ⅱ〔初版〕19事件〕）。特定物債権も究極において損害賠償債権に変じうるのであるから、債務者の一般財産により担保されることを要するのは、金銭債権と同様だからである、というのがその理由である。したがって、取消権行使訴訟の第二審口頭弁論終結時までに金銭債権に転化していればよく[(1)]、詐害行為の当時は特定物債権であってもよい。多数説もこれを支持する。ただし、特定物債権の履行不能時期の理解の仕方によっては、この問題は違う解決もありうる[(2)]。

―――

(1) この時点までに金銭債権（履行不能による損害賠償請求権）に転化していないと、取消の結果、特定物債権者は責任財産に復帰した建物の引渡を請求できることとなり、明らかに177条の対抗要件主義と衝突する。特定物債権が取消債権者となっても、取消の結果、最終的には金銭債権者として満足を受けるにすぎない（最判昭53・10・5民集32巻7号1332頁〔民法判例百選Ⅱ17事件〕参考）。

(2) Bの特定物債権が履行不能となるのはCが移転登記を経由したときであるから、代物弁済契約（要物契約）のケースでは、既に詐害行為の当時、Bの債権は損害賠償債権に転化していると考えられる（上記の昭和36年大法廷判決の補足意見も同旨）。議論の余地があるのは、むしろ二重売買の事例である。

―――

3.3　債権者取消権の方法・効果

(1)　方法・範囲

(a)　裁判上の行使　　債権者取消（詐害行為取消）訴訟によって行う（424条1項）。訴訟の性質は債権者取消権の法的性質によって定まる。折衷説によれ

ば，目的物を所持する受益者または転得者を被告とする場合，形成訴訟と給付訴訟との客観的併合となる。目的物を所持しない受益者または転得者を被告とする場合，形成訴訟または上記両訴訟のやはり客観的併合となる。

  (b) 行使の相手（詐害行為取消訴訟の被告適格）　既述のように，判例・多数説（取消の相対的無効説）では，受益者または転得者のみが被告適格を有する。

  (c) 返還の対象　取消債権者は逸失した責任財産自体の**現物返還**請求できるのか，それに代わる価格返還（**価格賠償**）請求だけであるのか。この点は，受益者，転得者の詐害意思の有無に係る。

  (イ) 受益者のみが詐害意思を有する場合　転得者がいないなら，受益者に対し原則として現物返還を請求できる。転得者がいるなら，受益者に対しては目的物に代わる価格の賠償（償還）を請求できるだけである。

  (ロ) 受益者，転得者いずれも詐害意思を有する場合　受益者に対しては価格賠償，転得者に対しては現物返還を請求でき，どちらかを選択できる。

  (ハ) 転得者のみが詐害意思を有する場合　転得者に対し原則として現物返還を請求できる。

  (d) 取消権行使の範囲　原則として取消債権者の「債権額（詐害行為当時の債権額）」の範囲でのみ取り消すことができる（大判大11・6・2新聞2015号21頁）[(1)]。では，取消の対象となる法律行為が不可分な給付を目的としていた場合，この原則を守り現物返還でなく価格賠償を請求できるだけにとどめるのか，それとも例外として法律行為全体の取消を認め現物返還を請求できるのか。判例は以下のような類型化が可能である。第一に，負担のない不動産の譲渡が詐害行為となるなら，目的物の不可分性を根拠として現物返還を請求しうる（最判昭30・10・11民集9巻11号1626頁）。第二に，受益者が被告となる場合，現物返還を認めやすい。他方，転得者が被告となる場合，相対的無効説では現物返還は善意の受益者に影響を及ぼす等の問題点があるので原則論を尊重し，債権額での価格賠償にとどめられる（最大判昭36・7・19民集15巻7号1875頁〔民法判例百選Ⅱ〔初版〕19事件〕）。第三に，詐害行為が抵当不動産を第三者に譲渡した行為か，または抵当権者自身に代物弁済した行為か。第三者への譲渡が詐害行為となる場合，抵当権付不動産の現物返還を認めてもよい（最判昭54・1・

25民集33巻1号12頁〔民法判例百選II〔第3版〕20事件〕)。ただし，この第三者が後に抵当権者に代位弁済して抵当権設定登記が抹消されている場合，現物返還を認めると債務者と一般債権者に不当な利益を与えてしまうので，取消は不動産時価から抵当債権額を控除した残額部分の価格賠償となる(最判昭63・7・19集民154号363頁〔私法判例リマークス1号69頁〕)。他方，抵当権者への代物弁済が詐害行為となる場合，抵当権設定登記は抹消されているから，転得者が被告となるときは，不動産の現物返還は債務者と一般債権者に不当な利益を与えてしまうので，価格賠償にとどまる(前掲最大判昭36・7・19)。

(e) 返還請求の内容　　取消債権者は自己への引渡を請求しうるか。

　(イ) 金銭の場合　　判例・多数説は自己への引渡を認める(大判大10・6・18民録27輯1168頁)。債務者が金銭の受領を拒絶し，または受領した金銭を費消した場合を危惧し，そのためにこれを認めるのである。返済が詐害行為となり受益者(金銭債権者)が弁済金を取消債権者に返還する場合，受益者の債権は復活するが，取消債権者は受領した金銭につき受益者に対しその請求に応じて平等の割合で分配すべき義務を負わない。また，受益者が債務者に対する自己の債権が復活することを理由にして，金銭返還の際に自己の債権額の按分額を控除して残額だけを返還することは許されない(最判昭46・11・19民集25巻8号1321頁〔民法判例百選II22事件〕)[2]。なお，取消債権者が自己の債権との相殺を理由に受領した金銭を返還しないことが許されるかについては【展開講義20】で後述する。

　(ロ) 不動産の場合　　自己への引渡を請求できない。そもそも，不動産については引渡でなく，登記名義を債務者名義に回復することが重要なのである(最判昭53・10・5民集32巻7号1332頁〔民法判例百選II〔3版〕18事件〕)。将来，強制執行のときに債務者の名義となった当該不動産であれば，これを差し押えることができる。

---

[1] たとえば，債務者の責任財産が2,000万円で，取消債権者の債権が1,500万円の場合において，債務者が1,000万円を第三者に贈与したとき，右贈与により責任財産は，1,000万円に減少し，取消債権者の債権回収に500万円不足をきたすから，500万円の範囲で贈与契約が取り消される(一部取消)。

[2] 残額だけの返還を認めると，いちはやく自己の債権につき弁済を受けた受益者を保護し，

総債権者の利益を無視する結果となり，債権者取消権の制度の趣旨に反するというのが判決理由である。

【展開講義 20】 債権者取消訴訟における取消権者の［事実上の］優先弁済権はあるか

　弁済が詐害行為となり，または価格賠償により受益者または転得者が金銭を取消債権者に返還した場合は，取消債権者が受領した金銭は債務者の責任財産を構成する。だから，債務者は金銭の返還請求権を有する。取消債権者はこの金銭に対し強制執行を行い，しかも他の債権者がこれに配当加入できることが必要である。では，取消債権者が自己の被保全債権（金銭債権）を自働債権にしてこの返還請求権と相殺することは許されるのか。判例・多数説は従来これを肯定せざるを得なかった。民事執行法上取消債権者が受領した金銭への執行手続が不備だからある。また，逆に相殺を否定すると，今度は他の債権者が返還請求権を差し押さえて事実上優先弁済を受けることとなるからである。しかし，その結果，取消債権者は相殺を利用して事実上優先弁済を受け，取り戻された金銭は総債権者のための責任財産とならなくなる（425条）。そこで，供託の根拠規定はないものの，有力説は取消債権者に金銭の供託請求権のみを認めるにとどめるべきであるとする[1]。解釈論の限界事例である。

---

(1)　星野・122頁，注民⑿・71頁〔澤井裕〕。

---

(2) 効　果

(a)　**425条**　取り戻された現物またはこれに代わる金銭は，債務者の責任財産への組み入れられる。この点は，債権者代位権と同様である。

(b)　**取消の相対的効力**　債務者の行った法律行為（詐害行為）の効力は，「取消債権者が訴訟の被告となった受益者または転得者から財産の返還を請求するに必要な範囲で，かつ取消債権者と被告となった受益者または転得者との関係でのみ」無効となる（判例・多数説）。財産の返還を請求するに必要な範囲での取消であるので，法律行為の一部取消がありうる。また，被告となった受益者または転得者との関係でのみ法律行為が無効となるだけであるので，訴訟の被告とならなかった債務者，受益者または転得者との関係では有効なままで

ある。

(c) 現物返還または価格賠償を行った受益者または転得者の立場　相対的無効説によれば，取消による現物返還または価格賠償によって損失を被った受益者または転得者はどのように救済されるか。対価を支払って目的物を取得した受益者または転得者は現物返還または価格賠償によって当然損失を被る。他方，現物または価格が債務者の責任財産に復帰する結果，債務者は当然利得を取得する。この説によれば，債務者の法律行為は対債務者との関係では有効であるから，対価を取得した債務者はこの利得につき法律上の原因を欠く。問題は債務者に対する不当利得をめぐる法律関係である。たとえば，次の図において，Aが取消債権者（債権額1,800万円），Bが債務者で唯一の資産である土地（時価3,000万円）を1,600万円で事情を知らないCに売却し，さらにCがこれを詐害の意思を有したDに2,000万円で転売した場合において，AがB・C間の土地売買契約を詐害行為として取り消す訴訟をDを被告にして提起し，現物返還が認められたとき，どうなるのか。

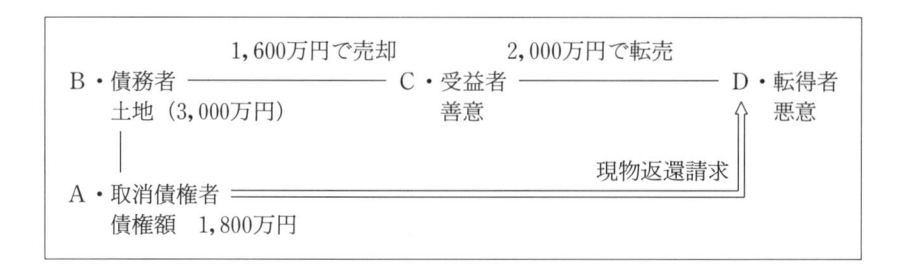

```
                1,600万円で売却        2,000万円で転売
  B・債務者 ───────── C・受益者 ───────── D・転得者
  土地（3,000万円）      善意                    悪意
     │                                  ↑
  A・取消債権者 ═══════════════════════
  債権額　1,800万円            現物返還請求
```

多数説は，「債務者Bが受益者Cから受けた売買代金1,600万円」の範囲で転得者Dは債務者Bに対して不当利得返還請求権を行使でき，自己の出捐との差額400万円は甘受しなければならないとする[1]。しかし，ここでは相対的無効説の前提である詐害行為自体（B・C間売買）の有効性が崩れている。また，DがCに対し売主の追奪担保責任（561条または567条類推）を追及することを認めれば，取消の効果は善意の受益者Cにまで及ぶことになる。そこで，この説に立ちながらも以上の結果を修正しようとする見解が提唱されている。まず，追奪担保責任につき，C・D間の売買につきCは売主としての債務を履行を完

了しており，Dが現物である土地を奪われたのはもっぱらDの事情によるので，相対的無効説の立場でも現物返還をしたDはCに対して追奪担保責任を追及することはできないとする。さらに，不当利得につき，現物返還があっても，相対的無効説をとるかぎり，B・D間では土地は債務者Bに復帰していないから，両者の間でそもそも不当利得は問題とならないとする。しかし，その上で「土地に対する強制執行によりAや他の債権者が満足を受けたとき」，この段階で債務者Bはその債務消滅分につきDの損失において利得を受けたことになるので，不当利得返還請求権が発生するとする[2]。ただ，不動産の場合，債務者の登記名義が回復された後，初めて強制執行が可能となるのであるから，土地が債務者Bの責任財産に絶対的には復帰せず転得者D所有のままであるというのは若干疑問である。相対的無効説をとるかぎり，これが修正の限界であろう。

3.4 債権者取消権の消滅

　この権利は，債権者が詐害行為があったことを知った時から2年間（短期消滅時効期間）経過し，または詐害行為の時から20年（除斥期間）経過すると消滅する（426条）。短期消滅時効を定めたのは，この権利の行使は第三者への影響が大きく，そのため早期に法律関係を確定する必要があるからである。

---

[1] 我妻・講義IV201頁。
[2] 奥田・(上) 327頁，注民⑿・71頁〔澤井〕。澤井は強制執行により転得者による第三者弁済が発生したと評価する。

第5章 債権の消滅

1 債権の消滅原因の概観

◆ 導入対話 ◆

教師：きみ，もし，きみが，おなかが急に痛くなって，お医者さんに往診を頼んだとしよう。しかし，その後，お医者さんが来る前に，すっかり治ってしまった場合，このお医者さんに，往診料を払う必要があるだろうか。

学生：それは……，たしかに，往診を頼んだんだし，その分は払わないといけないんじゃないんですか。

教師：でも，きみは，おなかは痛くないんだから，もう看てもらう必要はないんだよ。

学生：確かにそうだけど……なんか，変ですね。

1.1 目的の消滅

債権の本来の機能は，債権があることが問題ではなく，一定の目的達成の手段にある。したがって，目的を達成すると使命を果たし消滅する[1]。そのもっとも普通の場合は，債権者が債務の本旨に従った債務の履行，すなわち，「弁済（代物弁済・供託）」である。これとは反対に，債権がその目的を達成しえないことが確定的となった場合にもまた消滅する。その債権の存続は無意味であるからである。

---

(1) 末川博・法律論文集Ⅲ（債権）1頁以下，注民⑿・15頁以下〔磯村哲〕。

1.2 特殊の消滅原因

債権の消滅原因を分類すると以下のようである。人の意思表示を必須の要素

とする「法律行為」，必ずしも意思表示を必須の要素としないがそれに準ずる「準法律行為」，そして，「事件等」である。法律行為には，債権者の行為である免除，債務者の行為である供託，相殺，債権者・債務者間の行為である代物弁済・更改ならびに，いったんなされた法律行為の取消，契約の解除がある。準法律行為としては，弁済がそれにあたる（通説）。事件には混同，時効消滅，解除条件の成就・終期の到来，目的の到達・不到達などがあげられる。

債権の消滅原因を一覧すると以下のようになる。

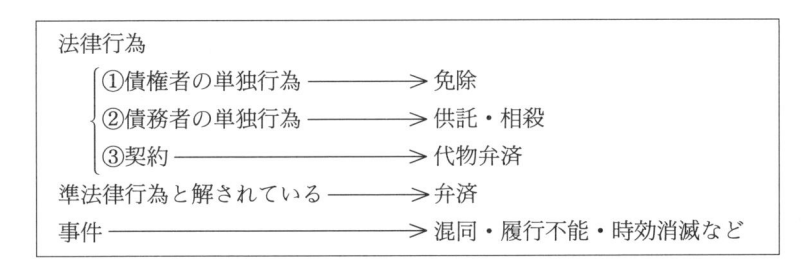

```
法律行為
  ①債権者の単独行為 ──────→ 免除
  ②債務者の単独行為 ──────→ 供託・相殺
  ③契約 ────────────→ 代物弁済
準法律行為と解されている ──────→ 弁済
事件 ─────────────────→ 混同・履行不能・時効消滅など
```

【展開講義 21】 いったん消滅した債権を当事者の契約より，同一性ある債権に復活できるか

　契約自由の原則よりその債権の復活は認められるが，それは従前と同一内容の新たな債権を発生させるだけで，債権の同一性を維持させるものではない。判例は，当事者双方の合意で弁済の効果を排除できることを肯定している（最判昭35・7・1民集14巻9号1641頁）。債権の復活は，主として担保物権の維持に重要な意義がある。ただし債権の復活の効力は，第三者の利益，取引の安全を害するから第三者には及ばない。なお，法律により特定の政策から消滅した債権を特定の人のために存続させている場合がある。後述の弁済による代位の場合（499条），債権譲渡の場合の債務者の異議をとどめず承諾した場合（468条）である。

2 弁　　済

◆　導入対話　◆

学生：先生，「弁済」ということばはあまり日常において使いません。また，「履行」ということばもありますが……。
教師：そうそう。よく知っているね。ただ，どちらも債務の内容を実現しようとしている点では同じなんだ。だがね，弁済は，法律上の効果として債務の消滅を生じるが，履行しただけでは必ずしも債務の消滅を生じるとは限らない。

2.1 弁済の意義と性質

(1) 意　　義

債権はその本質として一定の目的をもって，その目的達成のために成立する。債務の本旨に従って債務者に特定の行為（給付）をなすことを要求することのできる権利である。「弁済」は，まさにこの債権の目的（給付）を実現する債務者等の行為である。したがって，弁済があれば，債権はその目的を達して消滅する。ところで，債務の実現に関係する用語には「弁済する」「給付する」「履行する」などが使われる。これらはよく似た概念だが，厳密にいうと異なる。しかし，さしあたり，履行が債務者の側から見て債権内容の実現のための行為をいうのに対し，弁済は債権者の側から見て債権の内容が実現され，債権者がそれにより満足し，債権が消滅する現象をいうと理解する。

弁済となる給付は，当然，その債権の内容により決定される。それは一定の競業行為禁止という事実行為の場合もあり，金銭交付という法律行為である場合もある。しかし要するに，それによって債権の目的を達するものであれば弁済としての効力が生ずる。

(2) 性　　質

弁済は債権の目的（給付）を実現する債務者等の行為であり，弁済があれば，債権はその目的を達して消滅するものである。だから弁済のための給付行為を必要とするが，弁済それ自体とは区別される。この弁済の法的性質については古くから争いがある[1]。私的自治の原則より当事者間に給付行為を弁済のためにする意思表示（弁済意思）を要するからである。法律行為説は，弁済意思を

要するとする。しかし，不作為債務（夜9時以降ピアノを弾かないなど）の場合に，その説明が困難である。判例（大判大9・6・2民録26輯839頁）・多数説は，弁済は代理が認められ，無能力者の弁済が取り消しうべきものである点では法律行為の性質を有するが，給付者の弁済の意思を必要とせず，要するに人の給付行為により債権の目的を達することによって債権消滅の原因となるものであるから，弁済の法的性質は法律行為ではなく，準法律行為である，と解している。

---

(1) 注民(12)・1頁以下〔磯村〕。

2.2 弁済の方法

(1) はじめに

弁済は，通常，債権者と債務者との協同によって完成されるものである。当事者の一方がこれに協力なき場合は，目的を達成できない場合が多い。そこで，民法は，弁済のなされるべき方法について，一般的基準として，債務者が履行につきどの程度の準備をすればよいのか，そして，その履行にあたっての債務者のなすべきことの具体的基準の両者を定めている。

(2) 弁済の物

弁済の内容が何を目的としているかは，個別の債権関係について具体的に定める以外にない。しかし，民法は，物の引渡を目的とする給付について，若干の解釈を補充する規定を設けている（なお，目的物の品質については401条参照）。

(a) 不特定物債権の引渡　不特定物債権の引渡については，他人の物を引き渡した場合と，無能力者のした引渡が取り消された場合を規定する。

(イ) 弁済者が他人の物を債権者に引き渡した場合　理論的には，物の所有権を移転すべき債務において有効な弁済をするためには，弁済者がその物について所有権その他の処分権限をもっていなければならないから，弁済者が他人の物を債権者に引き渡した場合，いまだ有効な弁済とならない。他方，弁済者としても，他人の物の返還を求められるとするのが道理といえるが，民法は，債権者保護と，できるだけ弁済者に有効な弁済をなさしめようとして，

① 債務者は有効な弁済をしなければ引き渡した他人の物を取り戻すことが

できない（弁済者の取戻権の制限——475条）。

② 債権者が弁済として受領した物を善意で消費しまたは譲渡したときは，その弁済は有効なものとなり，債務者は債務を免れることとしている（477条）。

ただし，第三者の正当な権利を害することはない（477条）。また，即時取得（192条），添付（242条ないし246条）または時効取得（162条以下）の要件を具備して弁済された物の所有権を取得した債権者は，その権利を取得する。したがって，以上のような場合，弁済は有効となるから本条の適用される場合は少ない。

ところでこの規定の適用を受けるのは，さらに有効な弁済をすることの可能な不特定物の引渡債務についてだけであり，さらに有効な弁済をなすことが不可能な特定物の引渡債務については適用する余地はない。またこの規定は，弁済者と債権者の間の関係を規律したものにすぎず，物の真の所有者と債権者との間の関係を規定したものではない。したがって物の所有者が債権者に対し，所有権にもとづく返還請求または不当利得の返還請求をすることができる。そして，この請求を受けた債権者は，弁済者に対し求償することになる（477条但書）。

　㊀　譲渡無能力者が引き渡した場合（476条）　　譲渡能力のない者，たとえば未成年者，被後見人および被保佐人が弁済として自分の所有物を引き渡したとき，その弁済が取り消された場合は，その譲渡無能力者たる弁済者は，能力の補充を受けるなどの方法で更に有効な弁済をしなければ前に引き渡した物を取り戻すことはできない（476条）。

しかし，本条は無能力を理由として，弁済行為のみならず債権発生原因である契約など，法律行為そのものまで取り消した場合は適用がなく，その場合は弁済者は，非債弁済（705条参照）としてその弁済物を取り戻すことができるが，弁済行為だけが取り消された場合のみ適用される。弁済行為だけが取り消されれば，所有権は移転しなかったことになり返還を請求できるはずであるが，債権者の地位を考慮して規定されている。

　(a)　特定物の引渡（483条）　　(イ)　現状引渡の原則　　特定物の引渡を目的とする債務につき，いつの状態を標準とするのか。

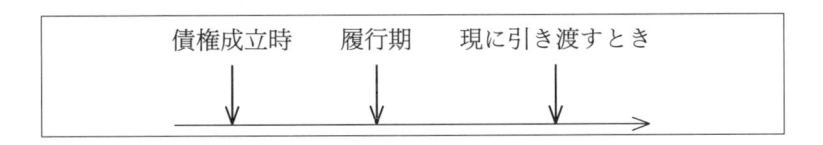

```
  債権成立時   履行期   現に引き渡すとき
      ↓         ↓          ↓
```

通常，①債権成立時，②履行期，③現に引き渡すときの三つの時点が考えられる。

民法は，弁済者はその引渡をなすべき時（履行期）における現状のままその物を引き渡さなければならないとし，「履行期」を標準とすると規定した（483条）。もっとも特定物引渡債務を負う者は，引渡をなすまで善良な管理者の注意をもってその物を保管することを要するが（400条），履行期までに責めに帰すべからざる事由で毀損しても，毀損したまま引き渡せばよいとした。なお，その毀損が債務者の責めに帰すべき事由によって生じたものであれば，債務者は，別途，債務不履行の責任（415条）を負わなければならないことになる。

(ロ) 履行期までに生じた果実の帰属　特定物から生ずる果実についても履行期を基準とするから，履行期前に生じた果実は債務者が取得し，履行期後に生じた果実は債権者に引き渡さなければならない。ただし，売買の場合は例外として，履行期を基準としない。売主と買主との権利関係を画一的に解決し，買主の代金の利息の支払義務などの両者の公平を図るために，引渡のときまでに生じた果実は売主が取得することにしている（575条参照）。

2.3　弁済の場所

(1)　持参債務の原則

弁済の場所は第一次的には，特約や慣習により決定される。しかし，この弁済の場所について当事者が別段の意思表示をしない場合や慣習によって定まらない場合に備えて，484条は以下のとおり定めている。特定物の引渡債務は，契約締結のときなど債権発生の当時，その物が存在した場所において引渡（弁済）をし，その他は債権者の実際に弁済をなす時の住所とすることとした。こうした債権者の現住所を履行の場所とするのを**持参債務の原則**という。

(2)　例　　外

売買代金の支払（574条）と，指図債権，無記名債権は，債務者の住所地でなすとする**取立債務の原則**が採用されている。

(3) 弁済場所以外での提供の効果

では，弁済の場所以外の提供は債務の本旨に従った提供といえるか。とくに問題となったのは金銭債務についてである。学説は，債権者に有利となる場合はもちろん，別段，不利益とならないかぎり，履行場所以外での提供も信義則上，有効と認むべきであると解している。判例には，少額の金銭債務を負担する者が，住所地外に来あわせた債権者に金員を提供しても，債権者は受領を拒みえないとするものがある（大判昭14・3・23民集18巻250頁）。

2.4 弁済の時期

弁済の時期は当然，契約の内容によって定まる。民法に規定はないが，履行期に履行するのが原則である。問題は履行期以前に弁済をなしうるかである。期限の利益を放棄できる場合とか履行の猶予を得た場合などは，履行期外に弁済することができる（136条）。

2.5 弁済の費用

弁済の費用は，通常，債務者の給付の一部と見えるから，特約のないかぎり，原則として債務者の負担となる。ただし，債権者の住所の移転，受領遅滞その他の行為によって弁済の費用が増加したときは，その増加額は，債権者の負担となる（485条）。なお，この場合，本来の債務とは同時履行の関係（533条）とはならない。

3 弁済の提供

◆ **導入対話** ◆

教師：では，きみがアルバイトをしたとしよう。きみの雇い主が持っている債権の場合はどうだろうか。

学生：それは，労働を提供し，終了したときだと思います。

教師：では，朝，アルバイト先に出向いたんだけど，玄関に，本日より営業を休止しますとの張り紙があり，ドアに鍵がかかっていた場合はどうだろうか。

学生：う〜ん……，働こうと思ってきたのに……。でも，電車に乗って，アルバイト先まで来たんですから，一応，労働を提供する意思があると思うんですよ。

教師：さあ，でも，まだ働いていないよ。

3.1 弁済提供の意義

　債務によっては，債務者の給付行為のみで弁済が単独に完成する場合がある。また，たとえば，一定の場所に建物を建てないような不作為債務がその例である。しかし，一般には，債務者の給付行為だけでは完了せず給付の実現のためには債権者の協力がなければ完了しない場合が多い。たとえば，売買契約の履行として引渡をしようとして売主が目的物を買主に提供したとしても，買主が受領しなければ売主は給付（弁済）したことにならない。また借金の返済をするため借主が貸主のところに返済金を持参して提供しても，貸主の受領という債権者の協力行為がなければ弁済（給付行為が実現）したことにならない。したがって，これを仮に数式風にすると，

> 弁　済　＝　債務者の弁済の提供　＋　債権者の受領

ということになろう。

　このように債務の弁済のためには，債務者側の努力だけでは給付行為は実現せず，通常の債権は，大なり小なり債権者側の協力行為を必要とする場合が多い。このような場合，誠実な債務者がいかに努力して弁済しようとしても債権者の協力がないため弁済ができず，そのため債務者が債務不履行責任を負う結果になったのでは債務者は問題である。そこで，履行をなすにあたって債権者の行為とは別に，どの程度の準備を債務者はなすべきかにつき，民法は，弁済提供の制度を設けて，こうした誠実な債務者の救済をはかることにした。すなわち，上記のように債権者の協力がないと給付が実現しない債務について，「債務者が，単独で完了することのできない給付について，その給付の実現に必要な準備をして債権者の協力を求めること」を**弁済の提供**といい，このような弁済の提供があったときは，債務者は提供のときから債務不履行責任など「不履行ニ因リテ生スヘキ一切ノ責任ヲ免レ」ることにした（492条）。

> 弁済の提供＝給付の実現に必要な準備＋債権者への協力要請

3.2 弁済提供の程度

　弁済は，債務の本旨に従わなければならないから，弁済の準備としての提供もまた債務の本旨に従ってなされなければならない。何が債務の本旨に従った

提供になるかは，一応は，各債務ごとに，契約ないし民法の規定によって定められる正当な弁済者，弁済受領者，弁済の目的物，弁済の場所，弁済の時期など，もろもろの関係において提供がなされたかどうかによって決まってくる。

ところで債務の本旨に従った提供か否かの判断基準は，以上の個別的基準の外に，具体的な場合に債務者はどの程度まで弁済のため必要な準備行為をしたうえで債権者の協力を待つべきか，という弁済の提供の程度についての基準を必要とする。この基準は，究極的には債権債務関係における信義誠実の原則によって判断するほかはない。民法は債務の性質に従い，債権者との協力の相関関係において，債務者としてまずなすべき弁済の準備の程度の差による方法の違いとして，抽象的に次の二つの基準を示している。原則としての「現実の提供」・「事実上の提供」（493条本文）と，例外としての「口頭の提供」（同条但書）がそれである。要するに，**現実の提供**とは，債権者の協力がなくても債務者が給付の主要な部分ができる場合に債務者のなすべき弁済行為であり，**口頭の提供**とは，給付の主要な部分を完了するためには，まず債権者の協力を求めなければ債務者としてはどうしようもない場合に債務者のなす弁済行為である。しかしこの両者は，結局は程度の差にすぎず相対的な問題だから，具体的な場合にどちらの提供方法によるべきか困難な場合が多い。

(1) 現実の提供

弁済の提供は債務の本旨に従って現実にこれをなすことを要する（493条本文）。その要件は，判例を通して具体的にみると以下のようになる。

(a) 提供が「現実」になされたこと　債権者が給付を受領する以外に何らなすことを要しない程度に提供することである。どのような状態の場合にこの程度に達したかは，取引の通念ならびに信義則による。

(イ) 提供の日時について約定があり，債権者が不在のときは，債務者は現実の提供をしたものとなり，再度，口頭の提供をしなくてもよい（大判大10・3・23民録27輯641頁）。また，不動産売買で，契約当事者が一定の日時場所で所有権移転登記済証と引換に残代金の支払をなす約定があった場合，買主がその約定どおり残代金を持参して待っていたが，売主が来なかったときでも，買主は自己の債務について現実の提供をしたことになる（大判大7・8・14民録24輯1650頁）。

㈹　金銭債務について，契約の期限に契約内容どおりの金銭を持参し，いつでも支払ができるよう準備したうえで債権者に受領を求めた場合，現実の提供となる（大判昭5・4・7民集9巻327頁）。この場合，現金を債権者の面前に呈示する必要はない（大判大11・11・4民集1巻629頁）。また，転売約束がすでになされている場合，金銭を買主（債務者）が自ら携帯しなくても，支払うべき金銭を持参した転買人が債務者と同道した場合にも，原則として現実の提供となる（前掲大判昭5・4・7）。

(b) 提供が債務の本旨に従いなされたこと　どのような提供が債務の本旨に従いなされたかは，当事者の意思，法律の解釈によるが，最終的には信義則により決定される。

㈤　一部弁済　一部の弁済の提供は，債権者の承諾なき限り債務の本旨に従ったものとはいえない（大判明44・12・6民録17輯808頁）。一個の債務に元本，利息，費用ある場合は，債務者はその全額を提供しなければならない（大判大15・5・17新聞4583号12頁）。履行遅滞にある場合は，債務者は本来の債務と遅延賠償とを併せて提供しなければならない（大判大8・11・27民録25輯2133頁）。しかし，提供金額は債務の全額でなければならないが，僅少の不足があっても，信義則上なお有効な提供と解される場合も少なくない（大判大9・12・18民録26輯1947頁）。

㈹　金銭債務の場合　一般に金銭債務の弁済は通貨をもってなすべきであり（401条），代物弁済等の場合を除き当然には弁済の提供とはならない。しかし，郵便為替，郵便振替貯金払出証書，銀行振出小切手などは不渡のおそれがなく，取引上現金と同視できるから，その送付があれば現実の提供となる（大判大8・7・15民録25輯1331頁）。なお，金銭の支払手段とはいえ，小切手による提供は不渡のおそれがあり，必ずしも支払が確実というわけではないから，特別の約定，慣習のないかぎり，小切手を送付しても有効な提供とはならないと解されている（大判大8・8・28民録25輯1529頁）。

㈥　金銭以外の引渡の場合　不動産売買の場合，不動産の登記所で売買代金を授受するとの約定があるとき，不動産の売主が登記をする目的で履行期日に登記所に出頭すれば弁済の提供となる（大判大7・8・14民録24輯1650頁）。また，特定物の売買で見本品を定めた場合に，見本品と異なっても，買主は債

務の本旨に従った履行でないとして受領を拒否できない（大判大15・5・24民集5巻433頁）。多量の商品を提供すべき場合，貨物引換証の交付は受取人において自由に目的物を処分しうる形式の場合は，債務の本旨に従った履行といえる（大判大13・7・18民集3巻399頁）が，荷為替付物品の送付は，同時履行の抗弁権を有する買主に代金先払を強制することになり，適法な提供ではないとする（大判大9・3・29民録26輯411頁）。

(2) 口頭の提供と機能，限界

現実の提供が事実上の行為を要するのに対して，口頭の提供は，言語（言葉）により，履行の準備のできたことを債権者に通知して受領を催告することでよい。債務者が現実の提供をしなくても口頭の提供をするだけでよい場合は，「債権者が受領拒絶をしたとき」か，または「債務の履行につき予め債権者の協力行為を必要とするとき」に限られる（493条但書）。その機能は，債権者が受領拒絶をしたとき，または，債務の履行につきあらかじめ債権者の協力行為を必要とするときでも，債権者に再度，本来の債務の弁済を受領する機会を与えようとするものであり，沿革的には，供託が許されているのと同様の趣旨である。

(a) 口頭の提供で充分な場合　次の二つの場合，債務者は口頭の提供が許される。「債権者があらかじめ受領拒絶したとき」，「債務の履行につきあらかじめ債権者の協力行為を必要とするのにその協力がないとき」である。

(イ) 債権者があらかじめ受領拒絶したとき　債権者があらかじめ受領拒絶したにもかかわらず，なおかつ債務者に現実の提供を強要するのは，信義に反し，公平を失する。反面，口頭の提供をすれば，場合によっては債権者が翻意して受領するかもしれないので，信義則上この受領拒絶の場合にもなお口頭の提供を要求している。受領の拒絶は債権者が理由なく受領期日を延期したとか，または契約解除を求め自らの反対給付の履行を拒んだなど，黙示にもなされることがある。

(ロ) あらかじめ債権者の協力行為を要するとき　あらかじめ債権者の協力行為を要する債務とは，債権者が債務者の住所にきて受領することを約した債務のような取立債務（大判昭15・10・25新聞4641号6頁），債権者があらかじめ供給する材料に加工すべき債務，債権者の指定する場所，期日で履行すべき

債務などがそれである。以上のような債務は，債務の本旨からすると債権者の一定の行為をまって現実の提供をすることになっているものであり，その場合に，債権者がその行為をしてくれないときは，現実の提供に代えて口頭の提供をすることができる。したがって，債務者の口頭の提供に応じて債権者があらかじめ協力してきたときは，債務者は更に現実の提供をしなければならないことはもちろんである。逆にいうと，債務者が口頭の提供をしたにもかかわらず，債権者が依然としてこれに協力しなかった場合に，初めて口頭の提供だけで提供の効果が生ずる。

(b) 提供の方法とその程度　(イ) 提供の方法　弁済の提供の方法は，弁済の準備をしたことを債権者に通知し，受領を催告すればよい。口頭の提供とはいっても，債務者は，債権者の協力があれば相当の時期にこれに応じて弁済を完了できる程度の準備はしておかなければならない（大判大10・11・8民録27輯1948頁）。

(ロ) 提供の程度　それがどの程度かは，具体的事例に即して信義則によって決するほかないが，たとえば売買代金の支払準備としては，現金を所持していなくても銀行等と資金借受の協定が整っておれば充分であり（大判大7・12・4民録24輯2288頁），また転買人に代金支払の資力があって，その準備もしているのであれば充分である（大判大8・6・28民録25輯1183頁），と解されている。またこの通知・催告は債権者に分かればよく，弁済すべき場所でしなくても，訴えや反訴の提起，和解の申立中でもかまわない（大判大8・2・1民録25輯246頁，大判明33・3・19民録6輯3巻112頁）。有名な「深川渡し」事件では，目的物の引渡場所を「深川渡し」と定めた場合，売主は引渡の準備を完了し，これを買主に通知し，代金支払を催告すれば十分で，売主が引き渡すべき特定の倉庫を指定しなかったことを理由として買主は遅滞の責めは免れない（大判大14・12・3民集4巻685頁）とするように，多少あいまいな点があったとしても無効とはならない。

(c) 口頭の提供も要しない場合　口頭の提供がなければ債務者には履行遅滞の責任を生ずるのが民法の原則である。たとえば，賃貸人が賃貸借契約の解除を主張し，賃貸借契約そのものの存在を否定して弁済を受領しない意思が明確と認められる場合について，賃借人は賃料の弁済につき口頭の提供をしなく

ても，履行遅滞の責任を負わないかである。判例は，債権者である賃貸人が，賃貸借契約の存在を否定し，賃借人の賃料を受領しないことが明確である場合，口頭の提供をしても無意味であることを理由に，口頭の提供を要しないとしている（最大判昭32・6・5民集11巻6号915頁，【展開講義　22】参照）。

【展開講義　22】　受領拒絶と口頭の提供の要否

(1) 受領拒絶の意思が明確な場合も口頭の提供は必要か。判例は，「賃貸人において，賃貸借契約の解除を主張し，契約そのものの存在を否定して弁済を受領しない意思が明確と認められた場合には，賃借人は，口頭の提供をしないからといって，債務不履行の責めを負うものではない」とし，「債務者が口頭の提供をしても，債権者が契約そのものの存在を否定するなど弁済を受領しない意思が明確と認められる場合においては，債務者が形式的に弁済の準備をし，かつその旨の通知することを必要とするようなことはまったく無意味であって，法はこうした無意味を要求しているものと解することはできないから，この場合には，債務者は口頭の提供をしないからといって，債務不履行の責に任ずるものということはできない」とした（最大判昭32・6・5民集11巻6号915頁）。

(2) では，同種の事例で，債務者が賃料債務を支払えないほど経済的に困窮している場合にはどうか。この場合については，債権者において，受領をしない旨の意思が明確な場合でも，弁済の提供をしないかぎり，債務不履行の責任を免れない（最判昭44・5・1民集23巻6号935頁）。

(3) 学説は，債権者の受領拒絶の意思がたとえ明確であっても，翻意することもあるから口頭の提供を要するとするものもある。結局，口頭の提供が無意味か否かは，事実審における裁判官の心証によって明確に認定される必要があろう。

---

(3) 弁済提供の効果

弁済提供の効果を数式風に表現してみると以下のようである。

> 弁済の提供の効果＝不履行責任の免責＋注意義務(659条参照)の軽減(多数説)

弁済提供の効果は，自己の債務から免れるという消極的な効果である。そこで，反対に，債務者側から損害賠償を請求したり，相手方の同時履行の抗弁権を消滅させたりする，いわば積極的効果も生ずるかが問題となる。

(a) 不履行責任の免責　　弁済提供の効果があれば，債務者は「其提供ノ時ヨリ不履行ニ因リテ生スヘキ一切ノ責任ヲ免レ」る（492条）。すなわち，債務者は債務不履行を理由とする損害賠償，遅延損害金や違約金の請求を受けない（最判昭45・10・13判タ255号149頁）。当然，抵当権など担保権も実行されず，契約を解除されることもない（大判大9・4・12民録26輯487頁）。また，約定利息の定めがある場合にも提供後の約定利息は発生しない（大判大7・3・20民録24輯623頁）。その他，判例・多数説は，提供の効果として，特定物の引渡債務の場合において提供後は債務者の注意義務が善管注意義務（400条）から自己のためにすると同一の注意義務（659条参照）に軽減されること，また債務者が弁済提供したにもかかわらず債権者がこれを受領しないために債務の履行や目的物の保管の費用が増加したときは，その増加費用は債権者の負担となる（485条但書）ことなどを認めている。

　(b) 提供の効果と履行責任　　弁済の提供があったからといって債務の弁済がなされたわけではなく，債務そのものが消滅してしまうわけではない。債務の消滅は弁済の提供に対する債権者側の受領行為があって初めて生ずるものであり，提供の効果は，単に，債務者が右のような債務不履行責任を負わないなどという主として消極的なものに止まる。判例は，債務者がそれ以上に債務そのものまで一方的に消滅させたい場合には，一定の要件の下に供託（493条以下）手続をとり債務を消滅させないかぎり，債権者に差し入れた担保物の返還，強制執行手続の阻止もできないとする（大判明38・12・15民録11輯1842頁）。また，売買などの双務契約において，一方が弁済の提供をしたときは，相手方は同時履行の抗弁権（533条）を主張することができなくなるが，この点に関連して契約解除との関係が問題になる。通説は，弁済の提供をした者が契約を解除しようとする場合には，催告にあたって一度弁済の提供をすれば足り，提供を継続する必要はないとする。しかし，弁済提供者が契約の解除をせず本来の給付を請求しようとする場合には，なお自分の債務と引換えに相手方に履行を請求できるだけである，と解している。

　(4) 弁済の提供の効果と受領遅滞

　(a) 受領遅滞の意義と法的性質　　(イ) 意義　　給付の実現のためには債権者の協力がなければ完了しない債務について，債権者側の給付実現のための協

力義務問題が受領遅滞の問題である。債務者が弁済の提供をしても債権者が受領しないときでも債務は消滅せず，債務者がこれを消滅させるためには，目的物を供託しなければならない。しかし，目的物のなかには供託に適しないものもあり，何よりも債権者の一方的な非協力により，債務者に供託手続を強要する結果となるのはいかにも不公平である。そこで民法は，一定の要件の下に，債権者の不協力について受領遅滞の責任を認めて，債務者の責任を軽減しようとしている。

　㈡　法的性質　　ところで，受領遅滞の法的性質をどう考えるかについて争いがある。債権者が債務者の履行について協力しなければならないのは，信義則上の要請からか，それとも，法律上の義務かという点である。そもそも，権利はその行使，不行使について自由とされている（免除，権利の放棄の場合を考えてほしい）。

　　(i)　「法定責任」と考えるもの　　上記の権利に対する理解を前提として，判例（大判大4・5・29民録21輯858頁），多数説は，債権は権利であって義務を伴わないから，債権者には債務者の弁済の提供があってもこれを受領すべき法律上の義務はなく，したがって413条は，信義則から要求される債権者の法定責任にすぎない，と解している（法定責任説）。

　　(ii)　一種の「債務不履行責任」と考えるもの　　①説に対し少数有力説は，判例・多数の考え方は，受領遅滞の効果を履行の提供の効果と同視しており，独立に受領遅滞の規定をおいた意味が失われると批判する（債務不履行説）。そして，債権関係における債権者と債務者は，互いに債務の実現という共同目的に向って協力すべき一種の協同体関係にあるから，債務者の債務の本旨に従った弁済の提供があれば債権者にはこれを受領すべき法律上の義務があり，債権者の受領遅滞は，債務者側の債務不履行と同じく，債権者側の債務不履行（415条）の一種として考える。そして413条が債務不履行の規定の中に挿入してあるのはその趣旨であると説いている[(1)]（債務不履行責任説という，東京地判昭30・4・19下民集6巻4号766頁）。しかし，この説に対しては，その前提となるいわゆる債権関係を一種の協同体とみる協同体理論自体が問題である。

　(b)　受領遅滞の要件　　受領遅滞の要件は，①履行期に履行が可能であり，②債務者の債務の本旨に従った弁済（履行）の提供があったのに債権者がこれ

を受領拒絶するか，または受領不能であることである（413条）。なお，債権者の受領拒絶または受領不能の理由は問わない。

しかし，「債務不履行責任説」では，これに加えて債権者の責めに帰すべき事由のあることを要求している。

(c) 履行不能と受領不能　　ところで，債務者の履行（弁済）が不能なために債権者の受領が不能になったときは，もちろん「受領不能」にはならない。そこで，履行の時に履行が可能であるか否かは困難な問題を含んでいる。すなわち，履行不能と受領不能との区別基準を，一般的には，履行の障害の原因なり結果の発生が債権者側と債務者側のどちらにあり，あるいはどちらに発生したかによって決めることとし，債権者側にあるときは受領不能，債務者側にあるときは履行不能になる，と解している。この基準に従えば，たとえば，交通機関が麻痺したため雇傭契約における債務者（労働者）が工場に行けず，就業できないときは履行不能となり，雇主（債権者）が停電のために工場を休業したため労働者が就業できないときは受領不能となる。

(b) 受領遅滞の効果　　法定責任説（判例・多数説）は，受領遅滞の効果について，民法413条がその責任の内容について規定していないから，その効果は，履行の提供に関する492条・493条を中心に一般理論により決する外はないとする。そこで，弁済の提供の効果と同視して，①債務不履行責任（遅滞の責任）を負わず（492条），②供託でき，③約定利息の不発生，④目的物保管の注意義務の軽減されること，⑤目的物保管等弁済の増加費用の債権者の負担，などの効果を認めるに止まっている。

しかし，①から③は，履行の提供の効果であり，債権者の帰責事由の有無を問わない。反対に，④や⑤は債権者に過失ないときこれを認めることは公平に失するといえるから，受領遅滞の効果とすべきではあるまいか。

他方，いわゆる債務不履行責任説では，前記の判例・多数説の認める効果以外に受領遅滞を理由として債務者から債権者に対する損害賠償請求権や契約解除権の発生を認めようとしている。

なお，受領遅滞後の不可抗力による履行不能（遅滞の後，台風等の理由で不能となった）は債権者の責めに帰すべきものとされている。

(1) 我妻・講義IV235頁。

3.3 弁 済 者

弁済者とは弁済をなすべき者であり，また弁済をなしうる者である。その典型は債務者である。ここでいう債務者には，不可分債務者，連帯債務者，保証人等を含む。

また，給付の価値が債務者その人に依存する場合を除いて，弁済のための債務者の履行補助者，代理人，管理人，履行引受人等も同様である。

(1) 第三者の弁済の有効性

債務者以外の第三者もまた弁済することができる（474条）。なぜなら，近時の債権は，債務者以外の第三者が債務の内容を実現しても債権者が債権の目的を達しうるのが一般であるし，債権譲渡や，債務引受を認めたのと同様に，これによって債務者といえども不利益を蒙るものではないと考えられるからである。

(2) 第三者の弁済の制限される場合

第三者は，例外として，次の三つの場合には第三者の弁済をすることができない。第一は，たとえば名歌手の出演債務など，債務者の一身専属給付のような債務の性質が第三者の弁済を許さないとき（474条1項但書前段・625条・658条など），第二は，当事者が反対の意思を表示したとき（474条1項但書後段），第三は，「弁済をなすに法律上の利害関係のない第三者」については債務者の意思に反するときである（474条2項）。この立法趣旨は，たとえ利益を受けるとはいえ，人によっては無関係な第三者に債務を支払ってもらうのを潔しとしない債務者もいるはずだから，債務者のこの意思を尊重しようとするものである。しかし，債権の近代的機能からしてその当否は疑問とするものもあり(1)，立法論としては，債務者が異議を述べれば債権者に拒絶権ありとするドイツ民法267条が参考となろう。この債務者の反対の意思は，当事者の関係，債務の性質，その他諸般の事情から客観的に認定されればよく，弁済当時，事実上あれば，弁済前あらかじめ反対の意思を表示したか否かは問わない（大判大6・10・18民録23輯1162頁）。挙証責任は債務者の意思に反したことを主張する者が負い（大判大9・1・26民録26輯19頁），反証がないかぎり，弁済は債務者の意

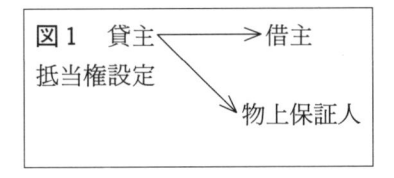

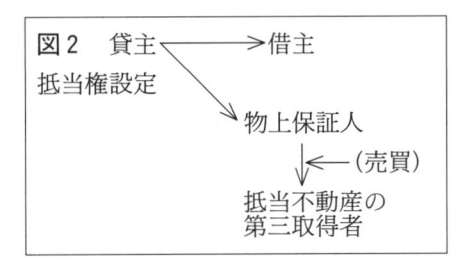

```
図1   貸主 ──→ 借主         図2   貸主 ──→ 借主
   抵当権設定  ↘                抵当権設定  ↘
              物上保証人                    物上保証人
                                              ↑ (売買)
                                           抵当不動産の
                                           第三取得者
```

思に反しないものとされる（大判昭9・9・29新聞3756号736頁）。

「弁済をなすことを得ず」とは，債権者がその受領を拒絶できること，また債権者が受領してもその弁済は無効であることである。

なお，物上保証人（図1），抵当不動産の第三取得者（図2）などは，弁済をなすにつき法律上の利害関係を有する第三者であるから，債務者の意思に反しても弁済することができる。

(3) 第三者の弁済方法と効果

第三者は，自己の名において，他人の債務として弁済する。債務者の名において弁済した場合でも，第三者の弁済を妨げない。他人の債務として弁済されたかどうかは，債務者の意思，諸般の事情より決定されることとなる。第三者の弁済が成立したときは，債務者のなした弁済と同一の効果を生ずる。ただし，債務の消滅は，後で述べる弁済による代位が認められる場合は，その限度で債務は消滅しない。

---

(1) 柚木・(下) 235頁。

3.4 弁済者による代位

(1) 弁済による代位の意義

弁済による代位とは，第三者または共同債務者の一人が債権者に満足を与えたことにより，弁済者の求償権の範囲内で，債権者の権利が弁済者に移転することをいう。

本来，債務を負担していない第三者が債務者のためにその債務を弁済し，または共同債務者の一人が自己の負担部分を超えて弁済をした場合には，その弁済者は他人の債務を支払ったことになるから，債務者に対して通常その立替え

払分について対内的に求償権が発生する。通例，この求償権は，もし第三者が債務者から依頼を受けて弁済したのであれば，委任事務処理費用として求償することになり（650条），また依頼がないのに債務者のために弁済したのであれば事務管理費用として求償することになる（702条）。そして，その弁済のあったかぎりで債権は消滅する。

　ところで，この求償権は金銭債権であり，結局，求償者は債務者を相手として訴え，強制執行することになるから，弁済者の地位は不安定となる。そこで民法はこうした弁済者を保護し，この弁済者の求償権の効力を確保するためにこの弁済者の代位制度を設けた。すなわち，債権者の権利は第三者が弁済することによって当然消滅したが，弁済者の求償権を確保するため，これを弁済者と債務者との間では弁済者の求償権の範囲内で消滅しなかったものとする。しかも弁済によってこの債権者の権利は法律上当然に弁済者に移転するものとし，弁済者は，移転された債権者の債務者に対する権利を債権者に代位して行使することができるとした（499条・500条）。これを「弁済者の代位」という。なお，弁済者がこの代位できる場合でも，弁済者がもっている求償権そのものは何ら影響を受けず，弁済者は，代位して債権者の権利を行使することもできるし，自己の求償権を行使することもできる。通常，弁済による代位の方が，債権者の債務者に対して有する一切の権利，とくにその物的担保権を実行することができる（501条）ことから，求償権行使よりも弁済者にとって有利である。

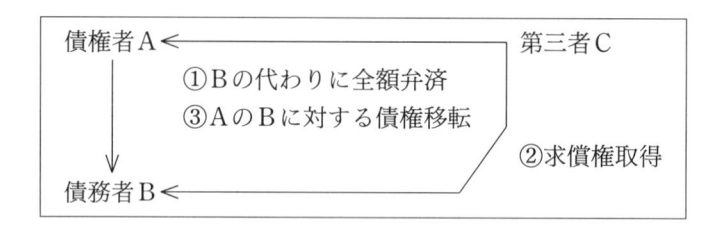

```
債権者A ←─────────────── 第三者C
         ①Bの代わりに全額弁済
  │      ③AのBに対する債権移転
  │                            ②求償権取得
  ↓
債務者B ←───────────────
```

(2)　弁済による代位の要件

　弁済者が債権者に代位できる要件は以下のようである。

　第一に，弁済その他これと同視しうる事由によって債権者に満足を与えたこと。

　第二に，弁済者が債務者に対し固有の求償権を取得したこと。

第三に，法定代位の場合は，弁済をなすにつき正当の利益を有し，任意代位の場合は，債権者の承諾があること，
が必要となる。以下，一つ一つ検討する。

　(a)　債権者に満足を与えたこと　　弁済による代位は民法は第三者，または共同債務者が債権者を満足させたがゆえに認められる保護手段であるから，債権者の満足なきところに本制度は存在しない。代位弁済の要件として「弁済」と規定するが，弁済と同視できる事柄も含まれる（大判昭6・10・6民集10巻889頁）。たとえば，代物弁済，供託・相殺等の外，抵当不動産の第三取得者が抵当権の実行によって所有権を失ったような場合も含まれ（大判大10・11・18民録27輯1966頁），さらに相続したりして混同を生じた場合など（大判昭11・8・7民集15巻1661頁），債権者を満足させる事実があればよい。

　問題となるのは，ここにいう弁済が自ら進んでなした場合に限るかである。現在では，債権者が強制執行によって満足を得た場合でもよいとされている（大判昭4・1・30新聞2945号12頁）。

　(b)　弁済者が債務者に対し固有の求償権を取得したこと　　第三者が委任（643条以下），事務管理（697条以下）により，弁済をし費用返還請求権を取得した場合だけでなく，保証人，連帯債務者等の弁済も実質的には他人の債務の弁済であるから，債権者の権利が弁済者に移転する。

　(c)　法定代位の場合は，弁済をなすにつき正当の利益を有し，任意代位では債権者の承諾があること。

　民法500条の「正当ノ利益」とは「法律上ノ利益」を意味する。この第三の要件の差異によって，代位弁済には次の二種類がある。

　　(イ)　法定代位　　弁済をなすにつき正当の利益を有する者は弁済によって当然債権者に代位する（500条）。「弁済をなすにつき正当の利益を有する適格者」とは，弁済により当然法律上の利益を受ける者をいう。たとえば，保証人（大判大6・7・5民録23輯1197頁），連帯保証人（大判昭9・10・16民集13巻1913頁），物上保証人（大判昭4・1・30新聞2945号12頁），担保不動産の第三取得者（大判明40・5・16民録13輯519頁），また内部的には負担部分を超える限度で相互保証的関係に立つとみられる不可分債務者，連帯債務者（大決大3・4・6民録20輯273頁），譲渡担保目的物を債務者から譲り受けた者（大判大9・6・2

民録26輯839頁)，執行こそ受けないが弁済しないと自己の権利の価値を失いかねない後順位担保権者(大決昭6・12・18民集10巻1231頁)や，一般債権者(大判昭13・2・15民集17巻179頁)などのように弁済をしなければ自分が債権者から執行を受けるとか，自分の権利を失う地位にある者を指している。

これらの者が弁済したときは，右の第一，第二の要件だけで債権者に代位することができる。

(ロ) 任意代位 (i) 任意代位の意義 弁済につき正当の利益を有しない者がなした弁済は，その弁済と同時に債権者の承諾を得て初めて債権者に代位することができる(499条)。その立法趣旨は代位される当の債権者の意思を尊重しようとするものである。

ここにいう弁済とは，法定代位のところで述べたことと同じく，代物弁済，弁済供託，相殺等，弁済と同じ機能を果たすものを含む。

(ii) 任意代位の要件 任意代位が成立するためには，①債務者のための弁済により求償権を取得した者が(501条)，②弁済と同時に債権者の承諾を得ること，を要する。

弁済と同時に債権者の承諾を要するとしたのは，本来なら，弁済と同時に債権や担保権は消滅するはずであるが，にもかかわらず，弁済後の債権者の承諾を認めると，債務者や第三者の利益を不当に害することになるからである。この債権者の承諾は，債権者の有する権利が法律上移転することに対する承諾であって，債権譲渡の意思表示をなすものではない。しかし，この任意代位の場合は，法定代位の場合と異なり，債務者には代位が行われたかどうか不明であるから，民法は指名債権譲渡に関する規定(467条)を準用した(499条2項)。すなわち，弁済者が債務者に対して代位を対抗するためには，債権者から債務者に対して代位の通知がなされるか，または代位について債務者の承諾がなければならない。また弁済者が債務者以外の第三者に代位を対抗するためには，確定日附のある書面をもって右の通知または承諾がなされなければならない(499条2項)。しかし，任意代位と同様の機能は，債権や担保権を譲渡することによりその機能を果たすこともでき，実際にも譲渡によりなされている。

(3) 弁済による代位の効果

(a) 代位者と債務者との関係 代位者Cと債務者B間の効力の中心は，任

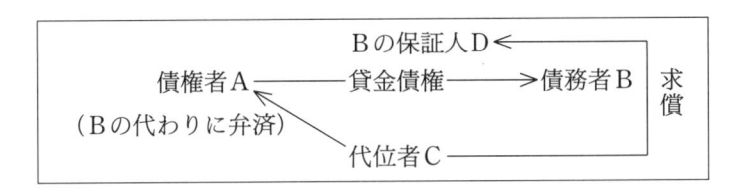

```
┌─────────────────────────────────────────────┐
│              Bの保証人D ←                    │
│  債権者A ────── 貸金債権 ──────→ 債務者B   求│
│ (Bの代わりに弁済)                            償│
│              代位者C ───────                 │
└─────────────────────────────────────────────┘
```

意代位，法定代位の両者とも代位者が自己の権利にもとづき求償をなすことを得べき範囲内において，債権の効力および担保としてその債権者Aのもっていた一切の権利が代位者に移転することである。したがって，代位者は債務者に対し，この移転されたすべての権利を行使することができる（501条本文）。つまり，代位者はそれぞれの求償権の基礎においてこれを行使するか，または求償権の範囲内でこれらの権利を行うかの選択権をもつことになる。

「債権の効力として債権者がもっていた権利」とは，現実的履行請求権，損害賠償請求権，債権者代位権，詐害行為取消権とそれに付随する権利・権能のすべてのことである。契約取消権や解除権など，契約当事者としての地位に附随する権利であり，債権の効力として生ずるものは含まれない。

また，「担保として債権者がもっていた権利」とは，物的担保のみならず保証債務などの人的担保も含まれる（例外，398条ノ7第1項）。さらに，ここでの担保権は典型担保に限らず，仮登記担保，譲渡担保等の非典型担保も含まれる（最判昭41・11・18民集20巻9号1861頁）。したがって，Bの保証人Dに対して保証債務の履行を請求できる。なお，代位の対象が不動産の担保物権の場合，代位者は，債権者に対し，代位の附記登記の請求か（不登124条），それに代え譲渡の附記登記を求めることができる。

　(b)　一部代位の場合　　弁済者が債権の一部を弁済すれば，代位者はその弁済した価額に応じて債権者とともにその権利を行う。これを一部代位という（502条1項）。

たとえば，AのBに対する1,000万円の債権をCが700万円だけ一部弁済した場合，Cは700万円だけを代位してAの残債務300万円分と共にAの権利を行使することになる。この「債権者と共に権利を行う」とは，一般に，弁済者と債権者のいずれも互いに優先せず，各自独立して，ただその分配については比例的になされるという意味であると解している。しかし，債権者がその権利を行使

する場合だけこれとともに代位でき，その分配にあたっては，債権者に優先されると解すべきであろう（フランス民法は，債権者を害することができない（1252条），ドイツ民法は，債権者を害する効果を生じさせてはならないと規定している）。

　(ｲ)　抵当権の実行と競落代金の配当　　抵当権の実行については，単独行使説と共同行使説がある。通説は，共同行使説である。判例は，代位者は債権者と平等の立場に立って権利の共同行使を行うことができ，またもし債権者の権利が可分であるときは，別個に権利を行使することができるとする。判例には，上記(ｱ)の例において代位者は代位した範囲内で単独に抵当権の実行もできると解されているが（大判昭6・4・7民集10巻535頁），現在では，債権者との共同行使，債権者への優先配当説が有力である[1]。

　(ﾛ)　契約解除権等の行使　　一部代位があった場合，債権者，債務者間の契約解除権などは，契約当事者である債権者のみが行使することができ，もし債権者が行使した場合には，債権者は代位弁済者に対しその弁済した金額に利息をつけて償還しなければならない（502条2項）。弁済者が債権者に代位できる権利が，債権の効力としてのそれであり，債権を発生させた契約における当事者の地位ではないことからして当然のことである。

　(c)　法定代位者相互の関係　　弁済をするについて正当な利益を有する者（法定代位者）が多数あるときは，その相互間の優劣を一定にしておかないと先に弁済した者が不当な利益を得るような結果が生ずるおそれがある。そこで民法は，各自の求償権について，その保護すべき必要に応じて代位の順序と割合とを詳細に定めた（501条但書）。なお，これ以外に，各自の負担部分についてのみ代位する，不可分債務者相互間（430条）・連帯債務者相互間（442条），頭数に応じて代位する保証人相互間（456条），他の債務者の負担部分について代位する，連帯債務者または不可分債務者の1人のために保証をなしたものと他の債務者間（464条）がある。

---

(1)　寺田正春「一部代位における債権者優先主義」金融法研究資料編(3)85頁以下。

【展開講義　23】　一部弁済による代位の効果（「弁済した価格に応じて債権者とともに権利を行う」とはどのようなものか）

　一部弁済の場合には一部代位が生ずる。では，一部弁済の場合に保証人が単独で担保権を実行できるか。判例には，代位者は弁済の範囲で単独にその抵当権を実行でき，かつ債権者と平等の立場に立つとの見解もある。しかし，①「債権者と共にその権利を行う」とは，債権者と共同で行使しなければならないとの意味であること，②単独で実行できることを肯定すると，抵当権者は担保物の処分を強いられる結果になり，担保権不可分の原則に反すること，③弁済による代位の制度趣旨が，代位者の求償権の確保にあること，さらに，④準共有の規定が民法251条共有物の変更規定を準用していること（各共有者ハ他ノ共有者ノ同意アルニ非サレハ共有物ニ変更ヲ加フルコトヲ得ス）等より，否定する考えがある。後者を支持したい。

　さらに問題は二つある。①代位の対象たる担保権の実行により，売却代金が債権者と代位者双方の債権全額を満足できない場合の優劣関係，②一部代位した代位者は担保権の実行は単独でできるのか，である。前者の問題は，債権者と弁済者の優劣は後者は前者に劣後する。後者の問題は，通説はできないとする。

　保証人と不動産の第三取得者間
　(1)　保証人が弁済した場合

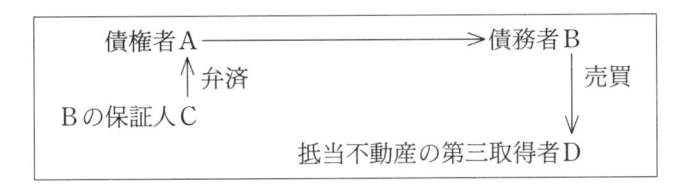

```
債権者A ──────────→ 債務者B
  ↑弁済               │売買
  │                   ↓
Bの保証人C      抵当不動産の第三取得者D
```

　(イ)　法律構成　　債務者Bの保証人Cと担保不動産の第三取得者Dとの間では，「予メ」，先取特権，不動産質権，または抵当権の登記にその代位を附記しておけば，それらの権利の目的となっている不動産の第三取得者に対して代位できる（501条1号）。保証人は通常担保物の存在を頼りに保証するのだからである。ここにいう第三取得者とは，担保目的物につき所有権，地上権，永小作権を得た者を指し，後順位担保権者を含まない（大判昭7・12・21新聞3516号9頁）。

　(ロ)　「予メ」の時期　　「予メ」がどの時期を標準とするかは，規定上明らかでない。かつて学説は，第三取得者の権利取得の前後を問わず「弁済前の意」であるとする説と，弁済の前後を問わず第三取得者の

「権利取得前の意」であるとする説が対立したが、後者の説が多数をしめ、判例もこの見解に従ってきた（大判昭6・10・6民集10巻889頁）。しかし、保証人の弁済前に第三取得者が担保不動産を取得し、その後保証人が弁済した場合、第三取得者は登記簿上抵当権の存在を確知することができ、当然その負担を覚悟すべきであり、その後の附記登記により代位せられても、不測の損害を蒙ることはなく、その代位の附記登記がなければ保証人は第三取得者に代位しえないとはいえない。

以上のことから、保証人が「予メ」登記しなければ代位することのできない第三取得者とは、代位者の弁済後にその不動産を取得し登記をした第三取得者だけであるといえる。そしてその場合の「予メ」の時期とは、「弁済後の第三取得者の登記前」ということである。判例も「弁済後に目的不動産を取得しようとする第三取得者に対しては予め代位の附記登記をする必要があるが、第三取得者の取得後に弁済する保証人は……附記登記を要しない」とした（最判昭41・11・18民集20巻9号1861頁）。

(2) 第三取得者が弁済した場合　　第三取得者Dは保証人Cに対し債権者に代位できない。その理由は、第三取得者は、担保の負担を承知の上で該不動産を取得したのであり、かつ、また代価弁済（377条）や滌除（378条以下）等の諸制度によって保護されているからである。

(d) 第三取得者と物上保証人相互間　　第三取得者の一人または物上保証人の一人は、他の第三取得者または物上保証人に対して、各不動産の価格に応じて他の者に対して代位することができる（501条但書3号・4号）。

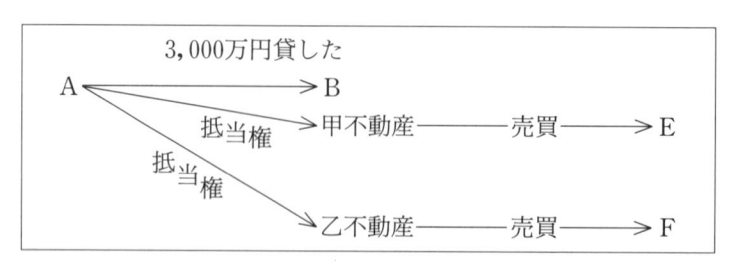

```
            3,000万円貸した
        A ─────────────→ B
         ＼    抵当権
          ＼     ─→ 甲不動産 ──── 売買 ──→ E
           ＼抵当権
             ─────→ 乙不動産 ──── 売買 ──→ F
```

たとえば、3,000万円の債権を担保するため甲・乙両不動産に抵当権が設定

され，甲不動産はEに，乙不動産はFにそれぞれ売り渡された場合，E・FがともにBの債務を弁済した後，債権者に代位し抵当権を行いうる立場にある。それなのに，早く弁済した方が，求償権の全部について他方の不動産について抵当権を行いうるとしたのでは不公平なので，甲不動産が2,000万円，乙不動産が1,000万円だとすれば，その価格に応じ，Eが弁済すれば2,000万円，Fが弁済すれば1,000万円の限度で抵当権を行いうるものとしたのである。

(e) 保証人と物上保証人間（図1参照）

(イ) 保証人と物上保証人間　保証人と物上保証人の間では，頭数に応じて債権者に代位する（501条5号）。たとえば，債権者A，債務者Bの3,000万円の貸金債権につき，Cが保証人，Dが物上保証人となった場合，Dが弁済し担保権を実行するにしても，また，Cが弁済して保証債務の履行を求めるにしても，頭数に応じ1,500万円を限度とする。

(ロ) 保証人と物上保証人を兼ねる者の負担（図2参照）　物上保証人であるDが保証人をも兼ねていた場合，頭数を一人，すなわち，単一の資格者とみて計算してよいのか，あるいは二人として（各資格を有する独立したものとして）計算するのかは問題である。学説には，より重い負担を引き受けた者は，より重い出捐もいたしかたないとして，二人として計算すべきとの見解，二重資格ある者にどの資格によるかを選択させるべきとの見解もある。多数説・判例は，頭数を一人とみて計算し，単一資格とみる（大判昭9・11・24民集13巻2153頁，最判昭61・11・27民集40巻7号1205頁）。したがって，設例図では，保証人と物上保証人の間の場合と同様となる。

(ハ) 物上保証人が数人あるとき　物上保証人が数人あるときは，保証人の負担部分（頭数比による）を除いた残額について各財産の価格に応じて代位することができる（501条但書5号）。たとえば，1,000万円の債務について，A・Bが保証人となり，Cが1,200万円の財産を，Dが450万円の財産を，Eが150万円の財産を担保に供したときは，保証人A・Bの負担部分400万円（1,000万×

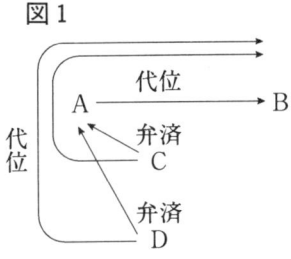

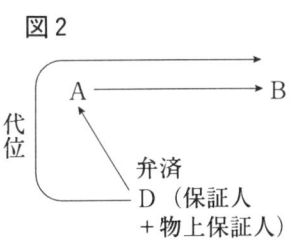

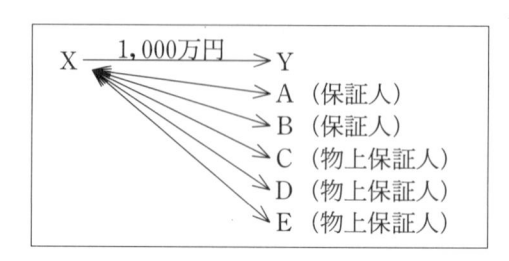

```
            ┌──────────────────────────┐
            │ X ──1,000万円──→ Y        │
            │      ╲ ╲ ╲ ╲ ╲→ A（保証人）│
            │        ╲ ╲ ╲ ╲→ B（保証人）│
            │          ╲ ╲ ╲→ C（物上保証人）│
            │            ╲ ╲→ D（物上保証人）│
            │              ╲→ E（物上保証人）│
            └──────────────────────────┘
```

2/5）を除いた残額600万円について，C・D・Eの各財産の価格比によってCに対しては400万円，Dに対しては150万円，Eに対しては50万円について代位することができる。なお，右のC・D・Eの財産が不動産であるときは，保証人が代位するためには前と同じく予め附記の登記（不登124条）をしておかなければならない。

　㈡　共同抵当の一方が物上保証の場合における物上保証人と他方不動産の後順位者との関係　判例によれば，物上保証人は後順位抵当権者に対し代位できるが，後順位抵当権者は，抵当権に対し代位できないという（最判昭44・7・3民集23巻8号1297頁）。

　(f)　代位者と債権者との関係　(イ)　債権証書と担保目的物の交付義務
債権者は，代位者に対して，代位した権利の行使を容易にしてやるべき義務を負っている。すなわち，債権者は，代位の通知をなし（499条2項），代位の附記登記に協力しなければならない（501条但書1号・5号）。さらに全部の弁済をなした代位者に対しては債権に関する証書およびその占有にある担保物を交付しなければならない（503条1項）。

　㈡　一部代位　一部の弁済をなした代位者に対しては，債権証書にその代位を記入したうえ，代位者に自分の占有にある担保物の保存を監督させなければならない（503条2項）。のみならず，まだ弁済による代位なき間でも，法定代位をなしうる者ある場合には，債権者は，さらに代位者のために担保物の保存をなすべき義務を負い，法定代位をなしうる者ある場合に，もし債権者が

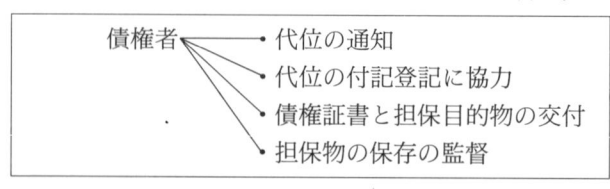

```
┌────────────────────────────────────┐
│ 債権者 ─→ 代位の通知                │
│       ─→ 代位の付記登記に協力       │
│       ─→ 債権証書と担保目的物の交付 │
│       ─→ 担保物の保存の監督         │
└────────────────────────────────────┘
```

故意または懈怠によって担保を喪失または減少したときは，代位をなしうる者は，これによって償還を受けることができなくなった限度において債権者に対する責任を免れることとなる（504条）。

4 弁済受領者

──────◆導入対話◆──────

学生：先日，私の知人が，財布ごとカードも一緒に落としてしまったんです。
教師：そりゃたいへんだったね。すぐに，警察とカード会社にそのことを届けたんだろうね。
学生：それが……ひょっとして，家に忘れたのかもしれないと思って，その日一日，何もしなかったんです。そして，翌日，銀行にその旨を届けたら，もう既に，銀行預金が下ろされてしまっていたんです。この場合，再度，銀行に，自分の預金だからといって，預金を返却してもらえないんですか。
教師：たしかに預金者でない者が，預金を引き下ろしに来たのだから，本当の預金者に再度，支払うべきとも言えなくもないね。でも，そうしたら，銀行は二重払になってしまうよね。どうだろうか。
学生：それはそうだけど……

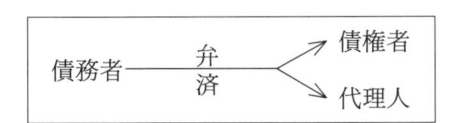

```
                    ┌→ 債権者
債務者 ──弁済──┤
                    └→ 代理人
```

4.1 債　権　者

弁済を受領する権限のある者は原則として債権者またはその代理人である。しかしこれには二つの例外があり，債権者にも弁済受領の権限が制限されていることがある。すなわち，債権者が弁済受領の権限を持たない場合と，債権者以外の者が受領権限を有する場合である。

(1) 債権者が弁済受領の権限を持たない場合

第一は，債権者の債権が，自分の債権者から差押を受けている場合（143条以下，481条）である。たとえば，A（債権者）がB（債務者）に対する売掛代金1,000万円の取立のためBのC（第三債務者）に対する貸金債権1,000万円を

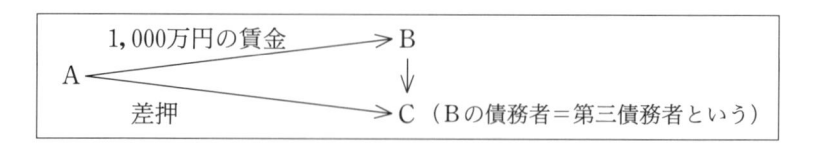

```
         1,000万円の賃金    ┌→ B
                      A ─┤   ↓
         差押          └→ C （Bの債務者＝第三債務者という）
```

差し押えると，Bはもはや C に対する右貸金債権の弁済を受領する権限を失い，C も B に対して弁済することができなくなる。ところがそれにも拘らず，C が B に弁済すると，A は，その損害を受けた限度において C の B に対する弁済の効力を否認し，自分に対して弁済をするよう C に請求することができない（481条1項）。これでは C は A に対して二重払をしなければならなくなる。もっともそうなれば C は B に対し無効となった弁済について求償権を行使することはできるが（481条2項），A からの請求を拒むわけにはいかない。

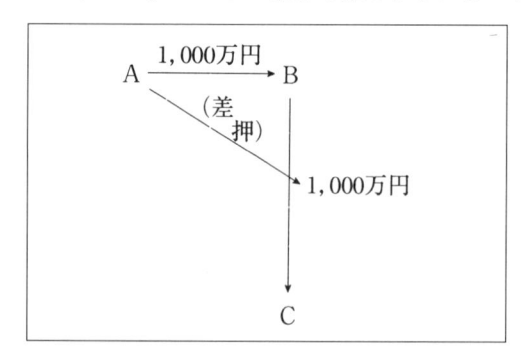

```
              A ──1,000万円──→ B
               \                ↓
                (差押)          ↓
                  \             ↓ 1,000万円
                   \            ↓
                    →           ↓
                                C
```

第二に，債権を質入れした債権者（363条以下），第三は，債権者が破産宣告を受けたとき（破7条）も同様である。

(2) 債権者以外の者が受領権限を有する場合

代理人や，債権質権者，取立命令を得た債権者である。

4.2 弁済受領権限のない者への弁済

弁済受領の正当な権限のない者へいくら弁済しても弁済としての効力は生じない。しかし民法は，弁済の安全を考慮し，取引の敏速・安全を図るという立場から，次の各場合を例外として，とくに弁済受領権限のない者への弁済が有効となるとしている。

4.3 債権の準占有者に対する弁済

(1) 意義と立法趣旨

債権の準占有者に対する弁済は，弁済者が善意の場合に限り有効である（478条）。**債権の準占有者**とは，取引の通念上，真実の債権者と信じさせるような外観を有する者をいう。たとえば，債権証書の持参人（預金証書と印鑑，恩給証書等を所持する者），表見相続人，無効な債権譲渡の事実上の債権譲受人などである。これは，債務の弁済という日常取引において，いちいち受領者にその資格があるか否かを審査するのは不可能であり，取引の安全を保護する意味もあって，一定の要件の下にその弁済を有効としたのである。

(2) 債権者の詐称代理人への弁済

債権者の代理人と称して（詐称代理人）受領する場合はどうか。判例は，これを肯定する（最判昭37・8・21民集16巻9号1809頁，同旨・最判昭41・10・4民集20巻8号1565頁，最判昭42・12・22民集22巻10号2613頁）[1]。

多数説は，準占有の主観的要件である「自己ノ為メニスル意思」は必ずしも自己の債権として行使する意思のみならず，債権者の代理人として行使する意思をも含む広範な概念であるのみならず，占有に代理占有がある以上準占有に代理占有がないとする理由はないこと，および，取引安全の見地より，受領者が本人と称するか代理人と詐称するかで弁済者の保護を区別する理由もないこと，の二点をあげて肯定する[2]。これに対し，本条にいわゆる準占有は205条の準占有とは関係なく，独自の法的構成によるべきであるとするもの[3]，表見代理の線で解決すべきであるとするもの[4]，などがある[5]。

(1) これら表見的債権者への弁済についての理論的流れを記述するものとして，中舎寛樹「表見的債権者と弁済」民法講座(4)305頁以下参照。
(2) 我妻・講義Ⅳ278頁。
(3) 川島武宜・所有権法の理論（昭24）61頁，杉之原・判民昭和2年度62事件。
(4) 来栖三郎「債権の準占有と免責証券」民商33巻4号482頁。
(5) 詳しくは，注民(12)・82頁以下〔澤井裕〕参照，下森定・債権法論点ノート173頁。

【展開講義 24】「準占有者」には債権者の代理人と称して債権を行使するものを含むか

債権者の代理人と称して債権を行使する者も478条にいう債権の準占有者にあたるか。

478条が準占有者を弁済受領権限者と信じた弁済者を保護する制度であるのに

対し，205条は準占有者を保護するものであって，両者は別の制度ではないかとの考えもある。

その点で，表見代理によって処理すべきだとの主張がある。

しかし，そのためには本人（債権者）に何らかの帰責事由が必要となり，債権者の代理人と称した場合には，弁済者が保護されることは少なくなる。

そもそも，表見代理がこれから新しく代理行為をする場合の本人と相手方の調整である。これに対し，

① 既存の債務を弁済する場合の弁済者保護の制度である478条においては，外観法理の表れであり，代理人と称した場合にも有効な弁済になりうるとの外観があること，

② 表見代理を適用するより弁済者の保護が厚くなるのは代理人には弁済受領の権限が通常あること，弁済者は弁済すべき義務ある者であり，急いだ弁済もやむをえないこと，が理由としてあげらる。したがって，弁済者には外観法理の適用上，善意・無過失であれば，表見受領者が債権者本人と称しようと代理人と称しようと区別する必要はないといえる。なお，真実の債権者本人に過失その他の帰責事由が必要であろうか。公信の原則上，本人に帰責自由なき場合に弁済を肯定するわけにはいかないとの理由から，必要説を支持したい（外観法理を考えれば，本来帰責事由を要求するほうが筋であろう）。

──────────────────────────────────────

(3) 「善意」の意味と無過失要件の要否

ここにいう「善意」とは，単に準占有者に弁済受領の権限がないことを知らないというだけでなく，受領の権限があると信じたことを要すると解される。ところで弁済者に善意の外に無過失を要するかは争いがある。債権者である外観を信じて弁済した者を保護する制度目的ならびに，いわゆる表見法理（表見代理─109条ないし112条，即時取得─192条）から，および，明文にはないけれども480条との均衡上，この478条の適用を受けるためには弁済者の無過失も必要と解されている（前掲・最判昭37・8・21）。

問題はどのような基準でこの過失の有無を判定するかである。結局，どのような債権につき，どのような者が債権者と称して弁済を受けたか，その取引はどのようなものであったか，具体的取引でどのような事情があったかなどを総合判断するしかないと考えられる（参考判例として，最判昭41・10・4民集20巻

8号1565頁，最判昭42・12・21民集21巻10号2613頁がある）。なおこの準占有者に対する弁済が有効となった場合には，真の債権者は受領者に対し不当利得としてその受領額の返還を請求できる。

【展開講義　25】　準占有者への弁済が有効になった場合に，弁済者は準占有者に対し返還請求できるか

　返還請求できないとするのが判例・通説である。すなわち，準占有者への弁済が有効であるときは債権が消滅するのだから，弁済者は準占有者（受領者）に対して非債弁済として返還請求はできず，真の債権者が受領者に対して不当利得にもとづく返還請求，または不法行為にもとづく損害賠償請求をすることになるという。しかし，弁済者は，真の債権者から弁済を請求された場合に必ずしも勝訴するとは限らないのであるから，むしろ弁済者に準占有者（受領者）に対する返還請求を認めたほうが合理的であるとして478条を真の債権者に対する抗弁権を認めたにすぎないものと解すべきだとする有力説がある。

【展開講義　26】　民法478条の相殺への類推適用は可能か，その要件はどのようなものか

　たとえば，AのB銀行に対する定期預金通帳と届出印を盗み出したCが，この定期預金を担保として相殺予約の方法でB銀行から貸付を受けた場合に，478条の適用があるかが問題となる。判例（最判昭59・2・23民集38巻3号445頁〔民法判例百選II 39事件〕）は，これを期限前の解約払戻しの場合と経済的には同じであるとして，同条の類推適用を認めている（最判昭48・3・27民集27巻2号376頁）。問題となるのはBの善意・無過失の要件が貸付時にあればよいのか，相殺時にも必要であるか。なお，貸付時に認められれば，相殺時には不要と解しているものもある（最判昭59・2・23民集38巻3号445頁〔民法判例百選II 39事件〕）。この場合の相殺は，いわば担保権の実行にあたり，担保権の設定時である貸付時で判断すべきであるという。

4.4　受取証書の持参人に対する弁済（480条）

　受取証書の持参人は，通常，債権者から弁済受領権限を与えられている者であり，そのものの受領について，たまたま無権限であったとしても，弁済者が

善意(持参人に弁済受領の権限がないことを知らないこと),無過失(弁済受領の権限がないのを知らないことにつき過失がないこと)で弁済した限り,こうした債務者を保護する必要と,簡易迅速な弁済処理のために有効な弁済とした(480条)。受取証書とは,弁済の受領を証する文書である。必ずしも債権者の名義であることは要せず,権限ある代理人の名義でもよい[1]。

しかし,この受取証書は,取引の安全保護の要請と真実の債権者の静的安全の要請を調和させるために,真正な受取証書でなければならないと解されている。もっとも,受取証書の作成権限のない者が作成したものであっても,表見代理の適用がされるような関係の者が作成した受取証書であれば,それは真正な受取証書とみなされ,その適用を受けることができると解されている。したがって,表見代理の適用もないような偽造の受取証書の所持人に対する弁済は,絶対に効力を生じない。なお,受取証書が偽造のものであっても,他の事情から総合して,持参人について債権の準占有者と認められる場合は,478条の適用が問題となる。

---

[1] 我妻・講義IV281頁。

━━━━━━━━━━━━━━━━━━━━━━━━━━━━━━━━━━

【展開講義　27】　受取証書が偽造である場合であっても,その持参人は準占有者として扱えるか

　たとえば,銀行預金の通帳の印鑑と払渡金受領証に押捺された偽造印が酷似し,銀行員が相当の注意を用いてもその相違を発見することができず,その他正当な請求であることを疑うに足る事情のないとき,判例は,478条による払戻しは有効であるという(大判昭16・6・20民集20巻921頁)。

━━━━━━━━━━━━━━━━━━━━━━━━━━━━━━━━━━

4.5　証券的債権証書の持参人に対する弁済

流通性の強い証券的債権,すなわち無記名債権,指図債権,記名式所持人払債権の債権証書の所持人に対する弁済は,弁済者に悪意または重過失のない限り有効となる(470条・471条)。

4.6　債権者に利益ある弁済

以上の例外を除いて（前述4.3, 4.4, 4.5の三つがある），弁済受領の権限のない者の弁済は無効である。しかし，たとえば，Cが，家主Aのために事務管理者として借家人Bから家賃を受領し，これをCのAに対する債権の弁済に充てた場合，理論的には，Cには家賃の弁済受領権限がないから，BのCに対する弁済は無効であり，BはCに対しいったん家賃として支払った金額を不当利得として返還の請求をし，他方CはAに対する債権を行使することになる。しかしこれではいかにも迂遠である。そこで，受領者側の利益の帰属を根拠として，簡易決済を目的に，民法は，その弁済によって債権者が利益を受けた限度において，すなわちこの場合，CのAに対する債権の弁済に充てた限度でBのCに対する家賃の弁済は有効となるもの，と定めた（479条）。判例には，運賃を受領する権限のない船長がこれを受領し更改に必要な費用に充てたものがある（大判昭18・11・13民集22巻1127頁）。つまり弁済として受領したことと債権者の利益との間に因果関係があれば，その債権者の利益を受けた限度で弁済は効力を生ずる。

5　弁済の充当

5.1　弁済の充当の意義と趣旨

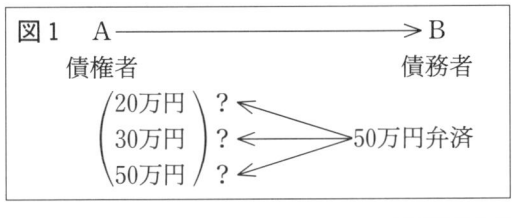

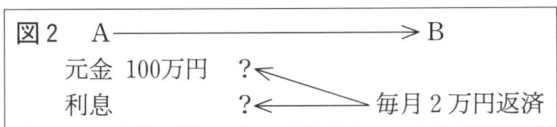

```
図1    A ─────────→ B
       債権者              債務者
       ⎛20万円⎞ ?←
       ⎜30万円⎟ ?←──── 50万円弁済
       ⎝50万円⎠ ?←
```

```
図2    A ─────────→ B
       元金 100万円  ?
       利息         ?←──── 毎月2万円返済
```

債務者Bが同一の債権者Aに対し，図1のようにたとえば20万円，30万円，50万円など同種の目的を有する数個の債務を負担する場合（488条）とか，図2のように，100万円の借金を，毎月2万円ずつ支払う場合など一個の債務の

弁済として数個の給付をなすべき場合（490条），弁済として提供した金額がその全債務を完済するには不足しているとき，利息や担保の有無，履行期到来の有無などによって，数個の債務のうちのどの債務にこれを充てるかは，当事者に重大な利害関係があり，これをどの弁済に充てるかを決める必要がある。このあてはめを**弁済の充当**という。

5.2 弁済充当決定の方法

(1) 当事者の意思による充当

契約により，弁済者と弁済受領者との間の契約によって充当すべき債務を決定できることは当然である（充当契約という）。右特約のない場合，弁済者の利益を考慮して以下のように定めている。第一に，弁済者は，弁済の際に給付をどの債務に充当するかを指定できる（488条1項）。ただし，この指定は給付と同時になすことを要する。後日の指定は混乱をもたらすおそれがあるからである。第二に，弁済者が指定をしないときは，弁済者がこの権利を放棄したものとみなし，受領者がこの指定を行うことができる（488条2項）。ただし，受領と同時（受領の後遅滞なく）になすことを要し，かつ，これに対して，弁済者がただちに異議を述べた場合は，この充当権の放棄をしなかったことになるが，改めて弁済者の指定権が復活するのではなく，以下の法定充当による。充当契約によらず，第一，第二の一方当事者による充当の指定方法は，いずれも相手方に対する意思表示で行う（488条3項）が，充当契約の場合と異なり制限がある。

```
弁済の順位：費　用　→　利　息　→　元　本
```

すなわち，債務者が，一個または数個の債務につき元本のほか利息および費用を払うべき場合には，まずすべての費用に，ついですべての利息に，そして残余があれば元本に，順次充当すべきものとした（491条1項）。そして，数個の費用および数個の利息においては，次に述べる法定充当の順序によるべきものとした（同条2項）。これらについては，一方当事者の意思によって右の法定の順序を変更することはできない。

(2) 法定充当と「債務者のために弁済の利益の多いもの」を定める標準

当事者が充当の指定をしないときまたは弁済受領者の指定に対して弁済者が

遅滞なく異議を述べたときは，法律の定める次の順序により充当することになる。これを法定充当という（489条）。

第一に，総債務の中，弁済期の到来したものと未到来のものがある場合には到来したものを先にする（同条1号）。

第二に，総債務が弁済期未到来のものと弁済期を過ぎているものの相互間では，債務者のために弁済の利益の多いものを先に（同条2号）充当する。何が債務者にとって有利かは総合的に判断される。判例には，無利息債務より利息付債務が（大判大7・10・19民録24輯1987頁），低利率の債務より高利率の債務が（大判大7・12・11民録24輯2319頁），無担保債務より担保付債務が（大判明40・12・13民録13輯1200頁）原則として債務者のために弁済の利益が多いとする。保証付債務，物上保証付債務と単純債務とでは差はないとする見解が有力である（保証付債務と単純債務について，大判大7・3・4民録24輯326頁がある）。

第三に，債務者にとって弁済の利益が同じであれば，先に弁済期が到来しているものまたは先に到来するものを先に充当する（同条3号）。

第四に，以上の標準において何ら差のないものの間においては，各債務の額に応じてこれを充当する（同条4号）。

5.3 弁済の証拠

弁済によって債権債務は消滅する。しかし，後日，債権の存否について紛争が生じたときは，弁済者の方で弁済ずみであることを積極的に立証しないと二重弁済しなければならない危険が生ずることから，弁済者は，弁証の証拠を確保しておく必要がある。

(1) 受取証書交付請求権

弁済者は，弁済受領者に対して弁済と引換に受取証書の交付を請求することができる（486条）。これは弁済の証拠となるものであるから，社会通念上適当なものであればよく形式を問わない。受取証書の作成交付の費用は債権者の負担である。弁済と受取証書の受領とは同時履行の関係に立っていると解されている（大判昭16・3・1民集20巻163頁）。なお，一部を弁済した場合においても同じく交付を請求できる。

(2) 債権証書返還請求権

契約書など債権の証書がある場合，全部の弁済をしたときはその証書の返還

を請求することができる（487条）。弁済以外のたとえば相殺，免除などの原因で債権が消滅したときも同様である。債権証書とは借用書のような債権成立を証する証書である。全額の弁済がなされた場合であるが，債務者の提供した金額に少額の不足があるにすぎないときは，債権者はこの証書の返還を拒否できない（大判昭9・2・26民集13巻366頁）。この制度趣旨は，債権証書が依然債権者にあるときは，さらに弁済を請求されるおそれがあり債務者のこの危険を免れさせる必要があるからである。その性質は不当利得であるとされている。したがって，債権者がこの証書を紛失した責任は発生しないし，受取証書の場合と異なり，証書返還と弁済とは同時履行の関係（533条）に立たない。以上のことから，証書の返還義務者は債権者とは限らない。なお，証書返還の費用は債権者の負担となる。

6　代物弁済契約

◆　導入対話　◆

学生：債務の弁済について，代りの物で弁済してもよいと聞いたのですが，それはどのようなことですか。
教師：代物弁済契約とは，たとえば1,000万円の債務の代りに土地・建物を給付して債務を免れるように，債務者が債権者の承諾を得てその負担した本来の給付に代えて他の給付をなすことによって債権を消滅させる債権者と債務者（弁済者）間の契約であって，弁済と同一の効力を生ずるものをいうんです。

6.1　代物弁済の意義

(1)　法 的 性 質

代物弁済契約とは，たとえば1,000万円の債務の代りに土地・建物を給付して債務を免れる場合のように，債務者が債権者の承諾を得て，その負担した本来の給付に代えて他の給付をなすことによって債権を消滅させる債権者と債務者（弁済者）間の契約であって，弁済と同一の効力を生ずるものである（482条）。代物弁済契約は，条文の文言に「他ノ給付ヲ為シタルトキ」とあるように，本来の給付に代わる他の給付を現実に行われなければならない。したがっ

て単に，他の給付をなす旨の約束によって債権を消滅させる「更改（513条以下）」とは異なる。すなわち，両者はいずれも本来の給付に代えて他の給付をなすことによって債権を消滅させる契約である点では同じく債権消滅の原因である。しかし，更改契約は代物弁済契約と異なり，その成立要件としては他の給付をなすことを約するだけで足り，現実の給付まで必要としない。つまり代物弁済契約と更改契約の本質的差異は，その成立（他の給付行為）によって，本来の債務が消滅させられるか否かである。たとえば，前例では貸金債務に代えて不動産の所有権を移転しようとするときは，単にその旨の意思表示をするだけでは足りず，登記と引渡を現実に完了しなければ代物弁済とはならない。そうしたことから代物弁済契約は，売買類似の有償契約であり，要物契約である。代物弁済は契約であるから，弁済と異なり，行為無能力者はこれを有効にすることができない。なお，代物弁済は，原則として，あらゆる債務について有効になしうるが，株金の払込債務については，資本充実の原則より許されない（大判昭2・3・14評論16巻商219頁）。

(2) 機　　能

代物弁済は実際，消費貸借契約の際，ある不動産に抵当権を設定し，さらに代物弁済の予約をそのものについてなすことが多い。すなわち，これによって，「予約」という形で強力な担保的作用を営む。これを実質的に見ると，流抵当特約がなされたと同一になり，目的物が動産の場合には流質を認めることとなる（民法は流質契約を禁止している。349条）。

また，一定期日までに支払われなければ代物弁済をするという停止条件付代物弁済契約は，強い効力を有するいわゆる譲渡担保と同一の機能を果たすことになる。以上の点より，この予約の効力は後述のように（同条2項）検討を必要とする。

6.2　代物弁済の要件

代物弁済契約の成立要件としては，

　　第一に，債権の存在すること，

　　第二に，本来の給付と異なる他の給付が現実になされること，

　　第三に，他の給付が弁済に代えてなされること，

　　第四に，「債権者ノ承諾ヲ得テ」あること，

である。

(1) 債権の存在すること

代物弁済が債権が存在しないにもかかわらずなされたとき、その給付されたものの所有権はどうなるか。学説の争いはあるが、債権の存在せざるときは目的物の移転の効力は生じないと解すべきである。

(2) 本来の給付と異なる給付が現実になされること

代物弁済は要物契約である。給付の内容は、給付の種類、価値の大小は問われない。ただ、あまりに過大な代物給付は、公序良俗違反か否かが問われる（90条）。

(3) 他の給付が弁済に代えてなされること

第三の要件に関連して問題となるのは、既存債務の弁済手段として手形小切手を交付する場合である。たとえば、買主が売主に対する100万円の売買代金債務を支払おうとして額面100万円の手形を振り出し交付したとき、この手形の授受により100万円の代金債務は消滅したことになるのかである。これには、

① 手形の授受のときに100万円の代金債務は消滅したものとする、

② 手形を授受してもそれが決済される（手形が落ちる）までは代金債務も消滅しないことにする

との二つの合意であることが考えられる。しかし、どのような合意をしてもそれは当事者の自由であり、結局当事者の意思によって決める外はない。そこで問題は、当事者の意思が不明な場合にどう解釈するかである。もともと手形は、その機能は現金同様であるが、一般的にみて支払期日に必ず決済されるとは限らず不渡になる危険性も多い。したがって、代金支払の手段として手形を振出交付する場合の当事者の意思は、通常の場合、上に述べた②の合意、つまり手形の授受があっても既存の代金債務は直ちには消滅させない、換言すれば手形の授受は売買代金支払のためになされたにすぎないものと推定するのが妥当である（大判大11・4・8民集1巻179頁、異説がある）。

したがって、代金100万円の支払に代えて手形を振り出そうとするときは、例外的な場合であり、とくにその旨の合意が明確になされなければならない。この場合には、もし手形が不渡になったとしても、債権者は手形法上の権利を行使することは格別、いったん消滅してしまった代金債権を行使することはも

はやできない。では，この支払に代えて手形が授受される例外的な場合に，既存債務が消滅するのは，代物弁済契約として消滅するのか，更改契約として消滅するのか。たしかに，513条2項後段は「債務ノ履行ニ代ヘテ為替手形ヲ発行スル亦同シ」と規定し，更改契約として消滅することを規定している。しかし，もし，既存債務が何らかの原因で無効となりあるいは取り消されたにもかかわらず誤って手形が授受されたようなとき，この手形債務も成立しないとすると，手形の無因性という手形法の理論を根本的に覆すことになる。そこで，代物弁済契約として消滅する，と解するのが判例（大判大6・6・9民録23輯949頁）・通説である。

(4) 「債権者ノ承諾ヲ得テ」あること

代物弁済が当事者の合意による債権消滅の原因であることは当然であり，代物弁済の合意が通常，債務者からその意思表示がなされることにより，債権者の承諾という形で生ずる。

(5) 弁 済 者

第三者による代物弁済も債権者の承諾があれば，当然有効である。

6.3 代物弁済の効果

(1) 債権の消滅

代物弁済契約は要物契約であり，代物が給付されたときに契約として成立する。いいかえれば，契約が成立したときには，すでに代物は給付ずみであるから，代物弁済契約は債権消滅原因の一つとして，弁済と同一の効力を生ずる（482条）。

(2) 代物弁済の目的物の本来の給付との差額

本来の給付と代物弁済の目的物の価額に差があるときは，本来なら清算すべきである（不当利益）。しかし，たとえ本来の給付（たとえば1,000万円の借金）と給付された代物の価額（たとえば時価1,500万円の不動産）に差額があっても，代物弁済契約によって債権債務は代物の価額と関係なく消滅し，債権者がその差額500万円を弁済者に清算して返還する必要はない。これが代物弁済の本来の効果である。

(3) 代物弁済の目的物の瑕疵

たとえば，代物として給付された目的物に瑕疵があったとしても，債権債務

はすでに消滅しているのであるから，債権者は，再度，瑕疵のないものの給付や，本来の給付を請求したりすることはできない。ただし，債権者は，代物弁済契約が有償契約により売買の瑕疵担保規定（570条・566条・559条による準用）によって，契約の解除または損害賠償の請求をすることはできる。

【展開講義　28】　代物弁済による債務の消滅時期とその目的物の所有権移転時期はいつか

　判例は，債務者がその負担した給付に代えて，不動産所有権の譲渡をもって代物弁済する場合の債務消滅の効力は，原則として，単に所有権移転の意思表示をなすのみでは足らず，所有権移転登記その他引渡行為の完了によって生じるという（最判昭39・11・26民集18巻9号1984頁）。

　また，既存債務の弁済が代物弁済による所有権移転の意思表示の後になされても，所有権移転登記手続完了前になされたときは，右意思表示は弁済による既存債務の消滅によって効力を失うとする（最判昭43・12・24判時546号60頁）。さらに，「移転登記に必要ないっさいの書類の授受により代物弁済の効力を発生させる特約があれば，右の授受のみで債務は消滅する」とする（最判昭43・11・19民集22巻12号2710頁）。

　不動産所有権の譲渡をもってする代物弁済による債務消滅の効果について，単に当事者がその意思表示をするだけでは足りず，登記その他引渡行為を完了し，第三者に対する対抗要件を具備したときでなければ生じないが，そのことは，代物弁済による所有権移転の効果が，原則として当事者間の代物弁済契約の意思表示によって生ずることを妨げるものではなく（最判昭57・6・4判時1048号97頁），不動産所有権移転の効果は，代物弁済契約の成立した時に生ずるが，その債務が契約解除により遡及的に消滅したときは，不動産所有権移転の効果も遡って消滅するという（最判昭60・12・20判時1207号53頁）。

6.4　代物弁済の予約

(1) 代物弁済の予約の意義と機能

　たとえば，BがAから1,000万円を借りるに際し，期限までに弁済しないときはB所有の土地建物の所有権をAに移転する旨の合意がなされることが少なくない。代物弁済は，本来の給付と異なる給付の現実になされることによって

初めて効力を生ずる要物契約であるから，これは代物弁済ではない。こうした合意を代物弁済の予約契約といい，債権の実現を確保するための担保としての機能がある。

(2) 代物弁済予約の類型

ところでこのような合意には，たとえば，期限に弁済しないときにはその目的物であるB所有の土地建物の所有権（代物）が当然に債権者に移転する趣旨か否かで，二類型に分けられる。すなわち，

① 期限に弁済しないときは債権者の予約完結の意思表示がなされなくても代物の所有権が当然に債権者に移転する趣旨である場合（停止条件付代物弁済契約），

② 期限に弁済しないときは，債権者は特定の目的物を取得できる権限を留保するにとどまり，代物の所有権を移転するためには，弁済期経過ののち債権者が債務者に対し，予約を完結し代物弁済となす旨の意思表示をしなければならない（真正の代物弁済予約契約）

とする両趣旨のものがある。この真正の代物弁済の予約の場合には，たとえ弁済期が経過しても，債権者が予約完結の意思表示をするまでは代物の所有権は移転しないから，債権者が予約完結の意思表示をする前に，債務者が本来の給付（1,000万円）の提供をすれば，債権者はいったん発生した予約完結権を失い，もはや予約完結の意思表示をすることができなくなる。したがって，こうしたいわゆる代物弁済予約といわれる契約がなされたときには，それが右の両者のいずれであるかは，契約内容についての当事者の意思解釈の問題となる。当事者意思が不明な場合には，停止条件付代物弁済契約は明らかに債務者にとってより不利益であるから，債務者保護の政策的見地から真正の代物弁済予約契約と推定すべきである，と解されている。

(3) 代物弁済予約の問題と発展

ところで，こうした代物弁済の予約は，貸主はえてして借主の窮迫に乗じ締結させることも少なくない。とくに不動産を代物とする場合が問題であり，その価額が本来の給付と比較して極端に高価の場合には，暴利行為（90条）としてかかる予約契約は無効とすべきである。他方，暴利行為として予約契約を無効とするときは，抵当権などの併用担保がないかぎり，債権者を一挙に無担保

状態に陥れることになるから，いきおい無効の判断は慎重にならざるをえず，以前の判例は，たとえば4倍前後の較差があっても暴利行為による無効とはならないと解されていた。なぜならば，そもそも代物弁済とは，代物の価額いかんにかかわらず効力を生ずるものであるから，代物弁済を受けた債権者は，右の差額を清算してこれを債務者に返還すべき法律上の義務はないからである。しかし，前述したように，現在では，代物弁済の予約の担保的機能に着目し，担保のための代物弁済予約をなした場合のいわゆる代物弁済予約契約は，民法に規定する「代物弁済」の予約契約ではなくて，これを担保権の一種であると構成し，原則として債権者に清算義務を負わせて差額を債務者に返還すべきものとした（最判昭42・11・16民集21巻9号2430頁）。

この後，同種の判例が相つぎ，そうした判例の集積により「仮登記担保契約に関する法律」（昭53法78号）が制定された（『導入対話による民法講義（物権法）』とくに非典型担保の箇所参照）。

7　供　　　託

―――――◆　導入対話　◆―――――

学生：先生，実は，私の借りているマンションのことで，ちょっとご相談があるのですが……。
教師：どういうことかな。
学生：マンションのオーナーから，今度，家賃を値上げしたいと言ってきたんですよ。でも，今頃，家賃の値上げなんて，ちょっとおかしいんじゃないですか。そこで，知らんぷりして，以前の家賃を入金していたんですが，新規家賃でないと受け取らないと言ってきたんです。
教師：そりゃ困ったことになったね。
学生：それで，もしこのままにしたら，当然，債務不履行で，契約解除されるんじゃないかと気が気でならないんです。どうしたらいいでしょうか。
教師：それには，一つ方法があるよ。直接オーナーさんに支払うんではなくってね。
学生：先生，是非その方法を教えてください。

7.1 供託の意義と種類
(1) 意　　義

供託（契約）とは，「弁済者」が債権者のために弁済の目的物を供託所（一定の他人）に寄託して債務を免れる制度のことで（494条），債権消滅原因の一つである。弁済をするのに債権者の協力を必要とする場合には，すでに述べたように，債権者の不協力に対して債務者は弁済の提供をすれば，債権者がたとえそれを受領しなくても債務不履行責任を免れ（492条），また場合によっては債権者に対し受領遅滞の責任を問うこともできる（413条）。しかし，債権者の相続人が不明で誰に弁済してよいのか分からないときにも同じく，債権者の受領という協力行為がない以上弁済とはならず，債権・債務は依然として残ることになる。そこで，このような場合，債権者の協力が得られなくても，債務者が一方的に債務を免れることのできる制度が供託であり，そこにまた供託制度の実益があるわけである。

「弁済供託」の法律関係

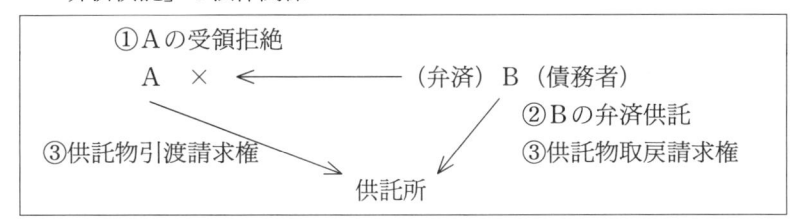

```
                ①Aの受領拒絶
        A  ×  ←────（弁済）B（債務者）
              ＼            ②Bの弁済供託
  ③供託物引渡請求権 ＼    ↙ ③供託物取戻請求権
                  供託所
```

(2) 供託の種類

供託には，いわゆる債務者が供託により債務を免れる「弁済供託」もの，債権担保の目的で，特定の債務者に対して債務者が供託した金銭・有価証券上に一種の優先弁済権を与える「担保（保証）供託」（例として，367条3項・461条1項，民訴112条）とがある。その他，民事執行のある段階で，執行の目的物を執行機関から供託所に供託させ，目的物の管理と執行当事者への交付を供託手続により行う「執行（配当）供託」がある（156条・166条1項）。なお，他に「没取供託」（独禁法）や，「保管供託」（信託法）がある。

7.2 供託の法的性質

供託は債務者と供託所の寄託契約であるが，それは通常の寄託契約（657条以下）と異なり，寄託物返還請求権を第三者である債権者に与えるものであり，

第三者（債権者）のためにする契約とはいえ（537条・538条），結局供託の法律的性質は第三者（債権者）のためにする寄託契約であると解されている。

7.3 供託原因

供託をするためには，以下のような要件を必要とする（494条）。これを供託原因という（なお，供託原因は，民法，商法，民事訴訟法などに原因ごとに規定があり，供託の方法，手続については，民法のほか，供託法および供託規則に詳細に規定されている）。

(1) 債権者の受領拒絶

債務者は，本来の債務の履行が可能なのに，いきなり供託をすることはできない。しかし，民法は必ずしも債権者が受領遅滞（413条）であることを要するものではなく，履行の提供をすることも要しないという。判例は，債権者があらかじめ受領を拒否したときは，まず口頭の提供（493条但書参照）をした後でなければ供託することはできないとする（大判明40・5・20民録13輯576頁）。もっとも口頭の提供をしても債権者が受領しないことが明らかな場合には，例外として直ちに供託することができると解している（大判明45・7・3民録18輯684頁）。しかし多くの学説はこれに反対し，債権者があらかじめ受領拒否しているときは，口頭の提供をしなくても直ちに供託することができると解する。判例には，債権者があらかじめ受領を拒絶していて，提供しても徒労に帰することが明らかな場合には，直ちに供託できるとするものがある（賃料債務について，最判昭45・8・20民集24巻9号1243頁）。

(2) 債権者の受領不能（494条本文）

受領不能の例としては，債権者の住所不明，債権者に受領能力なく，しかも代理人もいない場合がその典型である。債権者が一時外出した場合も事情によっては，受領不能となる（大判昭9・7・17民集13巻1217頁）。

(3) 弁済者に過失なく誰が債権者であるか確知することができないとき（494条）

債権者はいるが，誰が債権者かが相当の注意，調査をしても分からないときである（善管注意）。相続人の不明ならびに，家屋所有権の譲渡に争いがあって家主と称する者が多数現れ，借主が何ぴとに家賃を弁済すればよいのか分らないような場合もそれにあたる。

7.4 供託方法

(1) 供託の当事者

供託契約の当事者は供託者（弁済者）と供託所であり，債権者は，契約の当事者ではなく，第三者として供託の効果を受ける者にすぎない。ところで，供託をなし得るものは，民法上，弁済は債務者以外の者もできるから（474条），債務者に限定せず，「弁済者」とした。

(2) 供託すべき場所

供託すべき場所は，金銭および有価証券については債務履行地の供託所（495条1項，供託1条），それ以外の物品については法務大臣の指定する倉庫業者または銀行である（供託5条）。しかし，なお供託所が定まらないときは，裁判所に請求して，供託所を指定し供託物保管者の選任をしてもらうことができる（495条2項）。

(3) 供託の目的物

供託は弁済の目的物自体をするのが原則である。供託により債権が消滅するのは，供託によって債権者が供託所に対し本来の給付と同一内容の債権を取得するからである。では，一部の供託は有効であろうか。本来，弁済者は，弁済目的物（債務）の全部を供託しなければならず，目的物（債務）の一部を供託したのでは，その部分についても供託の効力は生じない。もっとも，例外として，①その不足がごく僅少にすぎないとき（最判昭35・12・15民集114巻14号3060頁），②当事者で債権額に争いがあり，債務者が自己の主張につき正当と信ずるについて故意・過失がないとき，③賃料については借地借家法11条・32条の場合，供託の効力に影響しない。反対に，一部供託を受領した場合，債権者が不足額に異議をとどめなかった場合，債権全額について弁済が有効となる（最判昭33・12・18民集12巻16号3323頁）。

供託の目的物は，金銭・有価証券の外，動産，不動産であっても，要するに物であれば差し支えない。しかし，たとえば爆発物など，弁済の目的物が供託に適しないとか，たとえば魚肉類など，その物につき滅失，毀損のおそれがあるとか，たとえば牛馬など，その物の保存につき過分の費用がかかるときは，弁済者は，裁判所の許可を得て，目的物を競売しその代価を供託することができる（自助売却という。497条）。いわゆる自助売却（商524条参照）の一場合である。

(4) 供託の通知と供託書の交付

供託をした弁済者は遅滞なく債権者に供託の通知をすることを要する（495条3項）。債権者に供託の通知を要するとしたのは，一方，供託により債務者の債務を免れさせることにより，他方，債権者の利害に影響すること大であるからである。ただし，供託の通知，供託受領証の交付は供託の有効要件ではない（最判昭29・2・11民集8巻2号401頁）。供託は供託所に寄託したときに効力を生ずるからである。もしこれを怠ったために債権者が損害を受けたときは，供託者はその賠償義務を負わなければならない。なお，供託所の交付する供託物返還請求権に必要な供託書もあわせて債権者に送付しなければならない。

7.5 供託の効果

(1) 債権の消滅（債務の免責）

供託の基本的な効果は，供託によって，債務者は弁済したのと同様に債務を免れる（494条）。しかし，後に述べるように，供託しても供託物の取戻が認められている。したがって，取戻権がある間に供託物を供託者が取り戻すと，供託はなされなかったものとみなされる（496条）ので，そのときは債務は復活することになる（遡及効ある解除条件付消滅・通説，以下(4)参照）。したがって，供託者は供託により債務が消滅したものとして，強制執行手続，抵当権による競売手続の中止，抵当権の消滅等を請求できる。

(2) 債権者の供託物引渡請求権

供託によって，債権者は債務者に対する債権を失う代わりに，供託所に対する供託物の還付（引渡）請求権を取得する。これについて民法には規定はないが，このように供託所が債務者の肩代わりをするような関係があるから，債務者は供託によって債務を免れるわけである。前に供託の法律的性質について第三者（債権者）のためにする契約をも含むといったのはこのことである。もっとも通常の第三者のためにする契約と異なり，供託においては，その性質上，債権者の受益の意思表示（537条2項参照）は必要としないと解されている。

このように，債権者の供託物引渡請求権は本来の給付に代わるものであるから，その権利の内容は本来の給付と同一でなければならない。したがって，たとえば同時履行の抗弁権を有する買主が代金を供託した場合などのように，債務者（買主）が債権者（売主）の給付（目的物の引渡）に対して弁済（代金支

払）をなすべき場合には，債権者は，その給付をした後でなければ供託物を受け取ることができない（498条）。

(3) 供託物の所有権の移転

金銭その他の消費物の供託は，一種の消費寄託（666条）と解されるから，供託によっていったん供託所がその物の所有権を取得し，債権者は，供託所からこれと同種，同等，同量の物を受け取ったときにその所有権を取得することになる（消費寄託・不規則寄託，666条）。

問題は特定物の供託の場合である。不動産など特定物の供託の場合には，供託所は目的物の所有権を取得せず，供託者から直接債権者に所有権が移転すると解されている。しかし，その移転の時期については争いがあり，物権行為の独自性を認めるかどうかによって結論が分かれるが，独自性を認めず意思主義をとる判例・多数説に従うと，供託したときに即時に供託物の所有権は債権者に移転し，供託所は債権者のために占有するという関係になる。

(4) 供託者の供託物取戻権

(a) 意義　供託は本来債務者の便宜ならびに，債務者保護のための制度であるから，債権者または第三者に不当な不利益を及ぼさないかぎり，供託を撤回して，債権を復活させてもよい（496条）。これを供託物の取戻権といい，供託契約の取消（撤回）をすることである。

(b) 取戻権者　供託物の取戻権者は，弁済供託したものまたはその承継人である。この取戻権は形成権である。

(c) 取戻権の消滅　供託物を取り戻し，債権を復活できるのは供託後，以下のような事由が生ずるまでである。

(イ) 債権者が供託を受諾したとき（496条1項前段）　この受諾の意思表示は，供託所ならびに取戻権者の両者に対してもできる。その方法は，供託所に対しては，債権者の還付請求と，供託受諾書であり（供託規則37条参照），取戻権者に対しては，一般の意思表示と同じであり，なんら制約はない。しかし，実効性あるためには供託所に対して前記の方法でするのがよい。

(ロ) 供託を有効と宣告した判決が確定したとき（496条1項）　債権者の弁済請求に対して債務者が供託の抗弁を提出し，それが認められて請求棄却の判決がされた場合がその例である。以上のほか，取戻権の放棄，取戻権の時効・

消滅がある。この時効期間は，民法の通則に従い10年である。供託金取戻請求権の消滅時効の起算点をめぐって（最大判昭45・7・15民集24巻7号771頁）[1]の最高裁大法廷判決は，「本来，弁済供託においては供託の基礎となった事実をめぐって供託者と被供託者との間に争いがあることが多く，このような場合，その争いの続いているあいだに右当事者のいずれかが供託物の払渡を受けるのは，相手方の主張を認めて自己の主張を撤回したものと解せられるおそれがあるから，争いの解決までは，払渡請求権の行使を当事者に期待することは事実上不可能に近い」とし，同請求権の消滅時効を供託の時から進行させるとすることは，法が当事者の利益保護のために認めた弁済供託の制度の趣旨に反するとする。そこで，弁済供託における供託物の取戻請求権の消滅時効の起算点は，「供託の基礎となった債務について紛争の解決などによってその不存在が確定するなど，供託者が免責の効果を受ける必要が消滅した時」と解するのが相当であるとする。そして，弁済供託における供託物の払渡請求について「権利ヲ行使スルコトヲ得ル」とは，「単にその権利の行使につき法律上の損害がないというだけではなく，さらに権利の性質上，その権利行使が現実に期待できるものであることを必要とするのが相当である」とした。ただ，供託が錯誤による場合，と解する説もあるが，判旨にいう「権利行使を現実に期待できる時」とはいつか。錯誤に気づいた時であるのか，供託時か。また，債権者行方不明のための供託の場合はどうか等問題は残っている。

　(d)　取戻権の行使の方法とその効果　　取戻の請求は，「供託物払渡請求書」に供託の正本を添えて供託所に提出する（供託規則23条）。供託物が取り戻されると，はじめから供託されなかったものとみなされる（496条1項）。

　(e)　特則　　質権または抵当権付債務について弁済供託された場合，取戻権を認めることは，第三者に不足の損害を及ぼすことになりかねない。そこで，供託により質権または抵当権が消滅したとき，取戻権は生じないものとした（496条2項）。なお，供託法では，供託が錯誤等で無効となった場合，供託原因が消滅した場合には，供託物の取戻を認めている（供託8条2項）。

　(3)　供託物所有権の移転問題は特定物の供託の場合である。供託契約の時から供託物の所有権は供託者から債権者に移転すると解されているようであるが，その当否は物権法に譲る。

(1) 下森定・債権法論点ノート198頁

7.6 供託物払渡請求権の消滅時効

最高裁は，供託の基礎となった債務について紛争の解決などによって供託者が免責の効果を受ける必要が消滅した時から進行し，10年（167条1項）をもって完成するとした（最大判昭45・7・15民集24巻7号771頁）[1]。

(1) 当該判例については，遠藤浩・ジュリ482号42頁，甲斐道太郎・民商64巻5号99頁，藤原淳一郎・供託先例判例百選（別冊ジュリ107号）30〜31頁参照。

8 相　殺

◆　導入対話　◆

学生：先生，父の経営する会社が，他の会社に金銭を貸していたんですが，その会社が，倒産したんです。そしたら，その会社の管財人と名乗る人から，その会社から買った資材の代金を払えと言ってきたんです。そこで，では，うちが貸した金を返してくれと言ったら，破産財団に加入し，債権額に応じて支払うと言ったというんです。
教師：そりゃたいへんだね。債権額に応じてというと，全額は返ってこなくなるな……。
学生：先生，それでは困るんです。
教師：でも，債権の基本原則として，債権者平等の原則があるからね。でも，一ついい方法があるよ。それは，お互いの貸金と売掛代金を対等額で消滅させる方法なんだ。でも，これには，少々，複雑な要件が必要だけどね。

8.1 相殺の意義と機能

(1) 相殺の意義

```
        1,000万円        相
    A ─────────→ B    ⇒ A ──────→ B
      ←─────────        殺    600万円
         400万円
```

相殺とは，「二人互ニ同種ノ目的ヲ有スル債務ヲ負担スル場合ニ於テ」，一方

の意思表示により双方の債務者は対等額で債務を免れることである（505条1項・506条1項）。たとえばAがBに対して1,000万円の代金債権があり，BがAに対して400万円の貸金債権がある場合に，Aが相殺の意思表示をすると400万円の対等額，つまりAはBに対する400万円の債務を免れ，BのAに対する400万円の債務は全額消滅する。その結果（差引決済の結果），AのBに対する債権は600万円残ることになる。相殺をしたAの債権を自働債権（反対債権）といい，Bの債権を受働債権という。

(2) 相殺制度が認められる理由

```
                1,000万円融資                    ┌ Aの財産（債権・債務） ┐
    A会社 ←――――――――→ B銀行  ⇒ A会社破産 ⇒ │    破産団体に        │
                 500万円預金                    └                    ┘
                                                  配↗  当↑  加↑  入↑
                                                  B銀行    C    D
```

相殺制度が認められた理由は，第一に同種の債務を対等額で2回履行しあう必要がないので便利であるし，第二に当事者間の不公平を除去することにある。つまり相殺が認められないと，A会社がB銀行から1,000万円の貸付を受けている一方，A会社はB銀行に500万円の預金をしていたが，その後A会社は事業不振に陥り破産した。この場合，B銀行の相殺を認めないとすれば，B銀行は，A会社の破産管財人より自己の債務500万円は全額請求されるのに反し，自己の債権1,000万円は破産債権として配当に加入しうるにすぎず，結果的にはわずかの配当率による弁済しか受けられないことになる。しかし，これでは不公平である。元来，相互に債権債務を有する場合，両当事者はその対等額においてはすでにその債務関係を決済したように信頼し合うものであるから，右のような場合，相殺を禁ずることは公平に反することとなる。つまり，当事者双方が相互に対立する同種の債権債務を有するときは，当事者の資力とは関係なく，数額の等しい債権は等しい効力があるとすることが，当事者間の信頼を維持することになり，これが公平ということになる。

ところで，この例で1,000万円の融資債権は，500万円の預金債権だけ相殺によって清算しうるということは，とりもなおさず，当事者間における同種の債権は，相互に担保的作用を営むものであるということを認めることとならざ

をえず，事実，この担保的作用に於て，相殺の経済的機能は大きい。

なお，民法に規定するこの相殺（法定相殺）は単独行為であるが，これと同一の目的は，契約自由の原則上，当事者間でも有効に契約（相殺契約）によって達成することができる。したがって，相殺契約によるときには，505条以下の相殺規定に必ずしも従う必要はない。この場合には，後に述べる相殺の要件や相殺の禁止および相殺の方法について，原則としてその適用を受けない。相殺の意思表示に条件や期限を付しても契約は有効であるし，当事者の一方が第三者に対して有する債権をもって相手方の債権と相殺することも，三面契約をもってすれば有効に行いうる。また法定相殺は遡及効を有するが，相殺契約によるときは，もっぱらその契約の趣旨によって定まることになる。

この結果，相殺制度は差引決済を保護することになるから，担保的機能を果たすようになる。

8.2　相殺の要件
(1)　相 殺 適 状

(a)　債権が対立していること（505条1項本文）　　(イ)　AがBに対して，BがAに対して互いに債権を有する場合のように，AB両当事者が「二人互ニ…債務ヲ負担スル場合」でなければならない。ただし次の場合は例外である。①第三者の有する債権を自働債権として相殺して自己の債務を免れることができる場合がある（連帯債務（436条2項）。保証債務（457条2項）の場合）。②第三者に対する債務（自働債権として）でも相殺することができる場合がある（連帯債務（443条1項）・保証債務（463条1項）・債権譲渡（468条2項）の場合）。

(ロ)　被相殺者が第三者に対して有する債権を受働債権として相殺することはできないか。判例はこれを否定して，抵当不動産の第三取得者が抵当権者に対して債権を有している場合に，その債権をもって抵当権者が債務者に対して有する抵当債権と相殺することは，認められないとしている（大判昭8・12・5民集12巻2818頁）。しかし相殺者が物上保証人・抵当不動産の第三取得者である場合には，弁済をなすについて正当な利益を有する者（実質的には第三者の弁済）であるから例外的に相殺を認めるべきであろう（多数説）。

(ハ)　対立する債権の一方が無効であるときは，相殺も無効となる（相殺適状の現存）。また相殺適状にあった場合でも，相殺の意思表示以前になされた

弁済・契約解除によって一方の債権が消滅しているときは，相殺をしてもその効力は生じない（大判大4・2・17民録21輯25頁，最判昭32・3・8民集11巻5号13頁）。ただし民法は次のような例外規定をおいている。時効によって消滅した債権が消滅以前に相殺適状にあったときは，その債権者は相殺をなすことができる（508条）。現在ではその趣旨は，相殺適状に達した債権については，当事者はすでに決済されたものと期待するのが普通であるから，これを保護したものであるとされている。したがって消滅時効にかかった他人の債権を譲り受けて，これを自働債権として相殺することは許されない（最判昭36・4・14民集15巻4号765頁など）。

(b) 双方の債権が「同種ノ目的」を有すること（505条1項本文）　金銭以外の代替物を目的とする債権でもよいが，ほとんど金銭債権である。同種の目的を有すればよいのであるから，同一の債権額である必要はない。また債務の履行地が異なっても相殺はできる（507条本文）。ただし相殺する者は相手方に対して，これによって生じた損害を賠償しなければならない（同条但書）。

(c) 双方の債権が弁済期にあること（505条1項本文）　自働債権は弁済期になければならない。その理由は，弁済期未到来の債権を自働債権として相殺することを認めると，相手方は期限の利益を失うことになるからである。他方，受働債権は必ずしも弁済期にあることを必要としない。その理由は，相殺者（債務者）が期限の利益を放棄した場合には，弁済期前でも相殺できるからである。なお，期限の定めのない債務は成立と同時に弁済期にあるから，このような債権はいつでも相殺に供することができる（大判昭17・11・19民集21巻1075頁）。

(d) 債権の性質が相殺を許すものであること（505条1項但書）　債権の性質が相殺を許さない場合は，別個に現実の履行をしなければならない。たとえば，互いに競業をしない不作為債務や互いに俳優が出演し合う債権がこれにあたる。また自働債権に同時履行の抗弁権や保証人の抗弁権が付着している場合も，これに属する（大判昭13・3・1民集17巻318頁（同時履行の抗弁権），最判昭

相殺の禁止 ＜ 当事者の意思表示
　　　　　　　　法律

32・2・22民集11巻2号350頁（保証人の抗弁権）など）。もっとも受働債権に抗弁権が付着しているときは，債務者はそれを放棄することができ，相殺することができる。

(2) 相殺が禁止されている場合

(a) 当事者の意思表示による禁止　当事者が反対の意思表示をした場合には，相殺することができない。ただしその意思表示は善意の第三者に対抗することができない（505条2項）。

(b) 法律による禁止　禁止する理由はさまざまだが，相殺を許すことが不当だからである[1]。

(イ) 不法行為による損害賠償債権（509条）　不法行為者は，被害者に対して有する債権（たとえば貸金債権）を自働債権として，被害者の損害賠償債権を「受働債権」として相殺をなすことはできない。したがって右の損害賠償債権を自働債権として相殺することは妨げない（最判昭42・11・30民集21巻9号2477頁）[2]。ところが判例は，双方過失による同一事故（自動車などの衝突事故による双方的不法行為）による双方の物的損害による損害賠償債権について相殺を許さない（最判昭49・6・28民集28巻5号666頁）。学説はこれに反対で，相殺を認めるべきであるとする。

(ロ) 差押禁止の債権（510条）　債権が差押を禁止されたものであるときは，その債務者は相殺をもって債権者に対抗することができない。したがって差押禁止の債権（民執152条，その他特別法に多い）は「受働債権」とすることができない。これは債権者に現実の弁済を受けさせることを目的とするものである（もちろん，自働債権として相殺することは許される）。

(ハ) 支払の差止を受けた債権（511条）　B（差押債務者）の債権者A（差押債権者）によってBのC（三債務者）に対する債権が差押（つまり「支払ノ差止」。仮差押でもよい）を受けた場合に，Cが差押後にBに対する債権を取得して，それを自働債権として差し押えられた債権と相殺してもAに対抗できない。本条は差押の効力を確保したものであり，前述の481条と同趣旨である（弁済と相殺は実質的には同一）。もっとも本条は差押後の取得債権による相殺を禁じたものであるから，差押前にCがBに対する債権を有していたならば相殺することができるということになる。ところでこの規定は，最近の金融取引をめ

ぐってしばしば問題となっている。たとえば銀行CがBにその定期預金を見返りとして貸付をしたが，この預金債権が国Aによって差し押えられた場合に（国税滞納による事例が多い），Cは貸付債権を自働債権とし，預金債権を受働債権として相殺することができるか。Cはこの対策として一般に貸付をする場合に特約（期限利益喪失約款附相殺予約）で，Cの定期預金債務（受働債権）について期限の利益を放棄し（136条2項），貸付債権（自働債権）について期限の利益を喪失させて，両債権を相殺する旨の予約をしておく。しかもこの場合でも，差押の時期と債権の弁済期との関係が問題となる。

㈡　株金払込請求権（商200条2項，有57条参照）は，会社資本充実の原則による。

---

(1)　林＝石田＝高木・310頁。
(2)　鈴木重信・曹時20巻4号165頁（1968年4月）。

【展開講義　29】　同一の不法行為から双方に不法行為債権が生じた場合に相殺できるか

(1)　受働債権が不法行為による損害賠償債権であるときは，被害者に現実の弁済を受けさせるため，かつ，不法行為の誘発を防ぐため，加害者は反対債権で相殺できない（509条）ことはすでに学んだ。したがって，反対に被害者が損害賠償債権を自働債権として相殺することはかまわないし，また相殺契約による場合はその適用はない。

しかし，自働債権と受働債権がともに不法行為によって生じた場合は，相殺は許されない。たとえば，雇主が被用者を殴打したことによる損害賠償債権と被用者が横領したことによる損害賠償債権について，相殺を否認しており（大判昭3・10・13民集7巻780頁），また使用者責任（715条）に関連し，被用者が輸送業務に従事中に自動車を衝突させ，同乗者を死亡させた場合に，使用者は同乗者（被害者）に対し，前方注意義務を怠ったことによる自動車への被害を理由に損害賠償債権を有しているときでも，相殺をもって対抗できないとしている（最判昭32・4・30民集11巻4号646頁）。やはり，不法行為の誘発，復讐の是認となることを防ぐためである。

(2)　問題は，同一の事実にもとづいて生じた相互的な不法行為による損害賠償債権についてである。

最高裁は，前掲昭32・4・30の最判を基礎として，双方の過失に起因する同一の交通事故によって生じた物的損害にもとづく損害賠償債権相互間においても，相殺は許されないとした（最判昭49・6・28民集28巻5号666頁，同旨，最判昭54・9・7判時954号29頁〔民法判例百選Ⅱ45事件〕）。これに対して，有力な反対説[1]は，このように同一の事実によって事故が発生した場合でも（それは単一責任ではなく），双方に過失のあるかぎり，二個の不法行為による交叉的な責任が生じているから，相殺を禁止する理由はないと主張する（商797条参照）。

---

[1] 加藤一郎・不法行為255頁，山本進一・法律論叢31巻3号160頁はこれを認めないことがかえって不公平ではないかという。

【展開講義 30】 差押と相殺——相殺の担保的機能

最近の判例・学説は，相殺の担保的機能を重視して，自働債権者（銀行）の将来の相殺によって債務を免れるという期待利益を保護すべきであるとしている。以下，判例・学説を検討してみよう[1]。

① 差押前に両債権がともに弁済期が到来している場合（つまり相殺適状にある場合）には，差押後にＣによる相殺が許されることについて判例・学説上異論がない（なお，506条2項参照）。

② 差押時に自働債権（貸付債権）の弁済期到来，受働債権（定期預金債権）の弁済期未到来の場合でも，Ｃが受働債権の期限の利益を放棄すれば「期待利益」の観点から，差押後でもＣに相殺が許される（最判昭32・7・19民集11巻7号1297頁）。

③ ところが昭和39年の判例（最大判昭39・12・23民集18巻10号2217頁）は，差押時に両債権の弁済期がともに未到来であっても，自働債権の弁済期が受働債権の弁済期よりも先に到来する場合には，相殺をもって差押債権者に対抗することができるとした（制限説）。そして相殺予約（自働債権の弁済期が未到来でも，受働債権が差し押えられたときは直ちに相殺できる旨の特約）も，右の場合に限って有効であるとしている。したがってこの判決では，自働債権の弁済期が受働債権のそれより後に到来する場合には，期待利益がないから（つまり差押以前に受働債権が請求された場合には，自働債権者＝銀行はもはや相殺をすることができないから）相殺は許されないし，またこのような場合の相殺の予約は私人間の特約によって差押の効力を排除するものであるから，契約の自由をもってしても許されないとした。もっともこの判決は安定したものでは

④　さらに昭和45年の判例（最大判昭45・6・24民集24巻6号587頁など）[3]は，相殺の担保的機能をさらに強化して右の制限説をくつがえして無制限説をとるにいたった。それによると511条を文言どおり自働債権が差押後に取得されたものでないかぎり，自働債権・受働債権の弁済期の前後を問わず，「相殺適状に達しさえすれば」差押後でも相殺することができるとした。したがって受働債権（定期預金債権）が弁済されないでいる間に自働債権（貸付債権）の弁済期が到来して相殺適状となれば，Cに相殺が許されるという趣旨でもあると解されている（この点は39年判決では認められていない）。さらに相殺予約（弁済期の先後を問わず相殺できるという特約）についても有効であるとしている（この点も無制限に相殺を許すのであるから，39年判決と異なる）。本判決をめぐって学説上議論があるが，現在のところ45年判決に定着してきているようである（債権譲渡に関する最判昭50・12・8民集29巻11号1860頁も，45年判決と同旨の結論である）。

---

(1) 私法28号参照，林＝石田＝髙木・313頁以下。
(2) 吉川栄一・手形小切手判例百選〔4版〕（別冊ジュリ108号）156～157頁，山中康雄・民商37巻2号61頁。
(3) 塩崎勤・担保法の判例(2)（ジュリ増刊）278～280頁，平野裕之・民法判例百選Ⅱ〔4版〕98～99頁，栂善夫「現代判例民法学の課題」森泉章教授還暦記念論集592～604頁。

8.3　相殺の方法

(1)　相殺は，当事者の一方から相手方に対する意思表示によってなされる（506条1項本文）。単に相殺適状という事実だけで法律上当然に相殺の効果が生ずるのではない。相殺の意思表示があって初めて効力を生ずる。相殺の意思表示は相殺する債権を示さなければならないが，この意思表示は自働債権と受働債権の同一性を認識する程度に示せば十分であり，その債権の発生の日時・発生原因・数額まで明示する必要はない（大判昭7・5・6民集11巻887頁）。またこの意思表示は裁判上行うことができる。

(2)　相殺に条件・期限を付することを禁止する（506条1項但書）。その理由は，相殺のような単独行為に条件を付けることは法律関係を紛糾させ，相手方に不利益を与えることになること。また期限を付けることは，相殺の遡及効との関係で無意味であるからである。

8.4 相殺の効果

相殺の効果は対等額につき債権が消滅することである。そして，双方の債務が相互に相殺するのに適した始めに遡って効力を生ずる。当事者において，相互の債権が相殺適状にあればすでに決済されたと考えるであろう当事者意思の推測と，取引の実情により衡平といえるからである[1]。

相殺の遡及効は，主として両債権の差引計算の基準時点を示す[2]から，相殺の意思表示前に生じた適法な法律効果までを覆すものではない。

(1) 債権の対等額での消滅

(a) 相殺によって自働債権と受働債権とは，その対等額において消滅する（505条1項本文）。

(b) したがって双方の債権額が同一でないときは，差引決済され，差額の債権が残ることになる。自働債権額が受働債権額より少ないときは，受働債権の債権者は一部弁済の受領を強制される[2]。

なお，自働債権の一部相殺は，相手方が受働債権の一部請求をしている場合を除き，許されない。

(c) 被相殺者が数個の相殺適状にある受働債権があり，かつ自働債権がその全部を消滅させるに足りないときは，弁済充当の規定（488条～491条）を準用して相殺されるべき債権を決めることになる（521条）。これを相殺の充当という。

(2) 相殺の遡及効

相殺は，双方の債権が相殺適状を生じた時に遡ってその効力を生ずる（506条2項）。その理由は，双方の債権が相殺適状にあるときは，当事者はすでにその債権関係が代金の支払等によって売買取引を終了したものと解するのが普通であるからである。当然，相殺適状を生じた以後は利息の発生はなく，履行遅滞でもなくなる。

相殺の遡及効は，相殺の意思表示以前に生じた事実（弁済，解除等）を否定することはできない（大判大4・2・17民録21輯115頁（弁済），最判昭32・3・8民集11巻3号513頁）。

---

(1) 我妻・講義Ⅳ347頁，柚木＝高木・516頁，林＝石田＝高木・324頁。
(2) 林＝石田＝高木・324頁。

8.5 相殺契約と相殺の予約

相殺は契約自由の原則より契約で行うこともできる。民法上の相殺は単独行為であるから種々の制限があるが，相殺契約ならびに相殺の予約は契約自由によるからこうした制限がない。したがって将来の一定の時期に，また一定の事由が発生したとき等，いわゆる相殺適状にない場合でもよいし，また差押禁止の債権（510条），不法行為による債権（509条）についても相殺契約をなすことができるとされている[1]。

---

(1) 我妻・講義IV356頁，注民(12)・460頁〔中井義雄〕。

【展開講義 31】 相殺予約は第三者に対しても有効か

物権変動や，債権譲渡の場合と同様に，第三者に対しては何らかの対抗要件を具備しなければならないとの考え方もある。これに対して，相殺予約は全国銀行協会の銀行取引約定書ひな形にもあり，公知の事実であるから，相殺予約には公知性があり，第三者効があるとするものもある。他方，公知性不要説もある。これによれば，債権の弁済期すら公示されてはいないのに，相殺予約のみ公示を要求するのは不公平であるとするものである。

相殺予約の作用が，期待利益の保護すなわち手続法的には弁済期が先にくる受働債権のために，その期待利益を剥奪できる可能性を有することと，実体法上では，そのことと反対の結果がでることとの乖離を修正する点にある。確かに，相殺予約の担保的機能の対第三者への認識には必要と思われるが，公示が相殺予約の対第三者効の不可欠の要件とはいえない[1]。

---

(1) 水本浩「債権総論」民法セミナー(4)224頁以下。

9　更　　改

◆ 導入対話 ◆

学生：先生，毎年11月頃から野球選手が更改に臨んだということを新聞で読んだんですが，これも民法にいう更改なんですか。

教師：そうだね。まあ野球選手の更改契約もそのうちの一つなのだよ。実際は，内容・要素の変更にあるんだ。

9.1 更改の意義

更改とは，新債務を成立させ債務の要素を変更することによって，旧債務を消滅させる契約である（513条1項（プロ野球選手・サッカー選手の契約更改を考える））。対価（見積上の利益）を現実に与えず債務を負担するとの点で代物弁済と異なる。旧債務の消滅と新債務の成立には因果関係があり，一個の契約でなされるから，旧債務が消滅しないときは，新債務は成立しないし，新債務が成立しないときは，旧債務は消滅しない。

9.2 更改の種類

民法は更改として，債権者の交替による更改，債務の交替による更改，目的（内容）の変更による更改を規定しているが，更改は債権譲渡，債務引受の代用物であったことからこれらが認められている今日ではその役割は少ない。

9.3 更改の要件

(1) 旧債務の存在

債権が存在しなければ更改は無効である。

(2) 新債務の成立

新債務が成立しないときは更改は無効で，原則として旧債務も消滅しない（517条）。当然の規定であるが，

① 新債務が不法の原因（たとえば，90条違反）のため成立しないとき，

② 新債務が当事者の知らない事由（たとえば原始的不能）によって成立しないとき，

③ 新債務が取り消されたときは，「旧債務ハ消滅」しない（517条）。

(3) 債務の要素の変更

債権者，債務者，債権の目的のいずれかが変更されることは，要素の変更となる。更改を制限するため，判例・学説はとくに債務の同一性を失わしめる「更改意思」がなければ更改とはならないとしている（債務の同一性を変えない債権譲渡・債務引受などが認められているからである）。条件付債務を無条件債

務とし，無条件債務に条件を付したり，変更したりすることは債務の要素の変更である（513条2項前段）。

債務の履行に代えて為替手形を発行することも要素の変更である（513条2項後段）。しかし手形債務は無因債務であるから，旧債務と有因関係に立つ更改（有因契約）とは調和しない。そこで多くの学説は，この規定を無視して，既存債務のために手形を発行するのは通例「支払のため」であって，例外的に「支払に代えて」なされるときでも，常に，代物弁済であって更改ではないとする。

9.4 更改の方法

(1) 債務者の交替による更改は，債権者と新債務者との契約でなすことができる。ただし旧債務者の意思に反してなすことはできない（514条）。

(2) 債権者の交替による更改は，新旧両債権と債務者との三面契約による（判例・通説）。この更改は債権譲渡に類似するので，確定日付ある証書をもってしなければ第三者に対抗することができない（515条）。また債務者が異議を留めないで更改契約をしたときは，旧債務者に対抗することができる事由があっても，これを新債権者に対抗することができない（516条）。

(3) 目的の変更は当然，同一当事者間で行わなければならない。

9.5 更改の効果

(1) 旧債務の消滅

旧債務が消滅すると同時にこれに伴う従たる権利もすべて消滅する。

更改により，新債務が発生するから旧債務についてあった抗弁権，質権，抵当権などもすべて消滅する（新旧債務の同一性を失う）。もっとも更改当事者の特約で，旧債務の目的の範囲内において，質権または抵当権を新債務に転ずることができる。ただし第三者がこれを差し出したものであるときは，その承諾を必要とする（518条）。

(2) 更改契約の解除

新債務の不履行を理由として更改契約を解除することができるか。判例は同一当事者間では肯定し，旧債務は復活するというが（大判昭3・3・10新聞2847号15頁），当事者に変更があった場合は旧債務は復活しない（大判大6・4・16民録23輯638頁）という。学説は一般に否定的である。すなわち，更改契約は新

債権を成立させて旧債権を消滅させる行為であって，新債務の履行を目的とする契約ではないからという[1]。

---

[1] 我妻・講義Ⅳ366頁。

10 免　　除

10.1 免除の意義
免除とは，債権を無償で消滅させる債権者の一方的意思表示である。債務者の意思と無関係に行うことができる。民法が免除を単独行為としたのは，それが債権の放棄であるからである。しかし債務者に利益を与えるから強要してもよいということにはならないので，他の多くの立法（フランス，ドイツ，スイス）は免除を契約としている。もちろん，わが民法の下でも免除契約の自由はある。

10.2 方　　法
その方法は，明示でも，黙示（たとえば，借用契約書（証書））でもかまわず，形式は問わない。

10.3 効　　果
免除の意思表示があると債権は消滅する。債権に伴う担保物権・保証債務も消滅する。

一部免除も可能であるが，その場合はその範囲において債権は消滅する。ただし，権利の放棄といえども公序良俗に反してはならないし，正当な利益を有する第三者には対抗できない。

11 混　　同

11.1 意　　義
混同とは，債権と債務とが同一人に帰属したことをいう。たとえば債務者が債権者を相続したり，債務者が債権を譲り受けた場合などに生ずる。

11.2 効　　果

混同があると,「其債権ハ消滅ス」(520条本文)。しかしその債権が第三者の権利の目的となっているときは,消滅しない(520条但書)。たとえば債権が質権の目的となっているような場合である。

【展開講義　32】　債権の消滅と債権関係

　債権は債権者債務者間の債権関係の中にあるものである。他方,いままで述べてきた債権の消滅原因は債権自体の消滅原因であって,債権関係の消滅原因ではない。売買を例にとると,売主が目的物を引き渡せば買主の債権は消滅するが,売主の代金債権は消滅しない。売買関係は消滅しないのである。

　しかし,①その債権の消滅によってこれを一つとして取り扱い,その支配下におく債権関係が存在意義を失う場合には,その債権関係も消滅する。また,②たとえば危険負担の問題のように,その債権のほかに,なお別個の債権を一つとして取り扱い,その支配下におく債権関係は,その債権の消滅が他の債権にいかなる影響を及ぼすのかは別個に考えるべきである。③たとえば賃借権消滅後の関係のように,その債権を中心として継続的かつ緊密な債権関係が構成されている場合,その債権の消滅後においてその債権関係をどのように処理すべきかを信義則に従って考慮すべき必要を生ずる。

　このように,債権の消滅は,こうした債権関係の一要素の消滅にすぎず,債権関係それ自体は,それから派出する全債権が消滅しない以上存続することになる。

　債権者と債務者との間には,単に一個の現実の債権が存在するだけではなく,これを一つとして取り扱い,その支配下におく一個の債権関係があるものとみるべきである。契約から生ずる債権者,債務者間には,双務契約のように,当事者が相互に債権・債務を有する場合もあり,雇傭,賃貸借等の継続的契約のように,将来その展開とともに多くの債権を発生させることもある。しかもこれら債権,債務のほか各種の権能と義務(担保責任,抗弁権,解除権等)が生じ,それら多くの部分が集まって一個の物を作り,その各部分の間に緊密な統一があって,部分と全体とが必然的関係を有し結びついて契約目的を支えていることを考えればよい。債権を債権関係に関連させて認識することは,債権を信義に支配されるものと考えるために重要である。

第6章　多数当事者の債権・債務関係

1　分割債権・分割債務

◆　【導入対話】　◆

学生：たとえば，銀行にお金を預けている父親が死亡して相続人が私と私の弟の二人だけである場合，父親の預金債権は，私と弟が相続することになるのでしょうか。

教師：そうですよ。

学生：それなら，私はこの預金を銀行から引き出す時に，弟と一緒に銀行に対して請求しなければならないでしょうか。それとも，私は単独で請求できるのでしょうか。

教師：このような債権は分割債権といわれており，きみも弟も単独で請求することができますが，この問題についてはこれから勉強しましょう。

学生：それと，もし弟がボンヤリしていて一度も請求せず，債権が時効により消滅してしまった場合，私の債権も消滅してしまうのでしょうか。

教師：きみの債権は消滅しません。きみが質問してくれているのは，債権者が複数いる場合についてですが，債務者が複数いる場合も，同様の問題があります。たとえば，きみと弟が，父親の債務（たとえば借金）を相続した場合などを，想像してもらえればわかりやすいと思います。このような債務は分割債務といわれる債務なのですが，分割債権とあわせてこれから勉強していきましょう。

1.1　分割債権

(1)　意　義

　分割債権とは，一つの可分給付（分割しても実現できる給付）を目的とし，この給付が複数の債権者に分割される債権をいう。

　たとえば，死亡した父親の預金が1,000万円であって，相続人が子の二人で

あれば，法定相続分に従い，この二人は500万円ずつ相続することになる。このような場合，二人に対して1,000万円の預金債権が帰属するのか，それとも，500万円ずつの預金債権となって，それぞれが二人に帰属するのだろうか。

　一つの可分給付について複数の債権者がいる場合，当事者に別段の意思がないのであれば，分割債権になるのが原則である（427条）。したがって，以上の事案については，預金債権が分割債権となって500万円ずつ二人に帰属することになる（大判大 9・12・22民録26輯2062頁）。

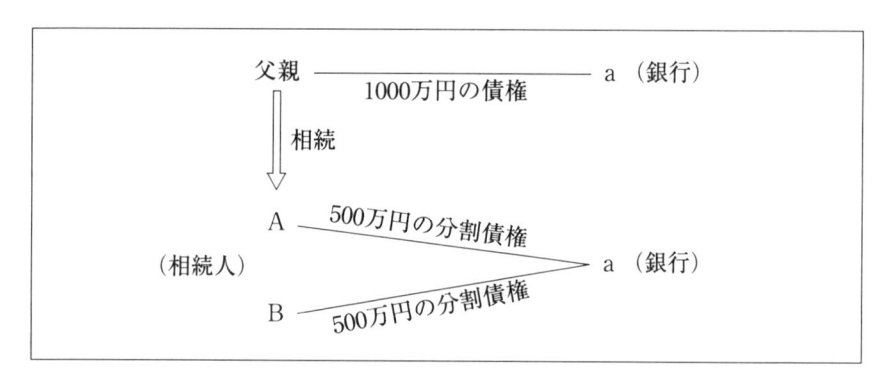

```
父親 ──────── a（銀行）
         1000万円の債権
  │
  │相続
  ▼
       A   500万円の分割債権
（相続人）             a（銀行）
       B   500万円の分割債権
```

　すなわち，各相続人は債務者に対して，自己が有する価額分を個々に請求することができ，他の債権者と共同で請求する必要はないことになる。また，各債権者が有する割合は，平等であるのが原則であるが，当事者の意思により平等にしないとされる場合は，この限りではない（427条）。

(2) 効　　力

　たとえば，共有物が買主（一人）に対して譲渡された場合，各共有者は買主に対して代金支払債権を分割して取得するが，この共有者の一人に生じた無効・取消・解除が，他の債権者に影響を及ぼすのだろうか。また，相殺・免除・時効・弁済などの場合はどうか。

　一般的には，他の債権者に影響を及ぼさないとされている（相対的効力）。

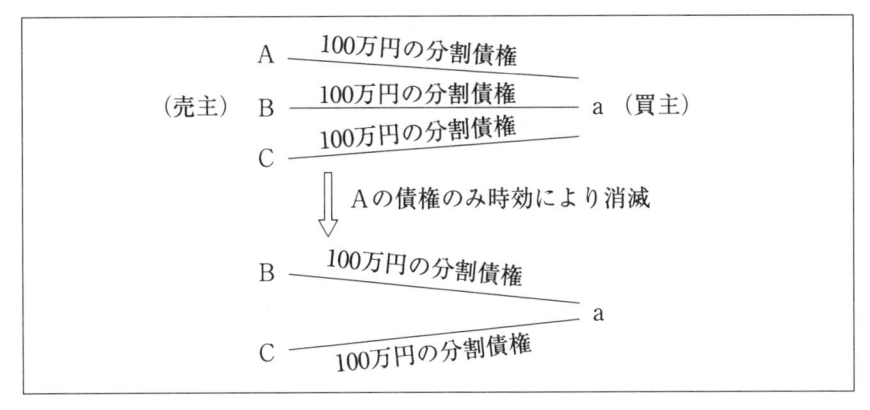

```
        A ──── 100万円の分割債権
(売主)  B ──── 100万円の分割債権 ──── a (買主)
        C ──── 100万円の分割債権
              ⇩ Aの債権のみ時効により消滅
        B ──── 100万円の分割債権
                                    a
        C ──── 100万円の分割債権
```

1.2 分割債務

(1) 意 義

　分割債務とは，一つの可分給付（分割しても実現できる給付）を目的とし，この給付が複数の債務者に分割される債務をいう。

　たとえば，死亡した父親の借金が1,000万円であって，相続人が子の二人であれば，法定相続分に従い，この二人は500万円ずつの借金を相続することになる。このような場合，二人に対して1,000万円の借金が帰属するのか。それとも，500万円ずつの借金となって，それぞれが二人に帰属するのだろうか。

　一つの可分給付について複数の債務者がいる場合，当事者に別段の意思がないのであれば，分割債務になるのが原則である（427条）。したがって，以上の事案については，借金が分割債務となって500万円ずつ二人に帰属することになる（大決昭5・12・4民集9巻1118頁）。すなわち，各相続人は債権者に対して，自己が有する価額分を個々に支払うことができ，他の債務者と共同で支払う必要はない。

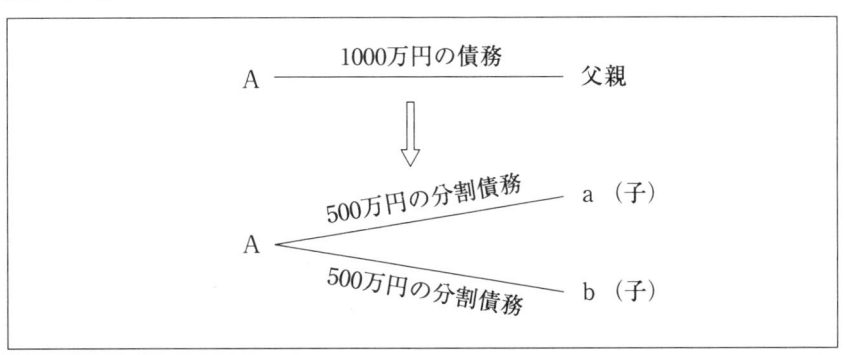

```
   A ──── 1000万円の債務 ──── 父親
              ⇩
          ┌── 500万円の分割債務 ──── a (子)
   A ─────┤
          └── 500万円の分割債務 ──── b (子)
```

また，各債務者が負う割合は，平等であるのが原則であるが，当事者の意思により平等にしないとされる場合は，この限りではない（427条）。

以上の説明は，条文と判例に従ったものであるが，学説は，このような分割債務を回避し，できるだけ分割債務を不可分債務や連帯債務として考えていこうとしている（不可分債務・連帯債務については後述）。なぜなら，分割債務と考えれば，分割債務者の中の一人が無資力であるような場合，債権者は，その他の債務者から債権を回収することが不可能になるからである。上の例で考えると，ａが無資力であった場合，Ａはｂに対して，ａが支払うべき500万円分までも請求することはできないのである。これに対して，この債務が，不可分債務・連帯債務であるとすると，Ａはｂに対して，全額1,000万円を請求することができることになる。

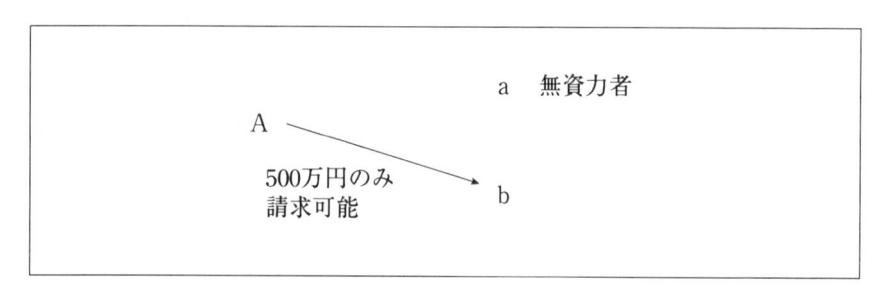

```
                         a    無資力者
         A
                   →
     500万円のみ        b
     請求可能
```

(2) 効　　力

分割債務の効力は，分割債権と同様に考えられているので，分割債権のところを参照。

2　不可分債権・不可分債務

──────── ◆【導入対話】◆ ────────

学生：たとえば，私の父親が建物を賃借していて，賃借人にはこの建物を明け渡してもらうことになっていました。しかし，明渡直前になって父親が死亡した場合，私は弟と一緒にその建物を相続するのですが，賃借人は私一人に明け渡すだけでよいのでしょうか。それとも，私と弟に明け渡さなければならないのでしょうか。

教師：きみと弟のように債権者が複数で，かつ建物の明渡のように一つの不可分な給付を目的としている債権を不可分債権といいます。債務者である賃借人は，債権者であるきみか弟のどちらかに明け渡せば，債務は消滅します。

学生：それでは，私と弟が共有しているクルマを売ったとしましょう。この場合，私は弟と一緒に債権者である買主に対して，クルマを引き渡す必要はないのでしょうか。

教師：このようなクルマの引渡債務は，不可分債務といわれています。きみが弟と一緒に引き渡す必要はなく，きみ一人で引き渡せば債務は消滅します。不可分債権・不可分債務は，分割債権・分割債務とは異なる債権・債務でして，特に効力の相違には注意する必要があります。

2.1 不可分債権

(1) 意 義

不可分債権とは，複数の債権者が一つの不可分給付（分割して実現できない給付）を目的とする債権をいう。この不可分給付は，性質上不可分である場合だけでなく，当事者の意思表示によって不可分である場合も含む（428条）。

たとえば，ある建物を複数の相続人が相続したが，この相続人らがその建物を明渡請求する場合，この明渡請求は不可分債権である（最判昭42・8・25民集21巻7号1740頁）。

```
                    A
                         明渡請求
    （相続人）    B  ==========> 借主・居住者
                    C
```

(2) 効 力

各債権者は単独で総債権者のために履行請求が可能である。したがって，債権者の一人が履行を請求することによって，他の債権者に対しても，債務者の履行遅滞・時効中断の効力が発生する。これに対して，債務者は，総債権者のために，債権者の一人に対して全部履行でき，これにより債務がすべて消滅す

ることになる（428条）（絶対的効力）。

```
         債権者は単独で請求可能
  A
    ⇄
  B  ⟹  a
    ⇄        aは，債権者の一人に
  C           対して全部履行が可能
```

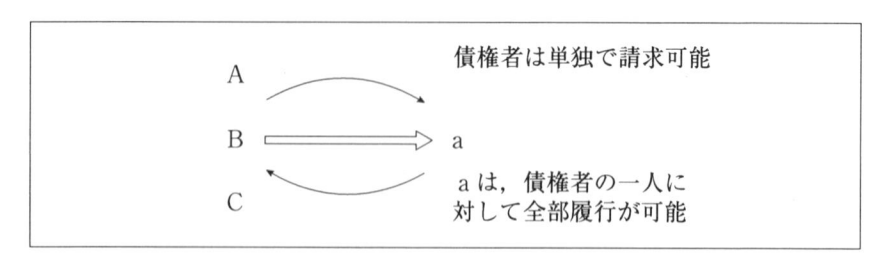

ただし，債権者の一人と債務者の間で更改や免除がなされた場合は，他の債権者に影響を及ぼさない（429条1項）。それゆえ，他の債権者は，債務者に対して全部の履行を求めることができるが，更改・免除をなした債権者に分与すべきであった利益は，債務者に償還しなければならない（429条1項但書）。

2.2 不可分債務
(1) 意　義

不可分債務とは，複数の債務者が一つの不可分給付（分割して実現できない給付）を目的として負担する債務をいう。この不可分給付は，性質上不可分である場合だけでなく，当事者の意思表示によって不可分である場合も含む。

たとえば，ある建物を複数で賃借するように，賃貸人の給付が不可分である場合には，賃借人が支払う賃料も不可分となる（大判大11・11・24民集1巻670頁）。

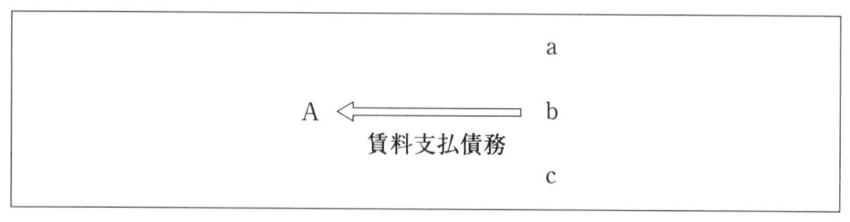

```
                          a
         A  ⟸           b
           賃料支払債務
                          c
```

(2) 効　力

債権者の履行の請求は，債務者の一人に対しても可能であるし，同時に全部または一部の債務者に対しても可能である。また，債権者は，債務者に対して順番に請求していくこともできる（430・432条）。

一人の債務者に対する履行請求には，不可分債権の場合とは異なり，絶対的効力はない（430条但書により434条の準用を排除）。たとえば，履行期限の定め

がない場合，債権者が一人の債務者に対して履行請求したとしても，他の債務者に対しては履行遅滞の効果は生じない。他には，時効中断の効果についても同様である。また，債権者と一人の債務者の間で更改・免除がなされた場合も，他の債務者に影響を及ぼさない（430・429条）（相対的効力）。

これに対して，債務者の一人が債務を履行した場合，総債務者の債務が消滅する（430条・442条）（絶対的効力）。

債務者の一人が全部弁済すれば，他の債務者に対し負担部分に応じて求償することができる（430・442条以下）。この負担部分とは，同一の給付義務を，複数の債務者が負う場合，各債務者が負担することになっている債務者の割合を指す。

3　連帯債権・連帯債務

◆　【導入対話】　◆

学生：私が弟と銀行から200万円を借り受け，そのときに銀行に対し連帯債務を負う旨の約束をしました。私は連帯債務の意味がよくわからなかったのですが，一流の銀行だったので信頼していたのです。その後，私は期限までに100万円を銀行に返済したのですが，弟は100万円を返済できなかったようです。私は，自分の債務はすでに消滅したものと思い安心していますと，後日銀行から，100万円の返済を請求されてしまいました。私は，弟の借金を返済しなければならないのでしょうか。

教師：きみは連帯債務を負う旨の約束をしていますので，たとえ弟の借金であっても，返済しなければなりません。

学生：えっ，本当ですか。

教師：連帯債務は債権者にとっては有利な債務ですが，債務者にとってはとても不利な債務なのです。「連帯」という言葉が，法律上どれだけ重要な意味を持っているのか，これからじっくりと勉強していきましょう。

　　　また，多数当事者の債権債務関係のところで，もっとも重要なのが連帯債務です。一部免除・求償権の制限・不真正連帯債務など，重要で難しい問題がたくさんあります。それと，連帯債務をきっちり勉強しておけば，次章で勉強する連帯保証が理解しやすいと思います。

3.1 連帯債権

　連帯債権とは，複数の債権者が同一内容の給付につき，単独で各債務者に対し履行を請求でき，債権者の一人が履行を受ければ，総債権者の債権が消滅する債権。連帯債権は，実際上あまり用いられないとの理由から，民法典には規定されず，法律の規定から連帯債権が生じる場合はない。

3.2 連帯債務

(1) 意　義

　連帯債務とは，複数の債務者が同一内容の給付につき，単独で債権者に対して負担し，債務者の一人が履行すれば，総債務者の債務が消滅する債務。連帯債務の制度は，債権の担保を目的としているため，現代社会において重要な役割を担っており，多数当事者間の債権関係の中では，最も重要とされている。

　たとえば，ａ・ｂ・ｃが共同で事業をしようとして，Ａから300万円を借り受ける時に，三人が連帯債務者となることを約したならば，ａ・ｂ・ｃは，各自が単独で300万円の弁済義務を負う。

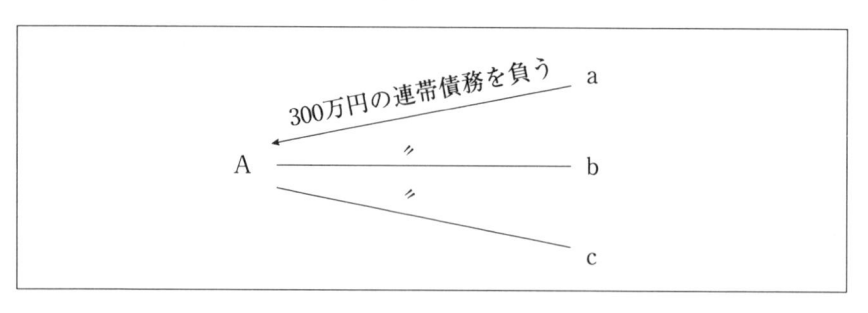

　【注意】　以下では，この事例を用いて説明していくので，この事例を完全に覚えておくこと。また，以下でこの事例を用いる場合には，各連帯債務者の負担部分は平等とする。

　そして，三人の内の一人が全額弁済すれば，他の二人の債務も消滅することになる。すなわち，ａ・ｂ・ｃの内部で，誰がどれだけ負担するかが決まっていても，Ａに対しては他の債務者が負担すべき分まで弁済しなければならない。

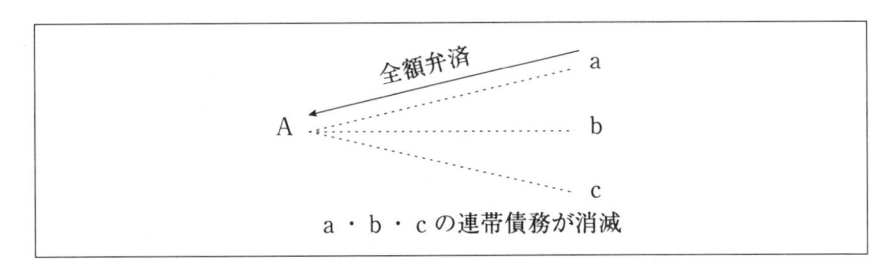

```
        全額弁済      a
      ←─────────
    A ·············   b
        ·············
                       c
      a・b・cの連帯債務が消滅
```

(2) 要　件

　連帯債務は契約によって発生する（(1)で述べた例を参照）。ここで注意が必要なのは，明示の意思表示だけでなく，黙示の意思表示でも，連帯債務は発生するということである。ただし，このような意思表示がなければ，簡単に連帯債務契約が推定されるべきではないとされている（大判大 4・9・21民録21輯1486頁）。しかし，このように解すると債権者が不利になるという理由から，学説は，黙示の意思表示の認定を緩和すべきとする。

　また，44条 2 項（法人の不法行為能力）や719条（共同不法行為）のように，法律の規定によって連帯債務が成立することもあるが，これらは，不真正連帯債務（後述3.3を参照）と解されているのが一般的である。

(3) 効力──その 1 （外部的効力）

　(1)の例で説明すると，Aはa・b・cの一部または全員に対して請求することができ，その請求は同時であっても順次であってもよく，300万円の一部または全部を請求することができる（432条）。すなわち，Aは，aに300万円全額を請求して，b・cには請求しなくてもよい。

```
        aのみに全額請求し，
        b・cには請求しなく
        てもよい        a
                     ─────→
      A ─────
                        b

                        c
```

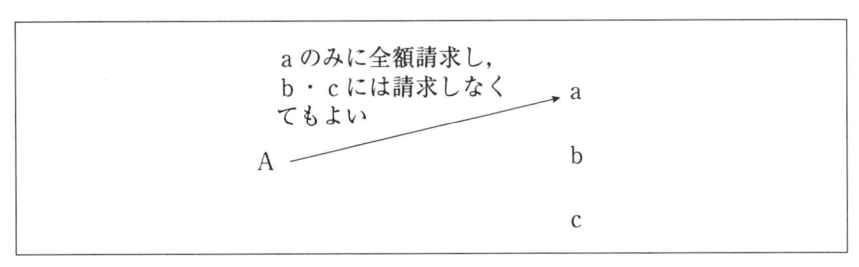

　また，Aは，aに100万円を請求して，その数日後に，bに50万円請求し，さらに数日後にcに150万円を請求することもできるのである。

```
         まず100万円請求       → a
A ──── その数日後，50万円請求 ──→ b
         さらに数日後，150万円請求
                            → c
```

　連帯債務の効力は，基本的にはこのように考えられているが，もし連帯債務者の一人が，債権者に対して反対債権を有していて相殺した場合など，債務者の一人に生じた事由は，他の債務者に影響を及ぼすのかが問題になってくる。以下では，絶対的効力事由と相対的効力事由に分け，説明していくことにする。

　(a)　絶対的効力事由　　絶対的効力が認められる事由とは，連帯債務者の一人に生じた事由が他の債務者にも影響を及ぼす事由を指す。この絶対的効力が認められる事由として，弁済・代物弁済・供託，履行請求，更改，相殺，免除がある（以下，(1)の例を用いて説明する）。

　　(イ)　弁済・代物弁済・供託　　aが，Aに対して，300万円全額を弁済した場合は，aのみの債務が消滅するのではなく，他の債務者であるb・cの債務も消滅する。また，aが代物弁済をした場合や，Aが300万円の受領を拒絶したためaが供託した場合も，同様に考えられている。

　　(ロ)　履行請求（434条）　　Aが，aに対して請求すると，その効果はaだけでなく，b・cに対しても発生する。それゆえ，請求による時効の中断効

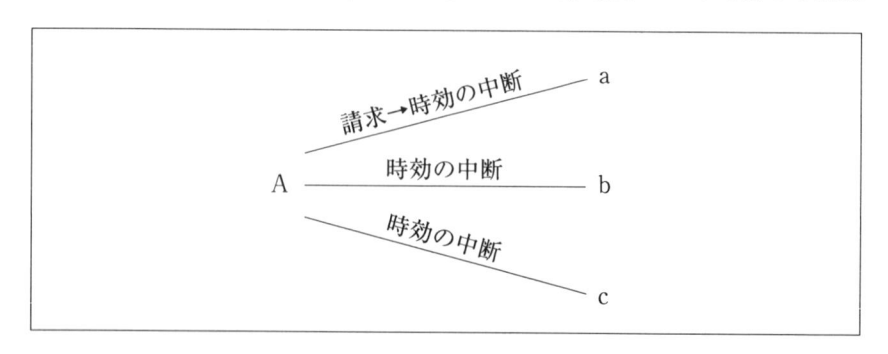

```
         請求→時効の中断       a
A ────── 時効の中断 ────────── b
         時効の中断
                            c
```

(147条1号)が発生するのは、aだけでなく、b・cに対しても発生することになる。

(ハ) **更改 (435条)**　Aとaが、債務を消滅させて新たな債務を発生させようとする更改契約 (513条) をなすと、b・cの債務は消滅する。

(ニ) **相殺 (436条)**　aがAに対して300万円の反対債権を有していたため、aが対等額で相殺すると、b・cの債務も消滅する。

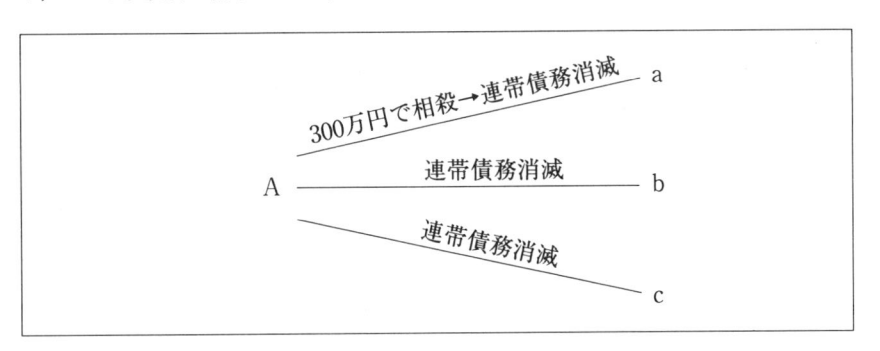

```
                300万円で相殺→連帯債務消滅  a
         A ─────連帯債務消滅──────── b
                  連帯債務消滅
                                      c
```

また、aの反対債権が150万円である場合には、b・cもその分の債務を免れることになり、a・b・cは残りの150万円について連帯債務を負うことになる (436条1項)。

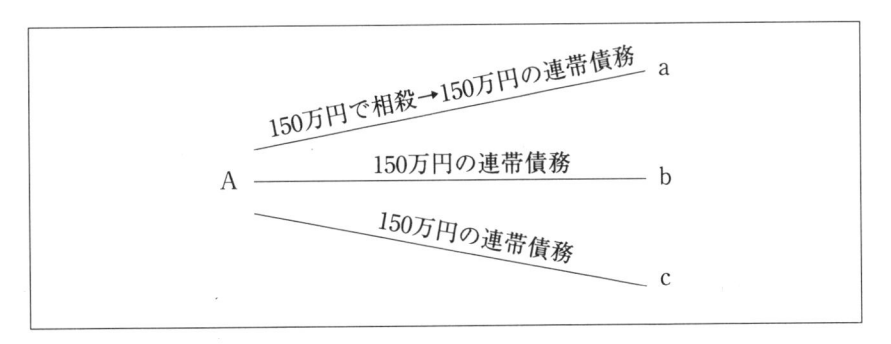

```
              150万円で相殺→150万円の連帯債務  a
         A ────150万円の連帯債務──────── b
                150万円の連帯債務
                                          c
```

もし、aの反対債権が150万円である場合に、aが自ら相殺しないことがあるとしよう。その場合、b・cは、aの負担部分の限度 (100万円) で相殺することができる (同条2項)。この同条2項は、求償関係を簡略化するために、設けられた規定である (このように処理できないとすると、b・cは300万円全額をAに弁済してから、aに求償しなければならなくなる)。相殺が認められれば、

Aの債権は200万円となり、aのAに対する反対債権は50万円となる（大判昭12・12・11民集16巻1945頁、通説）。

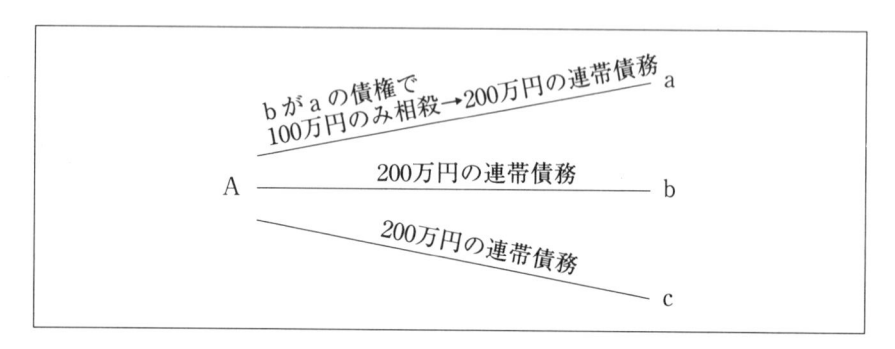

```
                    bがaの債権で
                    100万円のみ相殺→200万円の連帯債務
                                                        a
              A ――――200万円の連帯債務――――b
                        200万円の連帯債務
                                                        c
```

これに対して、b・cには、aの負担部分に相当する額につき弁済拒絶の抗弁権が認められたにすぎないとする少数説もある。

(ホ) **免除（437条）** Aが、連帯債務者の一人であるaの債務を全額免除した場合、他の債務者であるb・cは、aの負担部分100万円のみ債務を免れ、b・cの連帯債務額は200万円となる（437条）。この437条は、求償関係を簡略化するために設けられた規定である（このように処理できないとすると、b・cは300万円全額をAに弁済してから、aに求償しなければならなくなる）。

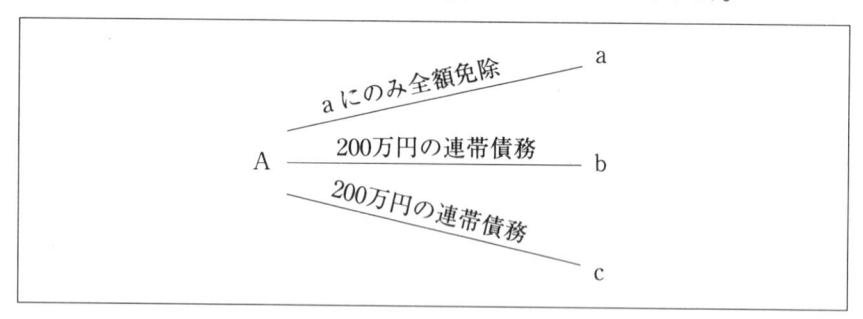

```
                    aにのみ全額免除
                                                        a
              A ――――200万円の連帯債務――――b
                        200万円の連帯債務
                                                        c
```

しかし、このような処理には重大な問題がある。もし、b・cの負担部分がなく、aが300万円全額を負担している場合は、Aがaに対して全額免除すると、b・cも全額債務を免れることになる。実際に判例はこのように解している（大判明37・2・1民録10輯65頁、大判明42・9・27民録15輯697頁）。

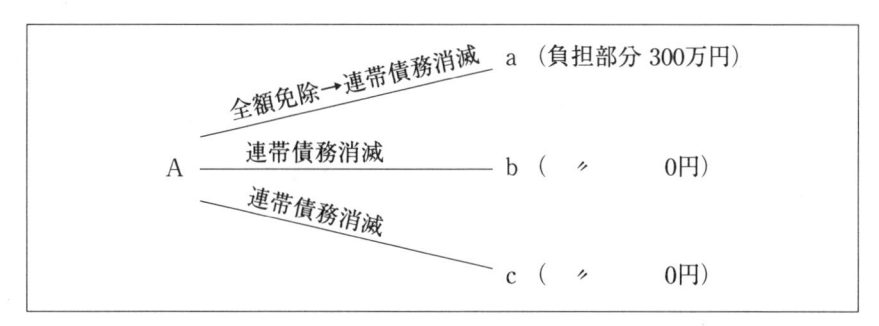

```
                全額免除→連帯債務消滅  a （負担部分 300万円）
                    連帯債務消滅
          A ─────────────────── b （  〃     0円）
                    連帯債務消滅
                                    c （  〃     0円）
```

　学説は，この問題を克服するため，Ａがａ・ｂ・ｃの負担部分の不平等を知っていた場合や，知ることができた場合でなければ，ａ・ｂ・ｃは，負担部分の不平等を主張することができないとする。

　㈏　一部免除　　Ａが，連帯債務者の一人であるａの債務を一部免除した場合，他の債務者であるｂ・ｃには，どのような影響があるのか。

　判例は，債権者Ａが連帯債務者の一人ａに対して債務の一部を免除した場合，全部免除があった場合に比例した割合で，他の債務者ｂ・ｃも債務を免れるとする（大判昭15・9・21民集19巻1701頁）。

100万円（ａが全額免除を受けた場合の，ｂ・ｃの連帯債務の減額分）×

$\dfrac{150万円（Ａがａに対して免除する額）}{300万円（連帯債務の総額）}$

＝50万円（ｂ・ｃの連帯債務の減額分）

　たとえば，Ａが負担部分100万円のａに対して，総債務額の半額である150万円を免除するとすれば，ｂ・ｃの連帯債務額は，いくらになるのか。ａが全額の300万円を免除された場合であれば，ｂ・ｃは100万円の債務を免れることになってｂ・ｃの連帯債務額は200万円となるのであるから（上述の㈥を参照），ａが半額免除される場合には，ｂ・ｃは，100万円の半額である50万円のみ債務を免れ，ｂ・ｃの連帯債務額は250万円となる。これに対し，ａの連帯債務額はどうか。全額免除の場合は，ａの連帯債務額は，300万円減額されることになるから，その半額である150万円が減額されることになり，ａの連帯債務

額は150万円となる。

　また、連帯債務者間の負担部分も同様に考える。すなわち、ａが全額の300万円を免除された場合であれば、ａの負担部分は100万円からゼロになるから、半額免除の場合は、ａの負担部分は50万円となり、ｂ・ｃの負担部分は100万円ずつになる。もしａが150万円を弁済したとすると、ａの負担部分は50万円であるから、ｂ・ｃに50万円ずつ求償できることになる。

　これに対して、このような判例の見解と異なる見解を主張する学説が存在する。すなわち、連帯債務者の一人であるａに対する免除は、ａの負担部分のみの免除をもたらす、とし、ａの負担部分の限度で絶対的効力が生じるにとどまる、とする。たとえば、ａが150万円の免除を受ける場合であれば、ａの負担部分はゼロとなり、ａ・ｂ・ｃの連帯債務は200万円となる（150万円や250万円ではない）。また、ｂ・ｃの負担部分は100万円ずつとなる。

　(ト)　混同（438条）　Ａの債権とａの債務が同一に帰した場合、たとえば、Ａが債権をａに譲渡したり、ａがＡの債権を相続した場合は、ａは弁済したとみなされる（弁済については、上述の(イ)を参照）。

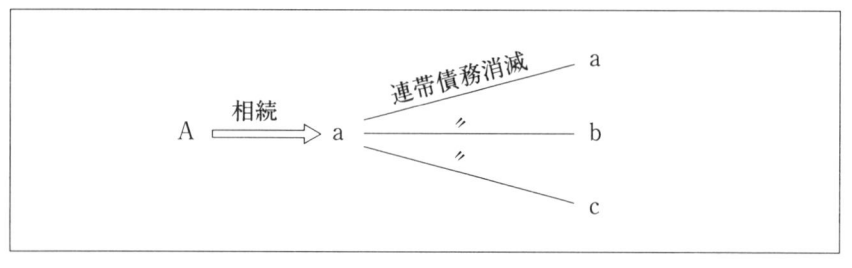

　(チ)　消滅時効（439条）　連帯債務者の一人について消滅時効が完成した時、その債務者の負担部分につき他の連帯債務者も債務を免れる。

　たとえば、ａの債務が消滅時効により消滅したならば、ａの負担部分は100万円であるから、ｂ・ｃの連帯債務は200万円に減少する。

　しかし、Ａは、最も資力のあるｂ・ｃから弁済を受けようと考えｂ・ｃから債務の承認を得ていたが、ａからは債務の承認を得ていなかったことから、ａの債務が時効により消滅した。このような場合に、ａが全部の負担部分を有していたのであれば、Ａは債権を全額回収できないことになってしまう（大判大12・2・14民集2巻51頁）。

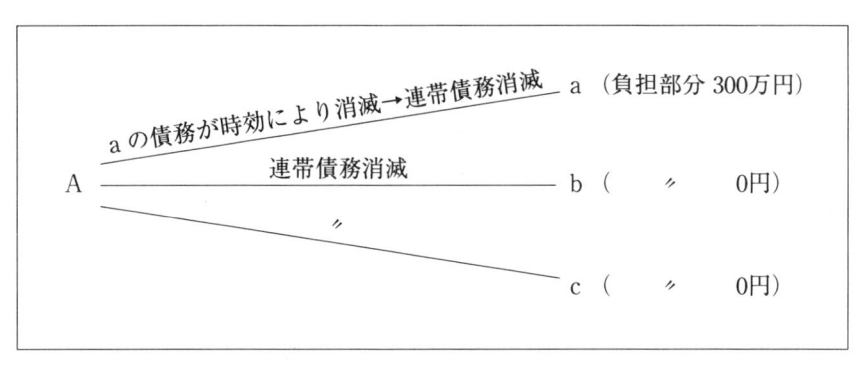

```
              aの債務が時効により消滅→連帯債務消滅  a（負担部分 300万円）
                          連帯債務消滅
A ─────────────────────────────────────── b（   〃    0円）
                            〃
                                          c（   〃    0円）
```

　また、ここで注意しておかなければならないのは、Aの請求（434条。これについては上述の(ロ)を参照）による時効中断は絶対的効力事由になるが、請求以外の時効中断は、相対的効力にとどまる、ということである（大判昭2・1・31新聞2672号12頁など）。

　(b)　相対的効力事由（440条）　　上述以外の事由は相対的事由とされ、連帯債務者の1人に生じた事由が他の債務者に及ぼさない。たとえば、債務者の1人につき、無効・取消の原因があったとしても他の債務者に影響を及ぼさない（433条）。その他には、請求以外の時効中断事由（上述の(a)を参照）なども相対的効力を有するにとどまる。

　(4)　効力――その2（内部的効力・求償権）
　(a)　求償権の意義と要件　　aが自らの負担部分を超えて債務を弁済するなどして、共同の免責を得たようなときは、aはb・cに対して、その負担部分に応じて償還を請求することができる。このような権利を、求償権という（442条1項）。

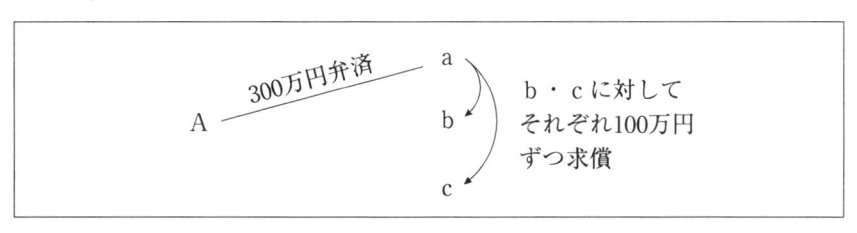

```
                    300万円弁済   a
                                   ↘  b・cに対して
A ─────────────────  b    それぞれ100万円
                                   ↗  ずつ求償
                                 c
```

　要件は、次の二つである。
　①　自己の出捐をしたこと。
　②　共同の免責を得たこと。

なお，その出捐が，出捐をした連帯債務者の負担部分に達しない場合であっても，この連帯債務者はその他の連帯債務者に対し，負担部分の割合に応じて求償できると考えられている（大判大6・5・3民録23輯863頁など）。

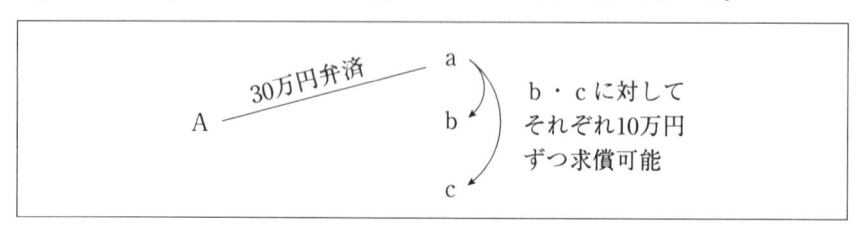

```
         30万円弁済   a
    A ───────────→   b ↰  b・cに対して
                     c ↲  それぞれ10万円
                          ずつ求償可能
```

また，この負担部分の割合は，別段の意思表示がないときは，平等であると考えられている（427条，大判大5・6・3民録22輯1132頁）。

(b) **求償権の範囲**　共同の免責を得るために出捐した額が，求償権の範囲である。すなわち，出捐額が共同免責の総額よりも少額である場合は，その出捐額が求償権の範囲となる。しかし，出捐額が共同免責の総額を超える場合には，この共同免責の総額が求償権の範囲となる。すなわち，aがAに対して600万円を弁済したとしても，aがb・cに対して求償できるのは，200万円ずつではなく，100万円ずつにとどまる。

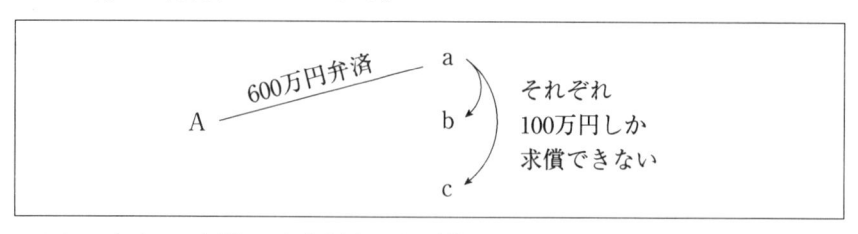

```
         600万円弁済  a
    A ───────────→   b ↰  それぞれ
                     c ↲  100万円しか
                          求償できない
```

また，免責の日以降の法定利息，必要費（為替手数料など），損害賠償なども，求償権の範囲に含まれる（442条2項）。

(c) **求償権の制限**　aが，b・cに黙って共同の免責を得るために出捐した場合は，b・cにとって不利益となることがあり得る。たとえば，aがb・cに黙って出捐した後に，b・cがさらに出捐したり，b・cがAに対して相殺などの主張をしようと考えていた場合には，b・cにとって不利益となる可能性がある。それゆえ，b・cを保護する必要があることから，aは出捐の事前・事後にb・cに対して通知しなければならないとされ，aがこれを怠った場合，aの求償権が制限されることになる（443条）。

(イ) 事前の通知を怠った場合　ａがＡから請求を受けたため，ａはＡから請求を受けたことをｂ・ｃに通知せずに全額300万円を弁済したとしよう。この場合，ａがｂに対して求償するとすれば，ｂはＡに対して主張できた抗弁事由（たとえば相殺）を，ａに対して主張できることになる（443条１項）。たとえば，ｂがＡに対して50万円の債権を持っていたとしたら，ａはｂに対して，本来なら100万円求償できるのであるが，50万円しか求償できなくなる。なぜなら，ｂは50万円の相殺を主張できたにもかかわらず，主張できなくなったからである。

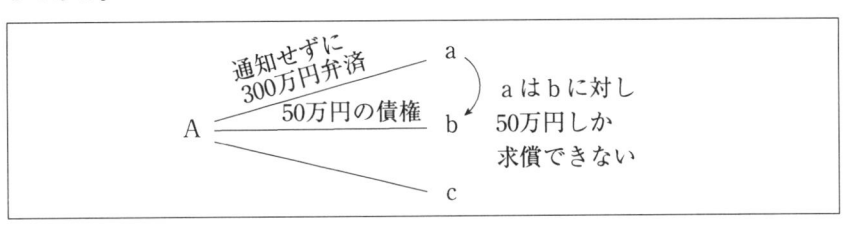

```
         通知せずに      a
         300万円弁済  ╱    ╲ aはbに対し
      A ─────────────       50万円しか
         50万円の債権  b    求償できない
                      ╲
                        c
```

ただし，ｂが相殺を主張し得る場合には，ａがＡに対して，ｂの相殺によって消滅すべき債務の履行を請求することができる（443条１項但書）。すなわち，ａはＡに対して50万円の償還を請求できることになる。

(ロ) 事後の通知を怠った場合　ａが弁済した後に，ｂ・ｃに対し弁済したことを通知しなかったため，ｂがａの弁済を知らずにｂがＡに対して弁済した場合，ａの弁済は無効となりｂの弁済が有効となる（443条２項）（ただし，ｂはａ・ｃに対して事前の通知をしておかなければならないとされている。この点については，後述(ハ)を参照）。たとえば，ａが全額弁済した後，ｂがＡに対して全額弁済したとしたら，ａの弁済は無効でｂの弁済が有効となる。ａはｂに対して求償することができず（もしｂがａから求償されても，ｂは自らの弁済が有効であることを理由に拒むことができる），ａはＡに対して償還請求することになる。また，ｂはａ・ｃに対して求償することができる。

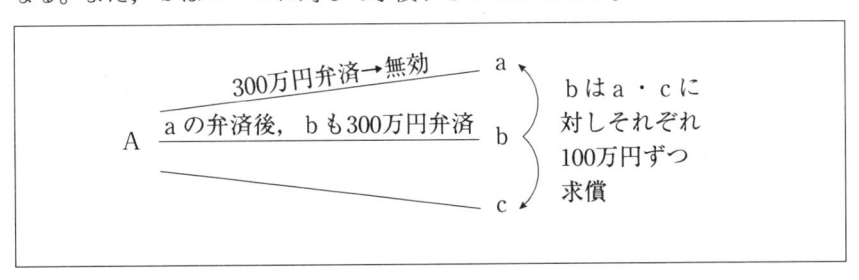

```
           300万円弁済→無効    a
      A ─────────────────────       bはa・cに
         aの弁済後，bも300万円弁済 b   対しそれぞれ
                                    100万円ずつ
                                c   求償
```

(ハ) aが事前・事後の両方の通知を怠り，bが事前の通知を怠った場合
　aが事前・事後の両方の通知を怠り，bが事前の通知を怠った場合は，443条の適用がなく，aの弁済が有効となり，bは自己の弁済を有効なものとみなすことができない（最判昭57・12・17民集36巻12号2399頁，通説）。

(d) 連帯債務者の中に無資力者がいる場合の求償権　(イ) 連帯債務者の負担部分が，平等である場合　aが全額弁済したが，bが無資力者であれば，bはaに対して償還することができない。このような場合に，a・cは，各自の負担部分に応じて負担しなければならない（444条）。もしこれを認めないと，全額弁済したaがbの負担部分をすべて負うことになり，不公平であるからである。たとえば，全額弁済したaはcに対して，cの本来の負担部分である100万円と，bの負担部分の半分である50万円を求償することができる。

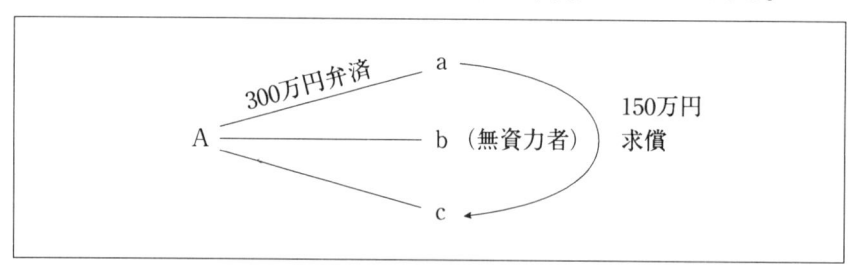

```
┌─────────────────────────────────────────────┐
│                            a                │
│              300万円弁済  ╱                  │
│                         ╱        150万円     │
│         A ─────────── b（無資力者）求償      │
│                         ╲                   │
│                           ╲                 │
│                             c ←             │
└─────────────────────────────────────────────┘
```

ただし，aが全額弁済してから迅速にbに対して求償しなかったため，その後bは無資力者になり償還できなくなった場合，すなわち，aに過失がある場合には，bの負担部分はaが一人で負担しなければならない（444条但書）。

(ロ) 連帯債務者の負担部分が，平等ではない場合　たとえば，aが全額弁済したが，a・cの負担部分がゼロで，bの負担部分が全額の300万円であるとしよう。この場合に，bが無資力者であれば，aはcに対して求償することができるのか。負担部分がゼロである債務者間（a・c間）では，平等に分担されるべきとされている（大判大3・10・13民録20輯751頁など，通説）。

(e) 連帯免除　連帯免除とは，連帯債務の総債務額を負担部分の範囲に限定することである（すなわち，債務の免除ではない）。このような限定を連帯債務者全員に行うことを絶対的連帯免除といい，連帯債務者の一部に行うことを相対的連帯免除という。

　(イ) 絶対的連帯免除　Aが，a・b・c全員に対して連帯債務の総債務

額を負担部分の範囲に限定すれば，これにより連帯債務は，分割債務となる（分割債務については，1.2を参照）。

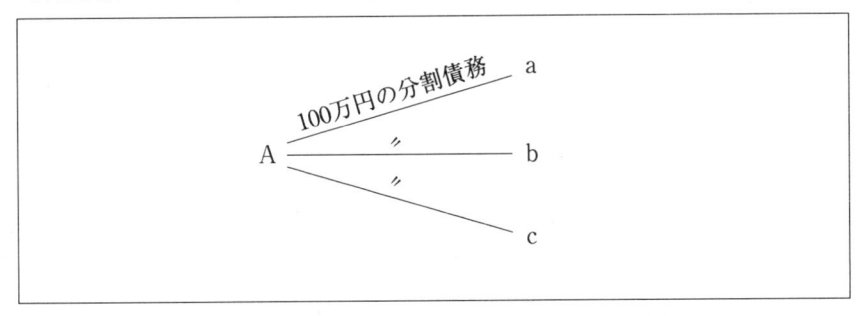

```
           100万円の分割債務   a
     A ─────────────────── b
            〃
            〃              c
```

㈹ 相対的連帯免除 Aが，aに対してのみ連帯の免除をするときは，aのみが負担部分につき分割債務を負担し，b・cの連帯債務は影響されない。

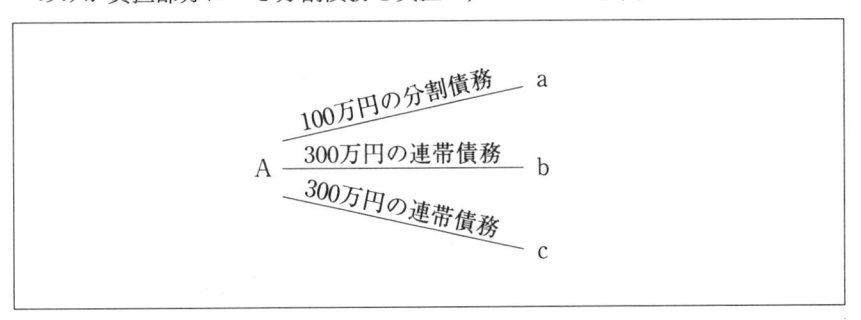

```
           100万円の分割債務   a
     A ─── 300万円の連帯債務 ── b
           300万円の連帯債務
                              c
```

ただし，この場合にbが全額を弁済しcが無資力とすれば，bがcの負担部分をすべて負担しなければならないかが問題となる。本来であれば，a・bがcの負担部分を半分ずつ負担しなければならなかったのであるから，aが負担すべきであったcの負担部分の半分は，連帯免除を行ったAが負担しなければ

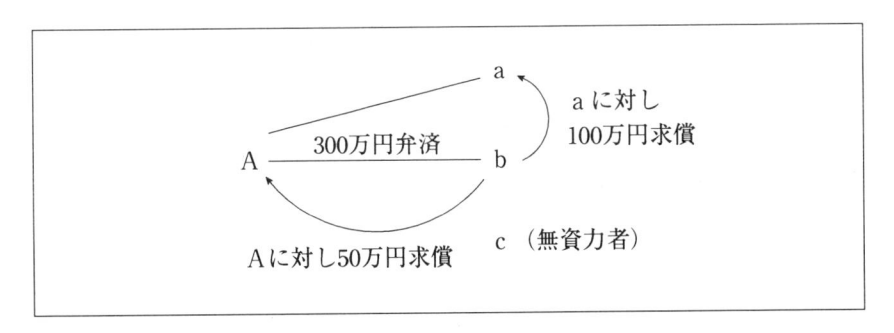

```
                         a
                         ↑ aに対し
                         │ 100万円求償
     A ── 300万円弁済 ── b
                         │
           Aに対し50万円求償  c（無資力者）
```

ならないとされている（445条）。すなわち，bはaに対し100万円，Aに対し50万円を求償することができる。

3.3 不真正連帯債務
(1) 意　義
　同一内容の給付を目的とする債務を，複数の債務者がそれぞれ別々の原因により負担する場合，このような債務を不真正連帯債務という。

　たとえば，a・b・cがAに暴行を加えたという共同不法行為の場合には，a・b・cはAに対して不真正連帯債務を負うことになる（719条）。その他に，使用者と被用者の賠償義務（715条，大判昭12・6・30民集16巻1285頁など），法人と理事の賠償義務（44条，大判昭7・5・27民集11巻1069頁）などがある。

　そこで，連帯債務と不真正連帯債務の違いが問題となる。連帯債務の場合は，絶対的効力事由が連帯債務者の1人に生じれば，他の債務者にも影響を及ぼすが，不真正連帯債務の場合は，絶対的効力事由が限定されていることから，不真正連帯債務は，債権者にとって有利な債務となっている。

　ただし，不真正連帯債務という概念は本当に必要なのか，という問題がある。連帯債務においては，絶対的効力が幅広く認められているため，債権の担保力はかなり減少するから，絶対的効力が限定されている不真正連帯債務を認める実益は大きいといえよう。しかし，不真正連帯債務という概念が必要であるとする見解に対し，有力な批判がある。

(2) 効　力
　(a) 対外的効力　　弁済・代物弁済・供託・相殺は絶対的効力を有するが，その他の事由は，すべて相対的効力事由とされる。すなわち，434条から440条までの適用はないことになる。なぜなら，被害者たる債権者を十分に救済しなければならないという配慮があるからである。

　その他は，連帯債務の場合と同様である（連帯債務の(3)効力――その1（外部的効力）を参照）。

　(b) 対内的効力　　負担部分がなく，また求償権も当然には生じないと考えられている。ただし，715条3項のように，法律上求償権が発生する場合がある。判例は，共同不法行為の事例で公平の見地から求償を認め，負担部分は過

失の割合によって定まるとしている（最判昭41・11・18民集20巻9号1886頁）。

【展開講義　33】　一部免除とは何か

　一部免除については，いくつかの見解が存在している。
　上述の㈻一部免除のところでも紹介したが，まず，判例の見解とこれに賛成する学説がある[1]。
　次に，これもすでに紹介した見解であるが，連帯債務者の一人に対する免除は，その債務者の負担部分のみの免除をもたらすとする見解である[2]。
　最後に，一部免除後の残額が免除の相手方の負担部分より多い場合には，その債務者の負担部分は減少せず，他の債務者の債務額にも影響はない。これに対し，一部免除後の残額が免除の相手方の負担部分より少ない場合には，その債務者の負担部分はその差額分のみ減少し，また，他の債務者の債務額もその差額分のみ減少するとする見解がある[3]。
　たとえば，Aがaに対して，半額の150万円を免除したとしよう。この場合，一部免除後の債務額は150万円であるから，aの負担部分より多いことになり，aの負担部分とb・cの債務額は減少しない。これに対して，Aがaに対して，250万円を免除したとしよう。この場合，一部免除後の残額は50万円であるから，aの負担部分より少ないことになり，aの負担部分とb・cの債務額はその差額分である50万円減少することになる。

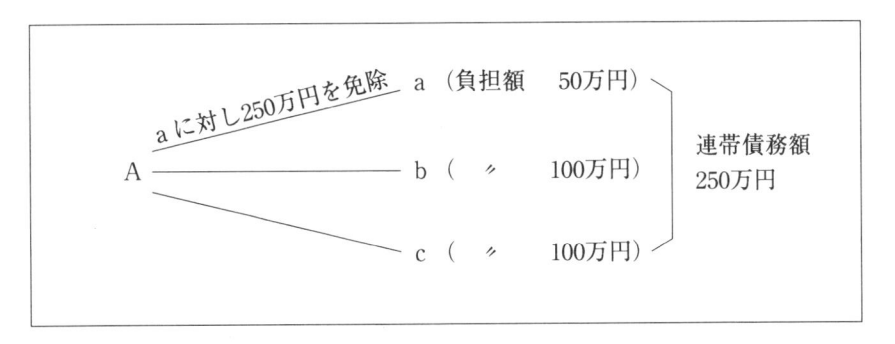

```
         aに対し250万円を免除  a（負担額  50万円）⎫
                                                   ⎪  連帯債務額
    A ─────────────────────── b（  〃    100万円）⎬  250万円
                                                   ⎪
                              c（  〃    100万円）⎭
```

　以上の説を検討すると，次のようになる。
　第二説は，免除の相手方のみを保護しすぎであり，連帯債務の担保的機能を無視してしまう結果となる。また，第三説は，各債務者の負担部分が額ではなく「割合」である，という一般的理解と矛盾するように思われる。また，免除

の相手方に対して免除をしたにもかかわらず，残額が負担部分より少ない場合にしか負担部分が減少しないとすれば，免除の相手方には何の利点もない[4]。したがって，これら二つの説の中間として位置付けられる第1説が，最も妥当と思われる。

~~~~~~

(1) 林（安永正昭補訂）＝石田＝髙木・債権総論〔第3版〕407頁（青林書院，1996年），前田達明・口述債権総論〔第3版〕333頁（成文堂，1993年），潮見・490頁。
(2) 柚木＝髙木・257頁。
(3) 我妻・講義IV421頁，平井・338頁，奥田・(上) 359頁。
(4) 潮見・489頁以下。

第7章 人的担保として機能する保証債務

1 保証債務の意義および性質

――――― ◆ 導入対話 ◆ ―――――

学生：私の父が，同僚の保証人になったために，今，約500万円の支払を求められているのですが……，父は，この金銭を返さなければいけないんですか。
教師：結論から言えば，その通り，返さなければならないんだよ。
学生：あっそうですか……，でも……，父は，親切で，保証人になったんですよ。確かに，父もお人好しだったかもしれませんが……。
教師：そうかもしれないね。でも，保証人が債務者というわけではないから，一次的な債務を負うことはないんだ。
学生：えっ……先生，それはどういうことなんですか。
教師：ただし，きみのお父さんが，普通の保証人であった場合だよ。
学生：普通の保証人……。
教師：保証には，普通の保証と，連帯保証とがあるんだ。それぞれ違いがあるからね……。

1.1 保証債務の意義
(1) 保証人の債務を保証債務という

　保証契約とは，他人（主たる債務者）Bが債権者Aに債務を履行しない場合，保証人Hが債務の履行をなすべき責めに任ずる（446条）契約をいう。Hの保証債務は，BあるいはHのいずれの債務が履行されたならば，消滅する点で多数当事者の債権関係の一種である。不可分債務，連帯債務はそれぞれ各債務が自主・独立しているのに，保証債務は主たる債務の履行を担保する手段であり，主従の関係がある（附従性）点に特色がある。

(2) 保証契約と損害担保契約

保証契約と類似する契約に損害担保契約がある。広義には，保証契約も契約当事者の一方が一定事項の生じたことによって被る損害を填補することを目的とする損害担保契約の一種である。しかし，狭義の損害担保契約は主たる債務（者）の存在を前提としない。損害担保契約には主たる債務に対する附従性や補充性がない。

1.2 保証債務の性質

(1) 保証債務の別個独立性

保証債務は，主たる債務と別個独立の債務である。したがって，保証債務にも保証を付けることができる（副保証）。また，主たる債務が民事債務で保証債務が商行為によって生じた場合，主たる債務の時効期間は10年で（167条1項），保証債務は5年で（商522条）時効消滅する（大判昭13・4・8民集17巻664頁）。しかし，保証債務の独立性は，附従性・随伴性により制限される。

(2) 保証債務の内容同一性

主たる債務と同一の内容を有する債務を保証人は負担するから，主たる債務は，代替的給付がその内容となる。

(3) 保証債務の附従性

保証債務は附従性がある。それによれば，(ｱ)成立の附従性：主たる債務が無効であるか取り消されたときは，保証債務も無効である，(ｲ)内容の附従性：保証債務は，①その目的および態様において主たる債務より重いことは許されない，②主たる債務の内容に変更が生じたときは，保証債務の内容もそれに応じて変更する，(ｳ)消滅の附従性：保証人は主たる債務者の抗弁権を援用することができ，主たる債務が消滅したときは，保証債務もまた消滅する。

(4) 保証債務の随伴性と補充性

主たる債務者に対する債権が移転したときは，保証債務も移転する（随伴性）。さらに，保証人は，主たる債務の履行がなされない場合に，その履行をなすべき債務を負担する（補充性）。もっとも，連帯保証においては随伴性はあるが補充性はない。

2 保証債務の成立

2.1 保証契約

(1) 保証契約は，不要式の諾成契約である。

通常は，主たる債務の契約書（たとえば，金銭消費貸借契約書など）中に保証する旨の条項を挿入し，保証人が記名捺印をして保証契約を締結する。主たる債務者が持参した契約書に保証人として署名捺印し，これを主たる債務者が債権者に差し出す形式でなされた場合，保証人は債権者と接触しない。この場合，債務の内容の一部・全部が白紙であるのに，先にその債権証書の保証人欄に保証人が署名捺印し，その後主たる債務者が中身を補充する場合には，代理人によって保証契約が締結されたのである。その権限を超えて主たる債務者が保証債務の内容を決めれば，表見代理（110条）の問題となる。

契約書に使われた用語が「証人」・「立会保証人」であっても，保証の意思があれば，用語の如何を問わず，保証である。意思解釈の問題である。

(2) 保証債務は，債権者と保証人となるべき者の契約である。

通常，保証人は，主たる債務者に頼まれ，保証契約を締結する。この関係は一種の委任関係であり，保証人となるべき者が債権者と保証契約を締結するのは，保証委託契約の保証人となるべき者の受任義務の履行となる。しかし，遺言によっても保証債務は成立すると解する見解もあるし，保証委託の存在は保証契約の不可欠な条件でもない。保証人となるについて主たる債務者から委託があったか否かは，保証人が保証債務を履行した後の主たる債務者への求償の点で差異が生ずるにすぎない。主たる債務者からの委託の有無や委託契約の有効，無効，解除の存否は，保証契約の効力に影響を及ぼさない。

保証契約の締結に際して，主たる債務の価額や態様，主たる債務者の資力や担保（たとえば，他に連帯保証人がいる，物的担保もついている）などの事情が債権者から示されたのと実際違っていて，保証人となるべき者に錯誤があっても，動機の錯誤にとどまり，保証契約が無効になることはない。

2.2 保証契約の成立要件

(1) 保証人に関する要件

保証人の資格には制限はない（なお，12条1項2号参照）。主たる債務者が保

証人をたてる義務を負っている場合には，保証人は能力者でありかつ弁済の資力を有する者であることが必要である（450条1項）。保証契約締結後に保証人が弁済について無資力となった場合，債権者は，要件をそなえた者を保証人にたてるべきことを主たる債務者に対して請求することができる（450条2項）。

しかし，①債権者が保証人を指名した場合には，以上の要件を満たしている必要はない（450条3項）し，②主たる債務者が無資格の者を保証人として立てた場合でも，保証契約は当然に無効とはならない。主たる債務者はなお有資格の保証人をたてる義務の不履行となり，期限の利益を失い（137条3号），債権者から契約解除がなされるにすぎない。そして，③主たる債務者が有資格の保証人をたてることができない場合，他の担保を供してこれに代えることができる（451条）。

(2) 主たる債務に関する要件

(a) 主たる債務の存在　保証債務は主たる債務の履行を担保するための債務であるから，主たる債務が条件不成就のため成立しなかった場合や，主たる債務が無効・取り消された場合，附従性から保証債務は成立しない。また，主たる債務が利息制限法の制限を超える利息付の消費貸借である場合，制限利息を超える部分は無効であるから，保証契約はその制限内で効力を生ずることになる。主たる債務を前提としないで契約が締結された場合には，場合によっては，損害担保契約となる。

(b) 不代替的給付を内容とする債務　保証債務は主たる債務者の不履行の際には，保証人がこれに代わって債務を履行するのであるから，主たる債務と保証債務との間における給付内容の代替性がなければならない。主たる債務が不代替的給付である場合，たとえば，Hが売主Aの買主Bに負担する家屋の引渡義務を保証した場合，主たる債務が債務不履行によって損害賠償債務に変ずることを停止条件として保証契約が締結されたこととなる。しかし，Hがその家屋を取得した場合，保証債務の内容は特定物給付についての保証であるから，買主Bは登記をした保証人Hに対して仮登記・仮処分をすることができる（大判大13・1・13民集3巻53頁）。さらにAには落雷等で過失なく債務不履行にならない場合，売買契約の家屋引渡義務についてHが「理由如何を問わず所定期日まで引き渡さなければ，自分が責任を負う」旨の約束があった場合，Aは損

害賠償義務を負わないので，Hがその債務を負担する趣旨であれば，それは損害担保契約である。

3 保証人と債権者との間の関係

3.1 保証債務の内容

(1) 保証債務の目的と態様

保証契約の内容は，保証契約と保証債務の附従性によって定まる。その目的（金銭債務か，特定物債務かなど）・態様（条件付か，期限付か，利息付かなど）は原則として主たる債務と同一である。保証人に関係なしに責任を加重することはできない。主たる債務者と債権者との間の契約で債務内容の拡張・加重されても（たとえば，保証債務だけ利息の率が高められたり，弁済期限が短縮されたり，条件が付けられた場合），保証債務の内容が拡張・加重され，変更されることはない（448条）。これに反して，保証債務は主たる債務の態様よりも軽減して契約することができる。保証人には不利益はないからである。

(2) 保証債務の範囲

(a) 保証債務　これは主たる債務に関する利息，違約金，損害賠償，その他すべて主たる債務に従たるもの（たとえば，費用など）を包含する（447条1項）。

(b) 一部保証　保証人の債務が主たる債務より重いときは，主たる債務の限度に減縮される（448条）。しかし，保証債務の範囲を主たる債務の範囲より小さくできる。たとえば，主たる債務は1,000万円であるが，保証債務は500万円とした場合である。その場合，二つの場合が考えられる。主たる債務者が500万円弁済すれば，保証人は保証債務は消滅する場合と，500万円の主たる債務が残る限り保証人は保証債務を免れないとする場合である。いずれに該当するかは，法律行為（保証契約）の解釈による。どちらによるか明らかでない場合，取引慣行からみて債権者の意思は残債務がある限り責任を負わせる意思であるとみるべきであろう。

(c) 副保証　保証債務は主たる債務とは別個の債務だから，保証人は保証債務に違約金または損害賠償額を約定することができるし（447条2項），さらに，保証債務について保証人をたて（副保証），担保物権を設定できる。

【展開講義　34】　主たる債務が生じた契約の解除と保証との関係

　主たる債務者が債務不履行に陥ったため債権者から契約解除された場合に負担する原状回復義務および損害賠償義務が保証債務の範囲に含まれるか。契約解除の場合における原状回復義務と損害賠償義務の性質論ともからんで，争いがある[1]。しかし，現在は，判例は，特定物の売買における売主のための保証においては，通常，その契約から直接に生ずる売主の債務につき保証人が自ら履行の責めに任ずるというよりも，むしろ，売主の債務不履行に基因して売主が買主に対し負担することあるべき債務につき責めに任ずる趣旨でなされるものであるから，原状回復義務も保証債務の範囲に含まれると解されている（最判昭40・6・30民集19巻4号1143頁）。

　以前，売買のような一時的な債務の保証では，契約が債務不履行により解除された場合，損害賠償債務には保証人の責任は及ぶが，解除された場合の原状回復義務は契約が遡及的に消滅した結果生ずる不当利得返還義務であるから，契約の債務とは別個の独立の義務であると解し，特約がない限りは保証人の責任は原状回復義務には及ばないと考えられていた。しかし，保証の範囲の問題は原状回復義務や損害賠償債務の性質論ではなく，保証人の責任が加重にならないよう，債権者との利益考量を視野に入れて，保証の趣旨から実質的に決定されるべきである。その際，どのような趣旨で結んだかがその判断の基準となる。この見地に立って考えれば，不特定物売買の売主の保証・買主の保証や請負の保証の場合でも，同様に解することができる（請負について，最判昭47・3・23民集26巻2号274頁）。

　解除によって生じた原状回復義務に保証人の責任が及ぶかは，特約があればそれによることになるから，問題は当事者の意思が明示・黙示になされていない場合であり，事実認識の意思解釈が及ばないところでの法律行為の内容補充の解釈の問題である。したがって，「保証の趣旨」とは，契約どおり債務が履行されたならば，債権者が得るであろう財産状態を保証するということにある。損害賠償債務に関して保証人の責任が及ぶとすれば，原状回復義務も損害賠償債務と同じく，履行がなされたと同じ状態を債権者に作り出すのであるから[2]，もし保証人が原状回復義務の責任を負わないと解すれば，解除しない場合の保証人と比べて不均衡が生じることになる。

---

(1)　山崎賢一・民法の基本判例〔3版〕127頁，辻伸行・担保法の判例Ⅱ202頁およびそこに掲げられている文献参照。

(2)　辻・前掲204頁。

3.2 債権者の権利

債権者が保証人に対して保証債務の履行を請求するには，主たる債務が履行期にあり，かつ，その債務の履行がなされないことを主張・立証しなければならない（446条）。保証債務の履行期が主たる債務の履行期より早く到来することはない（448条）。

主たる債務と保証債務がともに履行期にある場合，債権者は，主たる債務者と保証人に対し，同時にまたは各別に，全部または一部の履行を請求することができる。もっとも，主たる債務者および保証人が破産宣告を受けたときは，債権者は，破産宣告の時において有する債権の全額について各破産財団に対し破産債権者としてその権利を行うことができ（破24条），保証人だけが破産の宣告を受けたときは，債権者は破産宣告の時において有する債権の全額について破産債権者としてその権利を行うことができる（破25条）。

3.3 保証人の権利──抗弁権

保証債務の附従性および補充性から，保証人は種々の抗弁権を有している。

(1) 附従性にもとづく抗弁権

(a) 主たる債務の消滅を主張する場合　　主たる債務が無効・取り消され，または弁済・代物弁済・供託・相殺・更改その他の原因によって消滅した場合，保証債務も消滅し，保証人はそれをもって抗弁できる。

主たる債務が時効により消滅した場合，保証人は自分に対する関係で（当事者として）これを援用して，保証債務の消滅を主張できる。主たる債務者が時効利益を放棄しても，相対的効力しかないから，保証人はなお時効消滅を援用し，保証債務の消滅を主張できる。この場合，主たる債務は保証のない債務として残る。逆に，保証人が保証債務の時効利益を放棄または債務の承認をした場合，保証債務について当事者として時効利益を放棄・債務の承認をしたのであるから，原則として主たる債務についても，保証人は当事者としての時効援用権を失う。しかし，主たる債務が主たる債務者による時効の援用によって確定的に消滅した場合，保証債務の附従性から保証債務も消滅する。

(b) 主たる債務者が取消権・解除権を有する場合における履行拒絶権　　主

たる債務者が主たる債務の取消・解除権を有している場合，保証人は取消権・解除権を持たない（120条参照）。したがって，主たる債務に取消・解除原因があっても，保証人はそれを行使できないが，保証債務の附従性から，主たる債務が取消・解除されるかどうか確定するまでは，保証人は保証債務の履行を拒絶することができる（81条2項参照）。

　(c)　主たる債務者の抗弁権を行使する場合　　保証人は主たる債務者の債権者に対する同時履行の抗弁権，期限猶予の抗弁権，副保証の場合における催告の抗弁権および検索の抗弁権などを援用できる。さらに，保証人は主たる債務者の債権により相殺をもって債権者に対抗できる（457条2項）。たとえば，債権者Aに対して100万円の債務を負担している主たる債務者Bが，Aに対して60万円の反対債権を有している場合，保証人Hは，Aから請求されたときは，Bの債権で相殺して40万円だけ弁済すればよい。連帯債務の436条2項と同じく，保証人を保護しかつ法律関係を簡略にするために認められる。

　(2)　補充性にもとづく抗弁権

　(a)　催告の抗弁権　　債権者が債務の履行を請求したときは，保証人は「先ず主たる債務者に催告をするように請求」できる（452条本文）。債権者がまだ主たる債務者に対して催告していない場合に認められる。債権者が事前・同時に催告しているときは，催告の抗弁権は認められない。催告は裁判上行う必要はない。

　保証人が催告の抗弁権を行使したにもかかわらず，債権者が主たる債務者に対する催告を怠り，その後主たる債務者から全部の弁済を得ることができなくなった場合，保証人は，債権者が直ちに催告をしておれば弁済を得ていたであろう限度において，その義務を免れる（454条）。

　なお，主たる債務者の破産宣告・行方不明の場合または連帯保証の場合は，保証人は催告の抗弁権を有しない（452条但書・454条）。催告の抗弁権が放棄された場合または催告の抗弁権が付着しない旨の特約がある場合も同様である。

　(b)　検索の抗弁権　　債権者が主たる債務者に催告した後でも，保証人が主たる債務者に弁済の資力がありかつ執行の容易であることを証明した場合は，債権者はまず主たる債務者の財産に執行をしなければならない（453条）。しかし，検索の抗弁権と催告の抗弁権は相互に独立しているから，催告の抗弁権の

行使が検索の抗弁権を行使するための要件ではない。

「弁済の資力」とは，容易に執行をすることのできる若干の財産を主たる債務者が有していることを証明すれば足りる。「執行が容易である」とは，債権者がその執行手続の難易ではなく，請求権の内容を実現する難易であり，有体動産に対する執行よりも，不動産・債権に対する執行の方が難易性が高い。

債権者が一度主たる債務者に執行すれば，再度検索の抗弁権を行使することは許されない。これを許せば，債権者は再三再四主たる債務者に執行しなければならなくなるからである。保証人が検索の抗弁権を行使したにもかかわらず，債権者がその執行を怠り，その後主たる債務者から全部の弁済を得ることができなくなった場合，保証人は，債権者が直ちに執行をしておれば弁済を得ていたであろう限度において，その義務を免れる（455条）。

連帯保証人は検索の抗弁権を有しない（454条）。通常の保証債務の場合でも，検索の抗弁権を放棄することはできる。

【展開講義　35】　主たる債務に取消事由ある場合と保証との関係

(1)　保証と連帯債務

　連帯債務の場合，債権者との関係では，一本の債務であっても，本来各債務者が負っている債務は自主独立した債務である。したがって，一人の連帯債務者に取消原因があっても，他の債務者に影響が及ばない。これに反して，保証の場合には，保証債務は主たる債務に従属しているのであるから，主たる債務に取消事由あり，それが取り消されれば，保証債務も影響を受け，消滅する。

　しかし，449条は，無能力によって取り消すことのできる債務を保証した者が保証契約の当時その取消原因を知っていたときは，主たる債務者の不履行またはその債務の取消の場合につき，同一の目的を有する独立の債務を負担したものと推定している。

(2)　449条の適用範囲

　保証人が独立の債務を負担するのは，主たる債務の発生原因たる法律行為の取消が無能力による場合に限られる。たとえば，未成年者が金銭を借り受けるに際して保証人となった者が，未成年であることを知っていれば，未成年者が主たる債務を取り消した場合でも，保証人は金銭を支払う債務を負担する。しかし，保証人に独立の債務を負担させることは，明らかに保証債

の附従性に矛盾するから，無能力による取消以外の場合，たとえば，契約書が偽造されたことを理由に契約が成立しなかった場合，取消事由である詐欺・強迫の場合，449条の適用はない。詐欺・強迫の場合，主たる債務が取り消されることを知って保証をした者に同一の独立の債務を負担させることになると，かえって不正を助長する。

(3) 同一の目的を有する独立の債務の性質

保証人が負担する独立の債務は保証契約の附従性に反するものであるから，独立した債務とは損害担保契約である。独立した債務と解したとしても，保証人は取消以前では通常の債務を負担しているのであるから，それを前提とする限り，独立した債務は，期限，条件その他の態様において保証契約時の状態を維持する。しかし，主たる債務とは一種別個の債務なので，保証人が複数いる場合，分別の利益はなく，結果的には連帯債務と同じになるし，保証人が取消原因を知っていても，主たる債務の存続中のみ保証責任を負担する合意は有効である。

(4) 推定規定としての449条

449条は推定規定である。したがって，保証人は取消原因について善意であることを立証すれば，責任は免れる。そして，広く保証人が独立した債務を負担する意思と認められない事実の立証責任は保証人にある。

3.4 主たる債務者または保証人について生じた事由の効力

主たる債務者と債権者間または保証人と債権者間に生じた事由がそれぞれ保証人または主たる債務者に効力を生ずるかは，保証債務の附従性によって決せられる。

(1) 主たる債務者について生じた事由の効力

(a) 主たる債務者と債権者との間で主たる債務者について生じた事由　　原則としてすべて保証人に対してもその効力を生ずる（保証債務の附従性）。しかし，保証債務成立後主たる債務者と債権者と合意によって，違約金の特約をなしたり，無利息の消費貸借を利息付のそれに変更するなど，主たる債務の内容を拡張しまたは加重した場合とか，債務の消滅ではなく責任が限定されたにとどまる場合，たとえば，主たる債務について限定相続がなされたとき，主たる債務が強制和議において一部免除されたときもしくは免責破産のとき（破326条2項・366条ノ13）などは，保証債務の効力に影響はない。債権者にとって主

たる債務者の破産状態に備えるのが保証だからである。

　主たる債務について免責的債務引受がなされた場合は，保証人は，債務者の資力その他を信用して保証するもので，保証人の関与なしに債務者の変更が生じるのは，保証人にきわめて酷な結果となるから，保証人の同意がなければ，保証債務は存続しない。

　(b)　主たる債務者に対する債権が債権譲渡された場合　　債権が譲渡されたとき，保証債権もまた当然にそれに随伴する。主たる債務者に対する債権の債権譲渡について対抗要件（通知または承諾）が備わったときは，保証人に対しても対抗力が生ずる。確定日付ある証書による通知または承諾である必要はない。

　主たる債務が弁済その他によって消滅したにかかわらず，主たる債務者が異議を留めないで債権譲渡を承諾した場合に，異議を留めない承諾の性質をめぐって争いがある（債権譲渡の項を参照）。

　(c)　主たる債務者に対する時効　　主たる債務者の時効の中断は保証人に対してもその効力を生ずる（457条1項）。連帯債務の場合とは異なり（434条参照），履行の請求のみならず承認や差押，仮差押，仮処分などすべての中断事由が主たる債務者に生じた場合は，保証債務も時効が中断される。承認が弁済期限の延期の方法によってなされた場合も同様である。

　これに対して，時効の停止は各債務者のそれぞれにその事由があるか否かを決定すべきであるから，主たる債務者に停止の事由があっても，保証人に影響を及ぼすことがない。

　なお，短期消滅時効にかかる主たる債務が確定判決によって10年に時効期間が伸長された場合，保証債務の時効期間も10年となる（最判昭46・7・23判時641号62頁）。

　(2)　保証人について生じた事由の効力

　保証人と債権者との間で保証人について生じた事由は，原則として主たる債務者に対して影響を及ぼさない。ただし，弁済や代物弁済などのように債権を満足させる事由は絶対的効力を有する。

　その他の事由はすべて相対的効力を有するにとどまるから，保証人に対して債権譲渡の通知をしても，主たる債務者に対しては効力を生じない結果，保証

人に対しても債権譲渡を対抗することができない。保証人に対する請求や保証人に対する債務の承認も，主たる債務の消滅時効を中断させることはなく，主たる債務の時効完成後は，保証債務についての時効期間が満了していないときでも，保証人は主たる債務についての時効完成を援用することができる。なお，連帯保証については，連帯債務に関する434条ないし440条の規定が準用される（458条）。

4 保証人の求償関係

◆ 導入対話 ◆

学生：先日お話ししたように，父が，同僚の保証人になったのですが，どうもその同僚が返済に窮しているらしいのです。そこで，父がその肩代わりに借金を返済をしようとしているようなのです。でも，たぶん後からその分を返せといってもだめだから……。いまのうちに少しでもその分を請求できないんですか。
教師：できるよ。
学生：あっ，よかった。
教師：何が……よかったの……，でも，その同僚には，資力がある場合だよ。
学生：だとしたら，父が肩代りした後はどうなるんですか。
教師：その場合も同じだよ。
学生：だとしたら……どうしたらいいんですか。

4.1 求償権の成立要件

委託を受けたか否かにかかわらず，保証人が主たる債務者に対して求償権を有するためには，保証人が主たる債務の全部または一部を消滅させることが必要である（459条1項・462条1項）。しかし，①債権者が何らの利益を受けない場合，たとえば，主たる債務が消滅し，その旨抗弁できるのに，保証人が抗弁権を行使しないで債権者に弁済をした場合（なお，463条参照），②主たる債務の消滅が保証人の財産的出捐によらない場合，たとえば，保証人の努力によって主たる債務者が債務免除を受けた場合，③主たる債務者が期限の利益を害される場合，たとえば，主たる債務の弁済期前に保証人が弁済した場合には求償

できない。

4.2 求償権の範囲

委託を受けた保証人の場合には，求償の範囲は，連帯債務者の規定が準用されており，求償は弁済その他免責があった日以後の法定利息および免責のため避けることのできなかった費用その他の損害の賠償を包含する（459条2項・442条2項。なお，650条1項・3項参照）。

委託を受けない保証人の場合には，求償権の範囲は，保証人が免責行為をした当時に主たる債務者が利益を受けた限度である（462条1項）。これは，事務管理者の費用償還請求権の範囲（702条1項）と同一であり，免責の日以後における法定利息および免責のために避けることのできなかった費用，その他の賠償は含まれない（459条2項・442条2項参照）。委託を受けない保証人が，主たる債務者の意思に反して保証した場合，主たる債務者が現に利益を受ける限度においてのみ求償権を有する（462条2項本文）。この求償権の範囲は，本人の意思に反した事務管理者の費用償還請求権の範囲（702条3項）と同一である。保証人からの求償に対し，主たる債務者が求償の日以前に相殺の原因を有していたことを主張するときは，保証人は，債権者に対し，その相殺によって消滅すべきであった債務の履行を請求することができる（462条2項但書）。

4.3 求償権の制限

主たる債務者と保証人が二重に弁済したり，抗弁権を行使する機会を失ったりすることを避けるために，連帯債務の場合におけると同様に，主たる債務者・保証人ともに事前および事後の通知をなすべき義務が課されている。

(1) 事前の通知

保証人が債権者の請求を主たる債務者に事前に，通知せずして弁済をなし，その他の自己の出捐をもって免責を得た場合，主たる債務者が債権者に対抗することのできる事由を有していたときは，これを保証人に対抗することができる（463条1項・443条1項本文）。

たとえば，AがBに対して甲債権100万円を有し，Hがその債務について保証人となった場合，Hが債権者Aから請求を受け，Bに通知をせずに弁済した場合，BがAに60万円の乙債権を持っていたならば，相殺の機会を失わせることになる。その場合，Hの求償にBが応じなければならないとしたら，BはH

に100万円支払い，他方でAには60万円の取立をしなければならない。Aの資力がその時点で悪化している場合，Aから60万円を回収できなくなる。そこで，HがBに対して通知もせずに弁済した場合，BはAに対抗できた事由をHの求償に対して対抗できる。BはAに60万円の債権で相殺できたのであるから，40万円を超えてHはBに求償できない。保証人が事前の通知を怠った場合に主たる債務者が相殺をもって対抗したときは，保証人は債権者に相殺によって消滅すべきであった債務の履行を請求することができる（463条1項・443条1項但書）から，Hは60万円をAから取り立てることになる。

(2) 事後の通知

保証人が弁済その他自己の出捐をもって免責を得たことを主たる債務者に，事後に通知することを怠ったために，主たる債務者が善意で債権者に弁済をなし，その他有償に免責を得たときは，主たる債務者は自己の弁済その他免責の行為を有効なものとみなすことができる（463条1項・443条2項）。

反対に，主たる債務者が弁済その他自己の出捐をもって免責を得たことを保証人に，事後に通知することを怠ったため，保証人が善意で債権者に弁済をなし，その他有償に免責を得たときは，保証人は自己の弁済その他免責の行為を有効なものとみなすことができる（463条2項・443条2項）。

(3) 委託を受けない保証人の場合

委託を受けない保証人も，事前および事後の通知をしなければ，その求償権の行使に制限を受ける（463条1項）。これに反し，委託を受けた保証人の場合と違い，主たる債務者は，事前および事後の通知をする義務はない（463条2項参照）。通知がなかったため保証人が善意で二重に弁済したような場合，保証人は自己の弁済を有効なものとみなすことはできない。委託を受けない保証人がいるのを主たる債務者が知らない場合もあるからである。

4.4 事前求償

受任者には委任事務処理費用の前払請求権がある（649条）から，保証人が委託を受けている場合，保証人は主たる債務者に対して，あらかじめ（弁済その他の免責行為をしないうちに）求償することができるのではないか。もしこれを許せば，主たる債務者にとって，保証人を立てて信用を得る意味がない。そこで，事前求償が許されるのは，保証人が弁済後求償するのでは保証人の保護

に欠けることになる限定的な四つの場合に限られる。

すなわち、①保証人が過失なくして債権者に弁済すべき裁判の言渡（確定判決）を受けたとき（459条1項）、②主たる債務者が破産の宣告を受け、かつ債権者がその財産の配当に加入しないとき（460条1号、破26条—破産した債務者よりも保証人から債権の満足を受けようとした場合）、③債務が弁済期にあるとき（460条2項—ただし、保証契約の後に債権者が主たる債務者に許与した期限はこれをもって保証人に対抗することができない。たとえば、平成8年3月31日の弁済期の債務を保証した者は、債権者が同年12月末まで期限の猶予を与えたときでも、同年4月には事前の求償をすることができる）、④債務の弁済期が不確定であって、かつその最長期をも確定することができない場合において、保証契約の後10年を経過したとき（460条3号—たとえば、無期の年金債務を保証した場合）である。

事前に求償した保証人が償還金を持って逃亡したり、倒産した場合にはどうなるか。その場合、主たる債務者が二重弁済の不利益を受けないように、①保証人からの事前の求償に応じて主たる債務者は、担保を供させまたは保証人に対して自分を免責させるよう請求することができる（461条1項）し、また、②事前の求償権を行使された主たる債務者は、保証人に支払うべき金額を供託し、担保を供しまたは保証人に免責をえさせて、求償に応ずる義務を免れることができる（461条2項）。

なお、委託を受けない保証人は、事前の求償権を有することはない（459条1項・460条参照）。

4.5 主たる債務者が複数いる場合の求償

主たる債務者が複数いる場合の保証人の求償はどうなるか。民法はそのうちの一人のための保証であって、債務が不可分債務・連帯債務の場合について規定をおいた（464条）。しかし、主たる債務者全員のための保証もあり、また主たる債務が分割債務の場合もある。

(1) 主たる債務者全員のために保証人となった場合

主たる債務が分割債務である場合、求償権もそれぞれの主たる債務者について分割債務となる。主たる債務が不可分債務または連帯債務である場合は、求償権もまたそれぞれの主たる債務者について不可分債務または連帯債務となるので、主たる債務者各自に全額求償できる。求償に応じた不可分債務者・連帯

債務者は，さらに他の者に対し，その各自の負担部分について求償できる。債権者が連帯の免除をした場合，全額弁済をした者は，連帯の免除を受けた主たる債務者に対して全額について求償することができる。保証後における債権者の一方的な行為（連帯の免除）によって，保証人に不利益を課すことはできないのである。

(2) 数人の主たる債務者中一人のために保証人となった場合

主たる債務が分割債務である場合，保証債務はその一人の主たる債務者の分割債務にのみ成立する。求償権もその一人の主たる債務者に対してその者が負担する債務額の範囲においてのみ成立する。保証人が債務者全員の負担する債務額全額について弁済をし，他の分割債務者の債務まで消滅させたとしても，第三者の弁済となるにすぎない。

主たる債務が不可分債務または連帯債務である場合，各主たる債務者は全額の弁済義務を負っているから，保証人は，保証した特定の債務者に対して全額を求償できる。その主たる債務者が負担部分を有していないときも同様である。求償に応じた主たる債務者は，他の債務者に対し，その各自の負担部分について求償できる。

求償関係の循環を簡略化するため，民法は，連帯債務者または不可分債務者の一人のために保証した者は，他の債務者に対しても，その負担部分のみについては，直接求償することができると定めている（464条）。

4.6　保証人の代位権

保証人は，弁済をなすにつき正当の利益を有する者であるから，弁済によって当然債権者に代位する（500条）（弁済の項を参照）。

【展開講義　36】　機関保証

(1) 機関保証の必要性

　　個人的な情誼にもとづく保証に対して，公共的な，あるいは会社組織による保証機関が，債務者の保証人になって信用を補完することがある。これを個人保証に対して機関保証という。信用保証協会法によって都道府県に設立されている信用保証協会による保証のほか，業界独自の，たとえば銀行などがその取引先に対する債権について保証させるために設立している信用保証

会社による保証もある。機関保証はその種類によって内容も異なるので，信用保証協会法による場合についてみていくことにする。

社会が経済的に合理化していくと，主たる債務者との人的関係から，情誼的・好意的・楽天的に行われている個人保証がむづかしくなる。そこで，債務者は金融機関に支払う利息のほかに，保証機関に支払う保証料を実質金利として負担することにより，容易に信用を得られるようにし，金融機関である債権者も，万が一の場合，容易に債権を回収するシステムが必要となってくる。それが，機関保証である。

(2) 信用保証協会による保証の仕組みと特質[1]

信用保証協会保証は，中小企業者の金融対策のために，資力の乏しい中小企業者の信用を補完し，金融機関からの融資を容易にし，金融の円滑化を図ることにある。たとえば，保証を受けようとする者Bは，信用保証協会Hに申込をする。協会はその申込について審査し，承諾すると，BとHとの間に保証委託契約が締結される。Hが保証を承諾したことを金融機関Aに通知すると，AがBに対して融資を実行する。その際BはHに信用保証料を支払う（おおむね年1％）。BがAに弁済できない場合には，HはBに代わって債務全額支払い，これをBから長期間に渡り回収する。

個人保証は，保証人の人的関係の濃淡により個別具体的な判断にもとづいて行われ（個別性），主たる債務者の依頼に好意的に行われる結果として無償でなされる（無償性）。しかし，信用保証協会による保証の場合，仕組みにみるように，中小企業者の依頼により中小企業の育成の目的で育成価値があるか否かの判断がなされるので，合理的な性質を有し，中小企業が将来も営業を続ける限りは，継続して保証を受けることができる。そして，信用保証協会は保証を事業として行い，信用保証料を徴収するから，有償保証である。

(3) 信用保証協会による保証の性質と問題点

信用保証協会保証は民法上の保証と捉えられ，民事保証か，商事保証かは，保証が商行為か，あるいは主たる債務者の債務負担行為の性質による（商511条）。しかし，そう解すると，①協会のほかに共同保証人がいた場合，その共同保証人は分別の利益を有するか，②共同保証人が弁済した場合，協会に対しても求償できるか，③協会が弁済して債権者の権利に代位する場合，501条に定める，他の共同保証人や物上保証人との間での代位の制限に服するのか，などの問題が生じてくる。

そこで，信用保証協会による保証の場合，民法の保証の規定から生ずる不都合を特約という形で回避しようとしている。他に共同保証人がいた場合，

信用協会の負担部分をゼロとし、他の共同保証人からの求償権の行使を制限し、かつ信用協会からの求償権の範囲に関しては、弁済額全額・遅延損害金その他の費用および損害を求償できると特約している。しかし、この特約は、特約に参加していない、たとえば、身元保証協会の保証債務の成立後に金融機関が独自に徴求した保証人などには、特約の効力は及ばない。したがって、身元保証協会が弁済した場合、その保証人には原則として平等の割合の負担部分を求償できるにすぎないのに、その保証人が保証債務を履行し、保証協会に求償権を行使した場合には、それに応じなければならない。

さらに、保証協会がその保証債務を履行した場合、保証協会は債権者の持っていた担保権その他の権利を求償権の範囲内で代位でき、目的物が不動産の場合には、「予メ」代位の附記登記をすることによって代位できる（501条）。抵当権の被担保債務を信用保証協会が弁済した場合の求償により、保証協会は抵当不動産の差押債権者・第三取得者に代位できるか。判例は、この特約は当事者間についてのみ効力を生じ、代位権の行使の範囲は民法の規定（501条本文により、第三取得者については459条2項・442条2項、差押債権者については374条の制限に服する）の範囲によるとしている（最判昭59・5・29民集38巻7号885頁）。

(4) 今後の方向性

機関保証の法律関係について、これまでの保証理論が妥当するかとの検討については、機関保証の性質上・機能上の特殊性を考慮に入れ、機関保証の各個の法律関係の解釈適用を分析・検討していく作業が必要となろう。協会による保証の特殊性から、協会には負担部分がなく、したがって、他の共同保証人には全額請求でき、代位についても他の保証人や物上保証人と異なる地位が保証されるべきであるとの見解も主張されている。

(1) 機関保証については、伊藤進「保証・人的担保論」私法研究著作集第6巻91頁以下に詳細な研究がなされている。

5 特殊な保証

◆ 導入対話 ◆

学生：連帯保証したということをよく聞くのですけど、だれと連帯するのですか。

> 教師：それは債務者とだよ。
> 学生：連帯保証すると、いわゆる普通の保証より債権者にとってメリットが多いのですか。
> 教師：それは、直接、債権者が、連帯保証人に請求できるのだから、普通の保証より強力なんだ（【展開講義 37】参照）。

5.1 連帯保証

　連帯保証とは、保証人が主たる債務者と連帯して債務を負担する場合における保証をいう。実際には、普通の保証よりも連帯保証が多く行われている。それは、連帯保証は補充性を有しないために、債権者の権利が保証よりも強化されているからである。連帯保証債務は、連帯の点で補充性を有していないが、保証の点で保証債務の特質は残している。附従性やその他保証債務に認められる種々の法効果は、通常の保証におけると同一である。もっとも、連帯保証は、数人の保証人間（共同保証）で連帯の特約がある場合（保証連帯）と区別しなければならない。保証人が数人いる共同保証の分別の利益をなくすために、全額支払う特約をする保証連帯は、連帯保証人が数人ある場合とは異なり、債権者に対する関係ではなお通常の保証であり、補充性を有している。

(1) 連帯保証債務の成立

　保証契約中において、とくに連帯である旨の特約がなされた場合に連帯保証債務は成立する。連帯特約がなされたか否かは法律行為の解釈問題である。しかし、主たる債務が主たる債務者の商行為によって生じたときまたは保証が商行為であるときは、主たる債務者および保証人が各別の行為によって債務を負担したときであっても、保証債務は当然に連帯保証債務になる（商511条2項）。

　連帯保証債務には連帯債務に関する多くの規定が準用されるが、433条は準用されないことに注意しなければならない（458条）。その結果、主たる債務者について法律行為の無効または取消の原因が存するため主たる債務が効力を生じないときは、連帯保証債務も効力を生じない。連帯保証債務は附従性を有しているからである。

(2) 連帯保証人と債権者との間の関係

　連帯保証人は、催告の抗弁権および検索の抗弁権を有さない（454条）結果

として，連帯債務者に対する関係と異ならない。債権者は，主たる債務者または保証人のいずれか一人に対しまたは同時にもしくは順次に双方に対して全部または一部の履行を請求することができる。

債権者の履行請求に対しては，催告の抗弁権・検索の抗弁権を行使できないが，それ以外の保証債務の附従性にもとづき保証人に認められている種々の抗弁権は，連帯保証人も行使できる。

(3) 主たる債務者または連帯保証人について生じた事由の効力

主たる債務者が保証人と連帯して債務を負担する場合，434条ないし440条の規定が適用される（458条）。適用されるべき規定の範囲は附従性によって制限を受ける。

(a) 主たる債務者に生じた事由　通常の保証において主たる債務者について生じた事由は原則としてすべて保証人に対してその効力を生ずるから，連帯保証の場合も，主たる債務者について生じた事由は原則としてすべて連帯保証人に対してその効力を生ずる。問題となるのは，時効の中断である。主たる債務者に対する時効の中断について440条を準用して連帯保証人にその効力を生じないとするのではなく，保証の457条1項により連帯保証の場合にも主たる債務者に対する時効の中断は，履行の請求のみならず（434条参照），その他のすべての中断事由（とくに，主たる債務者による承認）が連帯保証人に対してその効力を生ずる。

(b) 連帯保証人について生じた事由　連帯保証人について生じた事由が，主たる債務者に対して効力を及ぼすか否かについては，434条ないし440条の規定に従うことになる（458条）。しかしながら，連帯保証人には負担部分がないから，負担部分の存在を前提とする436条2項・437条・439条の規定を連帯保証人に準用する余地のないことは明らかである。それゆえ，連帯保証人に準用される余地のある規定は434条・435条・438条だけである。

(イ) 連帯保証人に対する履行の請求は主たる債務者に対してもその効力を生ずる（458条・434条）。履行の請求にもとづく履行遅滞（412条3項）および時効の中断（147条1号）もまた絶対的効力を生ずる。なお，時効の中断につき絶対的効力が生ずるのは請求だけであって，それ以外の時効中断事由は相対的効力を有するにとどまる。

(ロ) 連帯保証人と債権者との間に更改があったときは、債権は主たる債務者の利益のために消滅する（458条・435条）。もっとも、更改が絶対的効力を有することは保証債務の性質上当然のことである。

(ハ) 連帯保証人と債権者との間に混同があったときは、連帯保証人は弁済をなしたものとみなされる（458条・438条）。その結果、主たる債務も消滅する（あとは求償の関係になる）。

【展開講義 37】 連帯保証と連帯債務・（普通）保証とはどのような点で異なるのか

(1) 性質の相違

連帯保証、普通保証、連帯債務は各債務者間ではそれぞれ各債務が同一内容の別個独立性を有している。しかし、保証債務は主たる債務の履行を担保する手段とされ、債権者との間では主従の関係があるのに対し、連帯債務は、債権者との間で主従の関係はなく、あくまで一本の債務であり、連帯保証は、債権者との間では、主たる債務者と同一の地位に立つが、保証債務自体は主たる債務に対する従たる債務の性質を失わない。

(2) 共同保証の分別の利益

BがAから1,000万円借りた場合、連帯保証人CとDがいれば、CとDで500万円ずつ保証することになるのではない。普通保証と同様に、主たる債務との関係では、主従の関係にあり、Bが債務を弁済できない場合、C・DはBに代わって全債務の弁済の責任を負う。これに対し、普通保証の場合、全額負担するとの保証連帯の特約がない限り、複数の保証人がいたならば、債務者との関係では保証人（CとD）間ではそれぞれの保証人は債務額を保証人の頭数で割った500万円についてだけ保証すればよい（分別の利益）のに対して（456条）、C・Dが連帯保証人である場合には、分別の利益がない。連帯保証人が何人いても債権者との関係では全額について保証しなければならない。その意味では、連帯債務の場合と同様である。

(3) 催告の抗弁権・検索の抗弁権

普通保証の場合、催告の抗弁権・検索の抗弁権がある。連帯保証の場合、催告の抗弁権・検索の抗弁権はない。普通保証の場合、主たる債務者が債務を弁済しない場合、補充的に保証人の財産を当てにしている（保証債務の補充性）のに対し、連帯保証は、債権者との関係では、連帯保証人は主たる債務者と同一の地位にあることになる。その意味においては、連帯債務者と同

じである。

(4) 複数の債務者の一人について生じた事由が他の債務者に影響を及ぼすか

連帯保証・連帯債務・普通保証の場合，複数の債務者が存在するので，そのうちの一人について生じた事由が他の債務者にどのような影響を与えるかが問題となる。一般的にいえることは，連帯保証も保証契約であるから，普通保証と同様に，附従性があるので，主たる債務者に生じた事由は，保証人にも及ぶ。しかし，連帯債務の場合には，債権者との関係では債務の性質や特約によって一本に束ねられた債務であるが，各債務者が負う債務は本来独立した債務であるから，連帯債務者の一人について生じた事由は他の連帯債務者に影響を与えない（相対性の原則―440条）。一人の債務者について無効または取消の原因があっても，他の債務者については完全に有効な債務が成立する（433条）。

しかし，連帯債務の場合も，例外的に連帯債務者の一人について生じた事由が他の連帯債務者に影響を与える場合がある（絶対効）。連帯債務者の一人が全部の「履行」をした場合，債権者との関係では連帯債務は消滅する。債権者が連帯債務者の一人に「請求」をした場合，連帯債務が期限のない債務である場合には，履行遅滞となり，さらに，その請求によって，消滅時効の中断（裁判外の場合には，暫定的に，裁判上の場合には，確定的に）の効果が生ずる。更改，相殺，混同，免除が連帯債務者の一人について生じた場合も同様である。

保証人について生じた事由が主たる債務者に影響を及ぼすか。保証の場合，保証人について生じた事由は，保証人の履行以外，何らの影響も及ぼさない。しかし，連帯保証は負担部分がないから，連帯債務の絶対効を生ずる事由のうち負担部分を前提とする436条2項・437条・439条の規定を除き，履行のほか，請求・更改・相殺・混同の場合に限り，主たる債務者の債務に影響を与える。

5.2 共同保証

(1) 共同保証の意義および成立

共同保証とは，同一の主たる債務について数人が保証債務を負担する場合をいう。保証債務が通常の保証であるか連帯保証であるか，あるいは通常の保証と連帯保証であるかを問わない。共同保証が成立する場合には，数人が共同して同時に保証する場合や順次に別々に追加的に保証契約を締結して共同保証人

になる場合もある。

(2) 共同保証人と債権者との間の関係

数人の保証人がある場合，427条の規定が適用される（456条）。その結果，各共同保証人は，主たる債務の額を共同保証人の数で除した額についてのみ保証債務を負担する。これを分別の利益という。

しかし，①主たる債務が不可分債務であるとき（465条1項参照），②各共同保証人が全額を弁済すべき旨の特約があるとき（保証連帯）（465条1項），③各共同保証人が分別の利益を放棄したとき，④連帯保証人であるとき，には分別の利益はない。

(3) 共同保証人の求償関係

共同保証人の一人が，保証債務の履行として，自己の出捐によって主たる債務を消滅させた場合，普通保証と同様，主たる債務者に求償できる。民法は，このほか，共同保証人相互間の求償関係を認めている。

(a) 共同保証人が分別の利益を有しない場合　共同保証人の一人が全額その他自己の負担部分を超える額を弁済した場合，442条ないし444条の規定が準用される（465条1項）。分別の利益を有しない共同保証人間（主たる債務が不可分の場合や保証連帯がある場合）にあっては，連帯債務者間におけると同一の関係が生ずる。なお，求償に応じた共同保証人はそれについて主たる債務者に求償できる。

(b) 共同保証人が分別の利益を有している場合　共同保証人の一人が全額その他自己の負担部分を超える額を弁済した場合，462条の規定を準用する（465条2項）。共同保証人が分別の利益を有している場合における負担部分を超える額の弁済は，他の共同保証人との関係においては，あたかも委託を受けない保証人が弁済した場合における主たる債務者との関係に類似するからである。

(4) 共同保証人の一人について生じた効力

共同保証人間に保証連帯特約がある場合や商法511条2項の適用がある場合，連帯債務と同様な関係とみることができるから，共同保証人の一人について生じた事由の効力については，連帯債務の規定を考慮して決定する。

しかし，共同保証人がそれぞれ連帯保証人であるが，保証人間に連帯の関係

がない場合，債権者が連帯保証人の一人に免除した事例で，判例は，保証人間に連帯の関係がない以上，437条は準用されない（最判昭43・11・15民集22巻12号2649頁）としているが，学説は反対している。

5.3 根保証

(1) 根保証の捉え方と問題点

(a) 根保証とはどんな保証か　主たる債務者が負担した一回的な確定債務についての保証である「一時的保証」に対して，「継続的保証」と呼ばれる場合がある。しかし，根保証とは，継続的取引関係から生ずる「不確定の債務」の保証をいい，根抵当・根質に相応する保証であり，①債務不履行によって債務が増加するのではなく，取引の過程において債務の増減が予定されている不特定な債務であって，②賃貸借や雇用のように債権債務の継続中に時々刻々と具体的な債務を負うのではなく，保証の終了する時点で現存する主たる債務全部について保証するものである。このような根保証を信用の補完という経済目的に着目して「信用保証」と呼ぶ場合もある（もっとも信用保証とは，保証協会による保証を指す場合もある）。

(b) 根保証の問題性　根保証は将来債務の保証として捉えらると，将来債務の額および時期が確定していないとして附従性が問題となった。しかし，額が不確定であることは，必ずしも債務が不特定であるとは限らないし，保証される債務が不特定であっても，根保証契約締結時に保証人が所有する一般財産が現実の担保価値として把握され，将来その保証が実現される時点で確定債権によってその帰属と数量が決定され，担保価値の帰属と数量とが被担保債権によって決定されるから，「附従性」はある。

根保証は通常の保証と同様に無償で好意的になされ，保証は特定財産の拘束を受けないため，軽率に応じてしまう。しかも根保証債務は不特定であるから，発生後常に変化し，根保証人はその債務の内容を確実に予測できず，過重な責任を負担することになる。

(2) 根保証の有効性

(a) 責任期間と極度額の定めがない場合の根保証契約の有効性

　(イ) 被担保債権の範囲の確定基準　包括根抵当権（398条の2第2項）とは違い，根保証人Hの保証の被担保債権の範囲が「AとBとの間の一切の債

務」を保証する場合であっても，債権者と主たる債務者との間の一定の取引関係を前提としており，取引内容との関係で保証の対象がおのずから限定されるし，根抵当権のような，後順位者の予測可能性を前提とした担保価値の効率的利用という要請もないことから，債権確定の基準は根抵当より緩やかでよい。

　㈡　責任期間・極度額の定めのない根保証　責任期間と極度額の定めがない場合，責任期間の面では解約権，責任金額の面では合理的な範囲に責任限定し，保証契約の効力の安定と保証人保護の要請のバランスをとることができるから，根保証人が「過大な負担に苦しむというのは杞憂である」ので，当然には公序良俗違反とはならない。

　合理的範囲の責任限定の理由は，当事者の意思は取引通念上相当と認められる範囲内の債務に限り保証するにすぎない，という「当事者の意思解釈」に求める方法のほか，保証契約にいたった事情，当該取引業界における一般的慣行，債権者と主たる債務者との取引の具体的態様，経過，債権者が取引にあたって債権確保のために用いた注意の程度（主たる債務者の資力，信用状態の把握）など，一切の事情を斟酌して保証人の責任を制限する方法がある。信義則や身元保証法5条の類推適用による制限である。

　場合によっては，債務者の信用状態が悪化したのに，保証人の意向を打診することなく，巨額の融資をした場合には，根保証人の責任の制限ではなく，免責を認めてよい。

　(b)　主たる債務者の資産の変化　主たる債務者の状態が極度に悪化しているのに，債権者が漫然として主たる債務者との取引を継続し，債務額が膨大になった場合，原則として根保証人は責任を負わなければならない。保証契約締結の際に予期しなかった事情を一般化すると，主たる債務者の債務不履行自体が予測の範囲を超えることになるからである。そこで，債権者の利益と保証人保護の利益をどのように調節するかが問題となる。

　AとBとの財産状態の変化をHが知り得ない，予期できない場合，たとえばAとBと取引関係から取引量の増大によって資産状態が悪化した場合など，資産状態の悪化をHが知り得ず，解約の機会を失い，その結果債務が増大した場合には，責任額が制限される。もっとも，きわめて例外的ではあるが，Hの根保証が将来の資力の担保の趣旨（請合）である場合には，Hは責任を免れるこ

とはできない。

(c) 根保証人Ｈが一定の地位を前提として根保証人となった場合　個人企業の経営者が会社の債務を個人として保証する場合，実質的には経営者は会社とともに主たる債務者である。これに対し，経理担当の被用者が会社の債務について根保証人となる場合，経営状態を十分知りうる立場にあっても，極度額の定めがないときには，責任額を制限し，極度額の定めがあるときも，被用者の退職後に生じた債務まで保証の効力は及ばない。

(d) 継続的取引の途中から根保証人となった場合の責任の範囲　継続的取引の途中で地位が交代した場合，たとえば会社社長Ｈが個人的にＢ会社債務を根保証している場合，社長の交代により根保証人もそれに伴って交替する場合がある。Ｈは社長の地位ある間の保証責任のみを負い，新根保証人はそれ以後の債務についてのみ責任を負う趣旨であれば，中途解約における保証債務の確定の問題である。これに対して，Ｈは既債務の保証責任を免れ，もっぱら新根保証人が既発生の債務および将来発生する債務を含めた保証する趣旨であれば，保証債務の免除と新保証人による保証債務の引受との複合であり，債務者の交替による更改となる。

(3) 根保証契約の相続性

根保証人Ｈが死亡した場合，①責任期間・極度額のいずれも定めがない場合には，相続されない。しかし，相続されないことによって，根保証人の死亡により根保証関係が終了し，根保証債務が確定するから，相続開始前に発生した具体的な保証債務は相続される。②極度額の定めがある場合には，期間を定めた以上，主たる債務が存続する限り，保証責任もまた継続するから，相続性がある。

主たる債務者が死亡した場合，保証人の責任は加重されないから，相続性は肯定される。主たる債務者の死亡によって根保証契約が終了し，それ以前に発生していた債務が確定しても，相続人が限定承認すれば，相続人は相続財産の範囲で責任を負うにすぎないが，根保証人は債務の全額について責任を負う。

【展開講義　38】 根保証（継続的保証）の解約権にはどのようなものがあるか

　保証が将来の資力の担保となっている場合には，解約は認められない。それ以外の場合，債権者と根保証人との利益考量から，責任期間の面では解約，責任金額の面では合理的な責任限定によって，保証契約の効力の安定と保護の要請のバランスをとることが必要である[1]。解約権の種類としては，相当の日時の経過を前提として認める通常解約権と主債務者の財産状態に著しき変化が生じた場合に行使できる特別解約権がある[2]。

(1) 通常解約権

　根保証は継続的な契約関係の一種であるから，期間の定めのない継続的契約関係の法理から解約（告知）権が認められている。根保証契約を解約するには，契約締結後相当期間経過しなければならない。民法所定の解約告知権の行使には，相当期間の経過を要件としないが，根保証の場合，将来の債務を保証するのであるから，契約締結後さしたる理由もなしに直ちに解約を認めることは当事者の意思に沿わない。相当期間の経過により解約できるが，解約から相当期間の経過よって将来に向けて契約が消滅する効力が生ずる（最判昭39・12・18民集18巻21号79頁は小麦粉売買で半年後の解約を認める）。期間の定めのない継続的な契約関係の解約のために必要とされる予告期間の一種である。したがって，解約権行使のための要件としての相当期間の経過と解約の効力発生の要件のための相当期間が必要となる。

(2) 特別解約権

　事情変更による解除権の一種である。保証契約締結後に，保証人の予期し得なかった事情が生じた場合，相当期間の経過なくして，即座に解約できる（最判昭42・1・31民集21巻1号791頁）。しかしながら，保証契約締結の際に予期しなかった事情を一般化すると，大多数の保証人にとって主たる債務者の債務不履行は予測の範囲を超え，解約が認められることになる。保証債務の情誼性を考慮に入れると，特別解約権が認められる類型化を図ることが必要であろう。

　たとえば，債務者の資産状態の変化がある場合[2]，債権者としてそれ以上の与信の供与を中止するなり，他の担保を徴求するなり，あるいは根保証人に意向を確認するなりの手当を行わないで，漫然と信用を供与した場合，以後の主たる債務者の債務不履行には債権者にも責任がある。この債権者の帰責事由も考慮に入れて，根保証人の解約権行使の当否が判断されるべきである。もっとも，根保証人が主たる債務者の資産状態の悪化を知っていたが，漫然として解

約権を行使しないまま，時が過ぎ去ってしまった場合，解約権の失効が生ずる。

(1) 清水千尋＝田山輝明編・民法演習Ⅲ（債権総論）「12根保証」117頁以下。
(2) 槇悌次「根保証」現代契約法体系第6巻72頁以下およびそこに挙げられている文献参照。

5.4 身元保証

(1) 身元保証契約の種類と身許保証ニ関スル法律の適用範囲

被用者が使用者に損害を与えた場合，被用者の損害賠償義務を保証する保証契約を身元保証契約という。実際には，身元保証人には個人的情誼関係から親戚・知人がなる場合が多く，ときとして被用者が莫大な損害を賠償する責任を負わされることになる。しかし，雇用後は使用者は適切な労務管理などによって，被用者が引き起こす危険を防止できる地位にあるから，身元保証人のみが責任を負うのは，身元保証契約の無償性を考慮すれば，公平に欠ける。そこで，身元保証法は身元保証人の責任を制限している。

身元保証契約には，①横領などのように，被用者自身の不法行為によって使用者が損害を受けた損害に対して身元保証人が保証債務を負う場合，②被用者の病気のように，被用者が原因で使用者が受けた損害を身元保証人に負担させる場合がある。①は一般にいう保証契約であり，②は主たる債務はないから，損害担保契約である。両者ともに身元保証法の適用がある。しかし，③被用者が重病を患った際には保証人が引き取るといった，保証人にあることを義務づける契約は，損害賠償を約すのではないから，適用外である。実際には，①がほとんどであり，②は少なく，③はほとんどない。

(2) 身元保証契約の成立と終了

(a) 身元保証契約の成立と身元保証法　被用者の行為により使用者が受けた損害を賠償する身元保証契約に身元保証法が適用される。被用者とは，雇用契約により使用者と従属的な関係に立ち，継続してその指揮命令に従って労務に服する者をいい，労働基準法9条にいう，賃金を支払われる「労働者」である（623条参照）。したがって，無償の労働者は被用者とはいえないが，国などの職員として報酬を得て従属的に継続して公務に服している公務員は被用者であるから，公務員の行為による損害を賠償する身元保証契約には，身元保証の

(b) 身元保証契約の要式性と強行性　身元保証契約は使用者と身元保証人との間の不要式契約である。もっとも，学説のなかには，慣習法を根拠に書面の作成が成立要件であると見解もある。そして，たとえば，「契約期間中どのような理由があっても身元保証人からの解約が許されない」特約が有効とすれば，身元保証法が骨抜きになるから，身元保証人に不利益な特約は無効である（身元6条）。

(3) 身元保証契約の終了

(a) 存続期間の満了　存続期間を5年より短い期間を定めた場合，その期間満了によって（身元2条1項），5年より長き期間を定めた場合，5年に短縮され，契約成立の日から5年の経過によって終了する。存続期間を定めなかった場合には，契約の成立の時から3年の経過によって契約は終了する（身元1条）。

存続期間を更新できるが，更新の時より5年を超えることはできない（身元2条2項）。自動更新特約は，更新拒絶の意思表示の機会があっても，無効である（身元6条）。

(b) 身元保証人の解除　身元保証人は存続期間中は，次の場合にかぎり解除できる。

(イ) 使用者の通知義務と解除　被用者に業務上不適任または不誠実な事跡から身元保証人に責任が生ずるおそれがあることを知った場合や，被用者の任務または任地が変更し，保証人の責任が加重し，またはその監督ができなくなった場合には，使用者は身元保証人に遅滞なくその旨を通知しなければならない（身元3条）。これらの場合，身元保証人が通知を受けたならば，あるいは受けない場合でもその事実を知ったならば，無催告で将来に向かって解除することができる（身元4条）。解除は使用者に到達したときに契約を消滅させるから，その時までに被用者による損害が発生していた場合には，身元保証人はその損害を負担しなければならない。

(ロ) その他の解除権　学説は，身元保証法4条の事由は契約の基礎となった諸事情に著しい変化が生じた場合の例示であり，ⓐ身元保証人が被用者の監督ができなくなる事情の変化，ⓑ身元保証人と被用者の身分関係・情誼関

係の変化，ⓒ身元保証人・被用者の資産状態の著しい変化，があった場合，解除できる。この解除は，使用者が知りえない事実のもとづくから，直ちに効力が発生するのではなく，使用者において新保証人を立てさせ，その他の手段により自衛的な処置をするのに必要な期間（相当期間）の経過により効力が生ずる。

　(c) 雇用契約の終了　　使用者と被用者との間の雇用契約が終了すれば，身元保証契約も終了する。会社の合併では，消滅会社の権利義務のすべては存続会社に承継され，合併によって雇用契約それ自体は存続するから，契約は終了しない。営業譲渡の場合，営業の全部譲渡であっても，使用者が被用者の承諾を得てその権利を第三者に譲渡した場合（625条1項），それだけで被用者についての身元保証契約の権利を譲渡したことにはならず，身元保証人の承諾が必要である。承諾がない場合，契約は終了する。

　(d) 身元保証人の死亡　　被用者の行為により使用者が損害をすでに被っている場合，すなわち身元保証人の責任が具体的に発生しているならば，その責任は相続人によって相続される。使用者が具体的な損害を被る前に，身元保証人が存続期間中に死亡し，その後で損害が発生した場合には，身元保証契約が人的信頼関係にもとづくものである以上，一身専属的な性格を有するので，特別な事情がない限り，相続人は相続しない。

　(4) 身元保証人の責任

　(a) 身元保証人の責任は連帯責任か　　身元保証契約が損害担保契約である場合をのぞき，身元保証人の責任が被用者の責任から生ずる損害賠償請求権を担保するための保証責任である場合や，身元保証人が複数いる場合，主たる債務者との関係で（連帯でなければ，催告・検索の抗弁権がある），他の身元保証人との関係で（連帯でなければ，分別の利益がある），連帯か否かが問題となる。

　連帯保証を特約した場合と身元保証人も商人である場合，連帯保証責任を身元保証人は負う。判例は，商法511条2項には，身元保証人が非商人である場合，使用者が商人であることも含まれるとして，身元保証人は連帯責任を負うとしている。

　(b) 責任についての裁判所の斟酌　　裁判所は身元保証人の責任およびその金額を定める場合には，被用者の監督に関する使用者の過失の有無，身元保証

人が身元保証をするにいたった事情および身元保証契約をするに際して払った注意の程度，被用者の任務または身上の変化その他一切の事情を斟酌しなければならない（身元5条）。身元保証人だけに無制限な責任を負担させるのは酷であるから，使用者と身元保証人の責任分担の均衡をはかるためものである。

5.5　工事完成保証
(1) 工事完成保証とその必要性

　工事完成保証とは，請負人が建設工事を請け負った後，経営不振その他の理由で施工意思，施工能力を失い，工事を続行しない場合，他の建設業者が投げ出された工事を完成させる保証することをいう。工事完成保証は，請負契約を解消させることなく，工事完成保証人が代行施工を約束する役務保証である点で，注文者の損害を金銭で補塡する保証とは異なる。工事完成保証により建設業者が相互に保証することによって，請負人は，資金や保証経費の負担から免れ，注文者は，契約期限までに契約内容の工事を完成させることができる。もっとも，民間工事の標準約款では工事完成保証は廃止されたが，契約実務では，注文者が工事完成保証人を要求することがある。

　共同企業体により工事の受注がなされる場合，これにより複数の請負人が共同連帯して工事完成義務を負う。構成員の一業者が脱落しても，残構成員の他の業者が施工意思・能力がある限り，各構成員は他の構成員の施工分に対して工事完成責任を負わせることができる。この場合には，工事完成保証の必要性は少ない。

(2) 工事完成保証の法的な性質

　注文者が工事完成人に完成請求をした場合，保証人は契約に関する権利義務を承継するのか。工事完成「保証」だとすれば，注文者の完成請求により保証義務の履行期が到来するにすぎない。債務を承継すると捉えると，未払の請負代金がある場合や，瑕疵担保責任，そして工事完成保証人の請負人に対する求償の問題がある。

　債務承継が免責的だとすれば，注文者の完成請求により，請負人の契約上の地位の交代が成立し，請負代金債権はすべて請負人から工事完成保証人に移転承継される。それでは請負人の請負代金請求権を当てにして取引に入った下請業者は下請代金債権を保全するために請負代金請求権を代位行使できなくな

し，請負人の労働者は先取特権を請負代金債権に行使できない。債務承継が併存的だとすれば，債務だけではなく，権利についても連帯債権関係が注文者と請負人・工事完成保証人との間に生じ，工事完成保証人と請負人は併存的な関係にあることから，請負代金債権は不可分債権となり，下請業者等の利益を考慮することができる。

(3) 注文者の完成請求

(a) 注文者の完成請求による請負代金債権の移転　　請負人の契約違反により契約の目的を達成できない場合，注文者は工事完成保証人に完成請求できる。そして，完成請求により請負代金債権が工事完成保証人に移転する。請負人の有する請負代金債権が完成請求により消滅する解除条件付債権なら，債権の移転時期は契約の時となる。そうなると，請負代金債権に対する転付後に完成請求があると，転付命令は無効となる。債権譲渡の禁止特約に関する善意の第三者，差押・転付債権者など利益は，予想もしない完成請求によって害されることになる。さらに，請負人が破産し，破産手続にはいった場合，倒産手続の保全処分も，完成請求によって請負人から離脱することになり，破産債権者の不利となる。

　そこで，第三者・取引の安全を考慮して，請負代金債権は仕事の未完成の段階にあっても差押の対象となるし，譲渡禁止特約がない限り，請負人が仕事の完成前に請負代金債権の全部または一部を第三者に譲渡できるとの見地にたち，注文者の完成請求があっても，請負人はその時までの既工事部分の相当額の代金債権は失わず，この部分についての債権の譲受人，差押・転付債権者は有効に債権を取得できると解すべきであろう。そして，注文者の完成請求による請負代金債権の移転は契約による債権の移転であるから，工事完成請求による債権の移転と請負人が注文者の完成請求前になした債権譲渡（差押）との関係は，確定日付のある通知承諾によって決することになる。

(b) 注文者の完成請求に対して工事完成保証人は拒絶権を有するか　　工事完成保証人は，注文者の完成請求に対する特別な拒絶権はない。工事完成保証人がきわめて不利な状態にある場合，たとえば完成請求に先行して請負人が請負代金債権を他に譲渡し，あるいは請負代金債権につき差押・転付なされたため，工事完成保証人が取得すべき請負代金債権がない場合，注文者の完成請求

は権利濫用とされるにすぎない。
 (4) 予定されていた設計の変更・施行条件の変更等によって工事内容が拡大した場合

　設計変更による追加・変更を伴わない工事はないから，工事完成保証人はそれを当初から予想すべきで，工事完成保証人は無制限に責任を負うべきであるともいえる。しかし，通常は残工期は少なくなっており，かつ大幅な追加・変更工事が生じ保証人に無断で行われた場合などには，保証責任はないと解すべきであろう。

第8章 債権譲渡・債務引受・契約上の地位の譲渡

1 債権譲渡・債務引受・契約上の地位の譲渡の相互関係

　債権や債務は，契約によって第三者に移転することができる。本章では，この債権や債務が契約によって第三者に移転する際の規定を取り上げる。

　「債権譲渡」とは，契約によって，A（債権者）のB（債務者）に対する債権を同一性を変えないで，C（債権譲受人）に移転し，CのBに対する債権とすることをいう。逆に，B（旧債務者）のA（債権者）に対する債務をC（新債務者）が引き受けてAに対する債務者となり，Bがそれにより債務を免れる契約を「債務引受」という。さらに，買主の地位や賃貸人の地位のような契約当事者たる地位の承継，すなわち契約当事者の一方が第三者に対し，自己の債権を譲渡し債務を引き受けさせ，加えて当事者の地位に付随する取消権や解除権をも含めて移転する契約を，「契約上の地位の譲渡」あるいは「契約引受」という。わが国の民法は，債権譲渡についての規定（466条以下）はあるが，債務引受や契約上の地位の譲渡については規定がない。

　債権債務関係の移転は，古くから認められていたのではない。ローマ法の初期には，債権は人と人とを結ぶ法鎖として，譲渡が認められていなかった。これは，ローマ法においては，債権債務関係は，特定した二人の間の関係であるという考えを強くもっていたためである。債権債務関係は，AがBに対してある行為を請求する関係であり，たとえば，債権者がAからCへ交替する債権譲渡が行われると，債権債務関係は，CがBに対してある行為を請求する関係になり，別の法律関係になる。このため，債権譲渡などの債権債務関係の移転は認められなかったのである。

　ところが，近代になって経済取引が発展すると，財産としての債権を取引客体とする傾向を助長した。すなわち，債権の本体は債務者に対する請求権であ

るが，あたかも独立の財貨であるような意味をもち，それ自体が富の主要形態となったのである。そのため，債権は資本主義経済の仕組みのなかで流通性を取得することが求められるようになり，かつ，投下資本の迅速な回収のために債権譲渡は不可欠の要件となり，債権の譲渡性が確認されるに至った。

たとえば，Bに対して1億円の債権を有するAが，弁済期は1年後であるが，急に資金が必要になった場合を考えてみよう。この場合，Aが急場をしのぐ方法として，Aの有する債権を売ることができれば便利である。すなわち，Aは，約束した支払期限が到来していないため，Bに対して代金を支払ってくれとは言えない。しかし，Aがこの1億円の債権を，債権回収が1年後であることやBからの債権回収の確実性等を考慮して，9,000万円ぐらいでCに売ることができればAとしては急場をしのぐことができるし，その債権を買ったCとしても1年後には1億円が入るわけであるから1,000万円の儲けになる。このように，債権の譲渡は投下資本の流動化や回収に有効であるから，民法は債権の売買，つまり譲渡を認めている（466条1項）。

そして，債権譲渡は，このように投下した資本の流動化を図るため有効であるから，近代法は，たんに債権譲渡を可能にしただけでなく，進んで債権譲渡の自由を拡大し，かつその安全性を促進することに努めてきた。その最も顕著なものは債権の証券化である。すなわち，債権を化体表象する証券が発明されることによって，債権の取引はより具体化し，流通性と安全性を増大するに至った。そして，今では，手形・船荷証券・貨物引換証・社債券などに代表されるように，証券の流通に便利な制度が発達するに至っている。

債務の移転が承認されたのは，さらに新しいことで，ドイツ民法やスイス債務法では規定が置かれたが，フランス民法には制度としてはまだ規定されていなかった。わが国でも，これにならって規定は置かれなかったが，今日では債務の移転についても社会的需要があることは明らかであるので，また，ドイツ民法に規定がおかれたことも手伝って判例によって認められており，学説の形成も進んできている。ことに当事者がそのことを欲するならば契約自由の原則の建前から見ても債務者の変更を許して差し支えないというので，債務引受も認められるに至っているのである。

さらに，近代的企業や営業においては，多数の債権・債務の複合が企業・営

業の財産的側面を形成している。たとえば，企業の合併や分割，または営業の譲渡においては，債権・債務の複合が一体として移転される必要がある。このため，単に債権または債務のみが譲渡されたり，引き受けられたりするのではなく，契約上の地位そのものが譲渡される必要がある。契約上の地位の移転とは，このような権利義務をいっさいひっくるめて他へ譲り渡す経済取引上の必要から認められるに至ったものである。

2　債　権　譲　渡

◆　導入対話　◆

学生：先生，兄が勤めている銀行で，取引先の会社が，自己がもっていた他の会社に対する債権を別の会社に売ったんですって。そんなことできるんですか。たしか……，債権は，人と人との約束だからと先生から聞いたのですが……。それなのに，相手の了解も得なくてもできるんですか。
教師：きみの言うとおり，債権は債務者と債権者との「法の鎖」だと言われているからね。
学生：そうでしょう，やっぱり，ぼくの思っていたとおりなんだ。
教師：でもね，債権も一つの財産だろう。
学生：先生の言われるとおりかもしれないけど……，もし，その債権が，不履行にでもなったら，結局，債務を履行しなかったとして，たしか金銭による賠償責任を負うことになりますよね。
教師：そうだよ。しかし，債権も第三者に譲り渡すことによって，債権者にとっても，その債権の価値を実現できるんではないかな。
学生：ウーン……

2.1　債権の譲渡性

(1)　序　　論

　債権は原則として譲渡性を有する（466条1項）。この債権譲渡は，旧債権者（譲渡人）と新債権者（譲受人）との間の合意（諾成契約）のみによって成立する。債権者（譲渡人）と新たに債権者になろうとする者（譲受人）とがこの合意の当事者であり，債務者は当事者ではない。債務者が当事者でないだけでな

く，債務者の承諾も必要ではない。

　もっとも，債務者にとっては，債権者が誰であるか，厳しく履行を請求する債権者であるか否かに関心があるため，債権者が誰であるかは，債務者にとって重要な問題である。しかし，債権が譲渡されたところで，譲渡の前と後で負担する義務に変化が生じるわけではない。そのため，旧債権者（譲渡人）と新債権者（譲受人）との間の合意のみによって成立すると規定されているのである。

　債権は譲渡後もその同一性は変わらない。よって，その債権に付随している利息債権・保証債権・担保権などの権利や，債権に付着している同時履行や期限猶予などの各種の抗弁権は，原則として譲受人に移転する。また，将来発生する債権の譲渡も，財産性があるものと見られるため，可能である（最判平11・1・29民集53巻1号151頁）。もっとも，譲渡の時点で債権は特定していなければならないが，譲渡契約締結の時点で目的債権の発生可能性が低かったとしても，ただちに債権譲渡としての有効性に影響を与えるものではない。

(2) 譲渡性の制限

　債権の譲渡性が制限される場合もある。それは，(a)債権の性質が譲渡を許さないとき（466条1項但書），(b)当事者が譲渡禁止の意思表示をしたとき（466条2項），(c)法律上譲渡を禁止される場合である。

　(a) 債権の性質が譲渡を許さないとき　　性質上譲渡をしえない債権として，①債権者の個性と給付内容が密接に結びつく債権をまず最初にあげることができる。つまり，債権者が変われば，給付内容が変わる債権である。これには，特定の人を教育させる債権，画家に絵を描かせる債権などがある。たとえば，家庭教師に対する債権は，当該生徒（債権者）との関係で給付内容が規定されているから，勝手に譲渡されて，「明日からは別の生徒を教えてくれ」というわけにはいかない。

　次に，②債権者の変更により権利行使に著しい差異を生じる債権も性質上譲渡できない。つまり，個人的関係や信任に重きをおいている債権であり，債権者の人的特定性が重要な債権なので，債務者は特定の債権者に対してのみ義務を負担したのだと見るべき債権である。雇主の債権（625条1項），賃借人の債権（612条1項）については明文の規定がある。明文の規定はないが，委任契約

上の債権（大判大6・9・22民録23輯1488頁）もこれに該当する。最後に、③特定の債権者との間で決済する必要のある債権も性質上譲渡することができない。交互計算（商529条）に組み入れられた債権（大判昭11・3・11民集15巻320頁）などである。

　(b) 当事者が譲渡禁止の意思表示をしたとき　当事者の意思表示により債権の譲渡を禁止することができる（466条2項）。この意思表示は、契約によって生ずる債権は契約で、遺言などの単独行為によって生ずる債権は単独行為で行い、債権の譲渡性を奪うことができる。この譲渡禁止の特約を認めるのは、債権者が誰であるかは、債務者にとって利害があるためである。新債権者確認の煩しさを回避して過誤払の危険を避ける、相殺の利益を確保し、あるいは同時履行の抗弁権を確保するためであるといわれている。最大の理由は、立法当時からいわれていたことであるが、債権者の変更により取立が厳しくなるのを避ける（取立業者がはびこるのを防ぐ）ためであろう。このような規定は、今日の立法としては稀なものであるが、現在は銀行預金契約等に活用されている。銀行預金通帳には、「この預金は当行の承諾なしには譲渡、質入れはできません」などと書いてあるのが通常である。

　譲渡禁止特約の効力については、見解が分かれている。少数説は、債権の自由譲渡性を強調する債権的効力説である。これは、「債権譲渡は有効であって、特約に違反した債権者（譲渡人）の義務違反を生ずるにとどまる。そして、悪意の譲受人に対しては抗弁権が生じるにすぎない。」とする説である。通説・判例（最判昭49・4・26民集28巻3号540頁）は「特約に違反した債権者（譲渡人）の義務違反を生ずるだけでなく、債権譲渡は無効になる。」とする物権的効力説となっている。

　債権の譲渡禁止の特約の効力は絶対的なものではなく相対的なものであって、善意の第三者には対抗できない（466条2項但書）。これは、債権の財産性と取引の安全性との調和を考慮した結果である。そして、さらに、悪意の譲受人からさらにその債権を譲り受けた第二の譲受人が善意の場合も対抗できない。当該譲受人は、自己が善意である限り、その前主が、悪意であるか否かを問わず、債権を取得する（大判昭13・5・14民集17巻932頁）。

　466条2項の文言は過失の有無を問わないようだが、判例（最判昭47・7・19

民集27巻7号823頁）は、「重大な過失は悪意と同様に扱うべきものである」と述べ、無重過失も必要とする立場をとっている。

　学説は三つに分かれている。すでに述べたとおり判例は重過失ある善意者に対抗できるとしているが、この考えは通説でもある。通説は、「債権は譲渡性を有するのが原則であり、あえてそれに従わないで例外的な特約を行い、しかもそれについて公示を欠いているからには、原則を信頼して行動した第三者の方を優遇すべきである。それ故、無過失を要件とすべきではない。しかし、ほんの少し注意すれば当然気がついた者まで保護する必要はなく、そのような重過失は悪意者と同視すべきであるから、無重過失を要する」と解すべきであるとしている。また、通説は主観的要件の立証責任が債務者にあることのバランスなども理由に挙げている。その他の説として、本条項も表見的なものの信頼を保護して取引の安全を図る制度であることを理由に、他のこの種の制度（権利外観法理）とのバランスから、善意・無過失を要求するべきであるとの説もある。逆に、債権譲渡は性質が許す限りできるだけ広く認めようとする立場から、銀行預金債権に付けられている譲渡禁止特約のように特約がもっぱら銀行の便宜のためというように債務者の利益のためだけに置かれている場合は、債務者は悪意の第三者にすら対抗できないとする説もある。

　(c)　法律上譲渡を禁止される場合　　法律によって債権譲渡が禁止されているものは多い。生活保障の見地から本来の債権者に対してのみ給付させようとする債権については、法律が明文をもって譲渡禁止を定めている。扶養請求権（881条）、年金を受ける権利（国年24条）、労働者に認められる傷害補償を受ける権利（労基83条）、恩給請求権（恩給11条）、社会保険における保険給付を受ける権利（健保68条）などが例としてあげられる。これらの法律上譲渡を禁止された債権は、差押も制限されている（民執152条）。しかし、逆に、差押を禁止された債権については、譲渡し得ないものではないというのが通説である。

【展開講義　39】　譲渡禁止特約付債権に対する差押・転付命令と466条2項

　　債権に対する強制執行の一方法として、債権をいわば強制的に移転する制度、すなわち転付命令（民執159条1項）が認められている。この転付命令は、債権

譲渡禁止特約の効力との関係である問題となる。なぜなら，譲渡禁止特約が有効でとすると，転付命令という債権執行の手段を当事者の合意で奪ってしまう可能性も生ずるからである。このため，譲渡禁止特約付債権を差し押さえることができるか，という問題が生じる。

また，466条2項は，特約による譲渡禁止を肯定する本文に続いて，「但し，その意思表示は之を以て善意の第三者に対抗することを得ず」と述べている。もし譲受人が旧債権者・債務者間の特約の存在を知っていたとすると，譲渡禁止特約は譲受人に対抗できるから，転付命令は効力を生じない，ということになりそうである。この場合における債権の移転にも466条2項が適用されると解すれば，譲渡禁止特約につき悪意の債権者は転付命令を得られないことになる。

これらの点について，すでに立法者は，当事者が差押禁止財産を勝手につくることを許すべきではないとしていた。しかし，かつて判例（大判大14・4・30民集4巻209頁）は，差押債権者が転付命令を取得した時に善意である場合（譲渡禁止の特約を知らない場合）にのみ転付命令は有効であるとした。この見解は，債権者・債務者間の関係は，当事者の意思にもとづいて決められ，そこで決められたことは，任意譲渡の場合だけではなく強制移転の場合についても一律的に取り扱わなければならないとの考えによるものといえる。当事者が譲渡禁止の特約をなすのは，債権者以外の者をして債権者たる地位を承継せしめないということを目的とし，譲渡禁止というも実は広く債権の移転禁止の特約に他ならず，466条2項はかかる特約の効力を認めるものであるという理由による。

しかし，この判例は学説の批判にあい現在の判例（最判昭45・4・10民集24巻4号240頁）は，466条2項は，債権譲渡などの任意の移転に限り適用され，差押等の強制移転の場合は本条は適用されないとした。つまり，転付命令の場合は，差押債権者の善意・悪意にかかわらず有効になると解するようになってきたのである。判例のこの傾向は，従来この判例に批判的であった学説（有力説）を採用したものであり，その根拠は主として，①転付命令の取得という非取引行為について差押債権者の善意・悪意を問題とすることが不適当であること，②当事者間の債権譲渡禁止の特約は債権者の自由意思による債権移転を制限する効果しかなく，法定の差押禁止財産（民執131条・132条・152条）以外に，私人の自由意思で差し押えることのできない財産を作り出すことは，一般債権者の利益を害するのみならず，強制執行手続における手続的確実性を害することになり強制執行秩序を乱し不当である，という点などを考慮したものと思われる。このため，現在では，譲渡禁止特約付債権も，差押債権者の善意・悪意を問わず，転付命令によって移転すると解するのが，通説・判例である。

2.2 指名債権の譲渡の方法
(1) 指名債権と指図債権

　指名債権とは，債権者が特定している債権，特定の債権者に対して弁済せねばならない債権である。指図債権・無記名債権に対する語で，これら証券債権以外の一般の債権のことをいう。要するに，指名債権とは証券によることなく債権者が特定している債権をいう。指図債権とは，証券面に「金壱億円を貴方または貴方が指図する人に支払います」というような記載のある債権であり，債務者は，証書に記載された債権者または債権者が指定する権利者に対して弁済すべき債権である。指図債権は，債権者または債権者が指定する者を明らかにする必要から，指図債券の成立・行使には証券を必要とするので，証券の面から見て指図証券ともいわれる。運送証券，倉庫証券，船荷証券，手形および小切手のような有価証券は，このような記載がなくとも，法律上当然に指図債権とされる。

　指名債権は，債権者と債務者間の個別的特殊的関係から発生するのが普通である。よって，本来的には頻繁に譲渡されることを予定されたものではなく，譲渡の手続もある程度厳格である。これに対して指図債権はある程度転々流通することを前提として規定されている。もっとも，流通促進・取引安全のためには，債権を証券という紙に化体させ，債権の成立，行使，譲渡等すべて証券によって行われる必要があるが，民法はその一歩手前の証券的債権について規定したにすぎず，きわめて不十分である（しかもこの証券的債権は現実には例が少なく指名債権と商法上の有価証券のいずれかが用いられている）。よって，現在では，証券債権の規律は商法その他の商事特別法の規律にゆだねられており，民法の規定は実用性を有しなくなっている。指図債権については，民法（469条・470条・472条），商法（516条・519条）それぞれに規定がある。民法では，譲渡は意思表示だけで生じ，裏書，証書の交付は対抗要件にすぎないとするのに対し，商法では，裏書，交付を譲渡の対抗要件とする。民商両法の間には不統一が存在する。

(2) 債 権 証 書

指名債権の成立・行使には証書の存在を必要とせず，証書が作成されたとしても，それは単に債権成立の証拠としての意味を持つにすぎない。証券債権にあっては，債権は，証書の記載または占有によって変更され，特定されるものであることから分かるように，債権と証書は密接な関係を有している。これに対して，指名債権にあっては，債権者は証書の有無に関係なく特定し，また，債権は，証書の記載や占有と関係なく，債権者と債権を譲り受ける者との合意のみによって移転する。指名債権についても債権証書が作成されることがあるが，たとえ証書が作成されていても，そのことのみにより証券債権となるのではない。指名債権においては，証書は，証拠としての機能を有しているだけである。

ただし，債務の弁済があったときには債務者は債権者に証書を返還しなければならない（487条）ため，債権証券ではない証書のある指名債権を譲渡する場合でも，譲渡人は譲受人に債権証書を交付しなければならないことになる。この点では，証券債権と異ならない。

(3) 譲渡人と譲受人の諾成契約

指名債権の譲渡契約は諾成契約であり，譲渡人と譲受人との間で合意が成立することによって，債権は移転する。債権譲渡は意思表示のみで効力を生ずる意思主義の立場がとられているのであり，債権証書の交付も必要ではないのである。通常，債権証書などの証拠書類も同時に引き渡されるであろうが，上記のとおり，それが債権移転の要件ではない。債権の売買・贈与の合意があればその合意の効果として債権譲渡の効果が生じるが，債権譲渡のみの合意（代物弁済とするなど）によっても，効果が生じることはもちろんである。

債権譲渡の効果がいつ発生するかの問題は，所有権の売買・贈与などにおいていつ所有権移転の効果を生ずるかという問題と全く同じに解してよい。債権譲渡は債権編の規定であるけれども，その理論は債権という財貨であって，その点では所有権の譲渡となんら異なるところはないためである。また，債権譲渡は，債権の移転それ自体を目的とする契約であって，これを移転すべき債務を生じせしめる契約，すなわち，債権の売買または贈与契約（原因行為）とは理論上別個のものであって，物権契約がその原因行為である売買・贈与等に対する関係と同じく，処分行為たる性質を有する。たとえば，債権の売買契約と

当該債権の譲渡行為は観念的に別の行為であるというわけである。このことから債権譲渡行為（契約）は準物権行為ないしは処分行為とよばれる。

譲渡を債務者が承諾することは必要ではない。しかし，契約がなされただけでは，債権譲渡による利益，そして譲り受けた債権の弁済を債務者から得ることができない。一般に債権の譲渡性が増大することは，少なくとも直接には債務者にとって不利益を伴う。とくに，誰が正当な債権者であるかを知り得ないという不利益は大きい。そこで，民法は指名債権は原則として譲渡性を有するものとしつつ，譲渡性を本質とする証券的債権と異にして，制限をおいた。譲渡人が債務者に譲渡を通知するか，債務者が譲渡を承諾するかしなければ，譲受人は債務者に対し弁済を請求できない。つまり，指名債権は，証券と結合されていないから，債務者に対しても，それ以外の者（二重譲受人が典型）に対しても，債権者たることを主張するための方法（対抗要件）が必要となる（467条）。

2.3 指名債権の譲渡を債務者に主張する方法（債務者に対する対抗要件）

(1) 債務者に対する対抗要件序説

(a) 通知・承諾の役割　債権が譲渡されただけでは，新債権者は債務者に対して債務の弁済を請求できない。債権譲渡の契約が譲渡人と譲受人との間で締結されると，債権は譲受人に移転するのであるが，対外的には債務者その他の第三者に対してその移転があったことを知らす方法を講じなければ，債務者その他の第三者は，これまでの旧債権者を債権者であると信じて，弁済をしたり取引をしたり，その他思いがけない損害をこうむることがありうる。

そこで，指名債権の譲渡は，これまで債権者であった譲渡人から債務者に譲渡の通知をするかまたは債務者の側から譲渡を承諾するかでなければ，債務者その他の第三者に対抗することができないとした（467条1項）。そして，第三者による公示方法・対抗要件として，確定日付ある証書による通知・承諾を要求している（467条2項）。債権譲渡に関する情報を債務者に集中させることにより，債務者は新債権者が誰であるかを知ることができ，債務者が二重に弁済することを回避するとともに，通知・承諾によって譲渡を正式に認識させておけば，この債権に利害関係を持とうとする第三者が現れたときには，その者は債務者に問い合わせて債権の所在等を確認することができるから，それをもっ

て公示方法としての機能を果たさせようとしたのである。これは，債務者を情報のインフォメーションセンターとしているともいわれる。

　(b)　通知承諾に共通の効力　　通知・承諾後は，譲受人は債権者としての権利を主張し，弁済を請求できるし，強制執行・担保の実行・訴えの提起等ができる。通知・承諾後に譲渡人と債務者との間でなされた免責行為はすべて無効となる。逆に，通知・承諾がなければ，譲受人は，破産申立，抵当権の実行，時効の中断の行為もなしえない（大判大8・10・15民録25輯1871頁）。そして，通知・承諾がない以上，債務者が譲渡の事実を知っていても，債務者は譲受人からの請求を拒絶でき，債務者が譲渡人へなした弁済も有効であり，反対に譲受人は，債務者に対して債権の譲渡を主張しえない（大判大6・3・26民録23輯521頁）。

　ただし，対抗要件は債権主張の積極的要件ではなく，その欠缺は債務者においてこれを主張してはじめて問題とされなければならない（大判昭2・1・28新聞266号16頁）。なぜなら，この制度の趣旨は債務者を保護することのみを目的とするものだからである。したがって，通知・承諾がなくても，債務者の側で譲渡の事実を認め，弁済等の請求に応じることはできる。

　(2)　債権者から債務者に対する通知

　(a)　通知の性質　　通知は，債権が譲渡されたという事実を知らせる。観念の通知である。債権譲渡を発生させようとする意思表示ではなく観念の通知である。しかし，意思表示に関する規定が類推適用される。譲渡人から譲渡の通知があったときは，譲渡が真実になされたものとの推定がなされる（最判昭34・7・14民集13巻7号990頁）。

　(b)　通知の主体　　譲渡人である旧債権者が，債務者に対し譲渡の通知をするのでなければならない。譲受人が，譲渡を受けたとしても，債務者に弁済を請求できない。譲渡により利益を受ける譲受人が譲受の通知をしても譲渡があったと信用できず，詐称譲受人から虚偽の通知がなされる恐れがある。反対に権利を失う譲渡人からの通知には信憑性がある。したがって，譲受人が，譲渡人に代位して通知をすることも認められない（大判昭5・10・10民集9巻948頁）。ただし，譲渡の通知は譲渡契約から生じる譲渡人の義務（大判大8・6・24民録25輯1178頁）であって，これをしない場合には譲受人は訴えをもって強

制できる。

　(c)　通知の客体　　通知は債務者に対してなされなければならない。債務者が破産した場合には，通知は，債務者ではなく破産管財人に対してなされなければならない（最判昭49・11・21民集28巻8号1654頁）。連帯債務者の一人になした通知は，他の連帯債務者に効力を及ぼさない（相対効）。主たる債務者に対する通知は保証人にも効力を及ぼす（不従性）。逆に，保証人に対する通知は主たる債務者や他の保証人に効力を及ぼさない。

　(d)　通知の時期　　譲渡の通知は，譲渡の時にする必要はない。譲渡後に通知してもよい。対抗力が生ずる時期が遅れるだけである。つまり，譲渡の後に通知されると，その時から対抗力を生ずることになる。遡及効はない。これに対し，譲渡前の通知は対抗力を生じない。事前の通知があっても実際に譲渡がなされるかどうかは不明であり，債務者に不利益になるからである。しかし，将来発生すべき債権を譲渡する場合は，債権が成立する前でも譲渡の通知をなしうる。また，条件成就の際に再度通知することを要しない（大判昭9・12・28民集13巻2261頁）。

　(e)　通知の方式　　通知の方法は定められていない。よって，口頭での通知も規定上は可能である。しかし，特定の債権が特定の人に譲渡されたという事実を通知するのであるから，譲渡された債権および譲受人が特定できるものでなければならない（大判大6・3・26民録23輯521頁）。

　(3)　債務者に対する通知の効力

　通知がなされたときは，譲受人は債務者に対し債権譲渡，すなわち，自分が債権者であると主張できる。債権は同一性を維持して譲受人に移転するから，債務者は通知を受ける以前に旧債権者に対して生じた事由を譲受人に対抗できる（468条2項）。債権譲渡は債務者の意思に関係なく行われ，しかも譲渡人の通知により対抗要件を備える場合には，譲渡人の意思が介入する余地は全くない。その場合に，債務者が譲渡人に対抗し得た事由を譲渡人・譲受人間の意思だけで奪われるのは，債務者の利益を不当に害するので，この規定がおかれたものである。債務者が譲渡人に主張し得た事由とは，①譲渡債権が無効であること，②取消または解除によって消滅していること，③弁済によって全部または一部消滅していること，④同時履行の抗弁権をもって対抗しうること，⑤条

件または期限付であること，⑥相殺などである。

　しかし，⑥相殺については問題がある。

　㈠　まず，債務者が譲渡人に対して反対債権を有している場合に，通知を受けた当時相殺適状にあれば，譲受人に対して相殺をなしうる。譲渡がなければ相殺できたのであり，譲渡がなされても相殺できるのが適当である。

　㈡　債務者の債権の弁済期は到来しているが譲渡された債権の弁済期が到来していないときも，相殺できる（大判昭8・5・30民集12巻1381頁）。債務者が期限の利益を放棄すれば，相殺適状となるからである。

　㈢　譲渡通知時点で，反対債権・譲渡債権ともに弁済期未到来だが，反対債権の弁済期が先に到来する場合は相殺を認めてもよい（通説）。

　㈣　債務者が通知後に譲渡人に対する反対債権を取得しても，それをもって債務者が相殺することが許されないことは，法理的に自明の理であって問題ない。468条2項は，通知前に生じた債務者の地位を保護しようという趣旨であり，この場合には，債務者はすでに変わっているのであるから，もはや相殺を主張することができないのは当然である。

　㈤　通知前から成立している債務者の反対債権が，通知後に弁済期が到来し，相殺適状になった場合，その債権をもって債務者が譲受人に対して相殺をなしうるか否かについては，議論があり，判例は，この点について変遷を重ねた。最近の判例は，債権の譲渡があった当時，債務者が譲渡人に反対債権を有していたならば，たとえ反対債権の弁済期が譲渡された債権の弁済期より後であって，かつ債権譲渡の通知のあった時より後に到来するものであったとしても，債務者は，反対債権（自働債権）および譲渡された債権（受働債権）の弁済期が到来したとき（相殺適状になったとき）に，債務者は，譲受人に対して相殺を主張できる，と解している（最判昭50・12・8民集29巻11号1864頁）。学説の多くもこの判例を支持している。

　(4)　債務者による譲渡の承諾

　(a)　承諾の性質　　承諾は通知とならぶ対抗要件である（467条1項）。承諾のうちでも異議を留めないでした承諾（異議なき承諾）には特別の効果がある。

　承諾は，債務者が債権譲渡に同意するということではなく，債務者が債権譲渡がなされたこと（事実）を知っていることを表明する行為であり，観念の通

知である。その法的性質は，通知と同じく，意思表示ではなく，観念の通知であるが，意思表示の規定が準用される。

　(b) 承諾の主体と客体　　承諾の主体が債務者であることは当然である。承諾の相手方は，譲渡人・譲受人のいずれであってもよい（大判大6・10・2民録23輯1510頁）。債務者が債権譲渡があったことを了知すれば，対抗の目的が達せられるので，承諾の相手方が誰であるかは重要ではないからである。

　(c) 承諾の時期と方法　　通知と同じく承諾も譲渡と同時である必要はない。譲渡の後でもよい。事前に承諾がなされた場合であっても，債権譲渡の目的たる債権および譲受人が特定している場合は有効である（最判昭28・5・29民集7巻5号608頁）。債務者の二重弁済その他不測の損害が生ずる恐れがないことを理由とする。

　承諾の方法には形式はない。譲渡の事実についての認識が表明されていればよい。よって，口頭での承諾も規定上は可能である。

　(5) 承諾の効力
　(a) 序論　　債務者の承諾により生ずる効力は，債権者が譲渡を通知した場合と同じである。したがって，債務者は承諾以前に旧債権者に対し，有していた抗弁を新債権者に対し行使できる。たとえば，契約の無効を理由に債権が成立していないと抗弁し，債務の支払を拒否できる。しかし，異議をとどめないで承諾したときは，譲受人の信頼を保護するために，債務者は譲受人に抗弁できなくなる。

　承諾の内容は，特定の債権が譲渡されるという事実である。虚偽の債権を譲渡しても承諾の効力を生じない（大判大4・12・13民録21輯2072頁）。しかし，債権譲渡の通知が不適法であっても，それに対してなした承諾は承諾として有効である。

　(b) 異議のある承諾の効力　　異議のある承諾の効力については，民法に規定はないが，これは通知と同一の効力を有する。異議とは，抗弁事由の存在の主張を意味し，たとえば，弁済，債務の不成立，取消または解除による債権の消滅の抗弁などがこれにあたる。譲渡人への抗弁事由の留保は，必ずしもすべての抗弁事由をもれなく指摘する必要はなく，一般的に抗弁事由を指摘する程度で足りる。異議の留保は，承諾の到達前または少なくとも到達と同時に到達

することを要する。

(6) 異議のない承諾の効果

(a) 序論　承諾は、債務者がこれをなすに際して、その債権者に対して有する抗弁権を保留するか否かにより、異議のある承諾と異議のない承諾（異議なき承諾）とに区別される。承諾は通知とならぶ対抗要件であるが、異議のない承諾をすれば、債務者は譲渡人に対抗し得た事由（その債権の不成立、成立における瑕疵、債権の消滅など）があっても、これをもって譲受人に対抗し得なくなると言う特殊の効果を与えられる（468条1項）。たとえば、AからBへの債権譲渡を承諾する際に、債務者が「自分はAに対して同時履行の抗弁権を持っている」などと、対抗できる事由があることを断っておけば、これらの事由はそのまま存続し、債権譲渡の通知がなされた場合と同じ扱いになる。しかし、これらの「異議」を留めないで承諾すると、Aに対抗し得た事由を、もはやBとの関係では対抗できなくなる。この異議のない承諾は、とくに異議がない旨明示する必要はなく、単に留保を付けずに承諾の事実の認識を表明すること（観念の通知）でよい。異議のない承諾の相手方は、譲渡人または譲受人のいずれかであればよい。

(b) 異議のない承諾の法的性質　異議のない承諾をどう説明すべきかにつき種々の考え方が主張され、大審院判決にも変遷があったが、現在の判例の準則は、「異議なき承諾という観念の通知に公信力という法律上の効果を与え、譲受人を保護し、債権取引の安全を図る制度であると解する」（大判昭9・7・11民集13巻1516頁、最判昭42・10・27民集21巻8号2161頁）」とする公信説である。学説的には「債務承認説」（ここにいう承諾は、単なる事実の承認というようなものではなく、それ以上のものであって、これは譲受人に対する債務の承認すなわち新たな債務の負担行為たる意思表示を意味する、と解する）から理論が形成され、その批判の上に公信説（通説）が発展した。その論点は次のように要約される。第一点は、ここにいう承諾を、前条と同じく譲渡の事実の承諾と解することであり、観念の通知として理解されるべきである。第二点として、とくに法律がこのような異議のない承諾に抗弁権切断の効果を与えたのは、異議のない承諾に対する信頼を保護し、それによって債権取引の安全を保障するためと解されなければならない、ということである。そして、異議のない承諾に公信力を与

えられたことの結果として，譲受人には対抗しうべき事由についての善意が必要である（大判昭9・7・11民集13巻1516頁，最判昭42・10・27民集21巻8号2161頁）。弁済すみ等の抗弁事由を知っていて譲り受けた者まで保護する必要はないからである。

(7) 抗弁切断効

異議のない承諾があれば，その効力として，債務者は，単なる通知の場合には対抗し得たはずの一切の抗弁をもはや譲受人に対抗し得なくなる。ここにいわゆる一切の抗弁とは単に狭義の抗弁権にとどまらず，抗弁権の発生の基礎となる事由も含まれる（大判昭6・11・21民集10巻1081頁）。したがって，債権が消滅したこと，債権発生原因たる契約の無効または取消のため債権が不成立であることも主張できない。もっとも，この抗弁切断効が生じるには，譲受人が善意であることを要する（最判昭42・10・27民集21巻8号2161頁）。

異議のない承諾がなされれば，第三者もまた債務者の抗弁事由の存在を主張し得なくなる（大判大5・8・18民録22輯1657頁）。しかし，異議のない承諾に与えられる抗弁切断効は，譲受人と債務者との間で機能するだけで，対抗関係では機能しない。異議のない承諾は，その効果として，債務者の譲受人に対する抗弁を切断するのみで，誰が譲受人になるかという，債権の帰属の争いには影響しない。したがって，異議のない承諾を得ても第三者対抗要件の劣後した譲受人は債権を取得できない。

(8) 異議のない承諾と抵当権の復活

しばしば議論されるのは，弁済等によりいったん消滅した債権が異議のない承諾により復活した場合に，その債権を担保する抵当権はどのような運命をたどるか，という問題である。

AのBに対する債権を担保するためにB所有不動産に抵当権が設定され，Bが弁済したが，Cに譲渡されてBが異議のない承諾をした場合に，債権が復活することは疑いない。問題は，債権が消滅したとき附従性によって消滅した抵当権も異議のない承諾で復活し，CはBに対しても抵当権を実行できると解すべきか，という点である。468条1項は，債権の譲受人保護の規定にとどまり，それ以上のものではないが，抵当権についても譲受人保護の趣旨を及ぼしていくべきかどうかという解釈問題である。

判例は，譲受人と債務者との関係では抵当権は復活するとする（大判昭8・8・18民集12巻2105頁）。ただし，判例は債権がもともと違法等の理由で不成立だった場合は，債権自体は異議のない承諾により譲受人に取得されることを認めるが，抵当権については元来存在しないから復活しないとする（大判昭11・3・13民集15巻423頁）。学説は附従性から見て，この区別は無意味だとして，債権者に対する関係で復活するものと考えるものが多い。債権の流通化・商品化を徹底・保護するために，異議のない承諾に公信力を与えて債権取引の安全を図ろうとする468条1項の趣旨に照らし，担保債権を譲り受けたいという譲受人の信頼を保護すべきであり，また債務者も異議のない承諾をした以上，不利益を受けてもやむをえないからである。債権は取引上，抵当権付債権であってはじめて価値のあるものとして扱われることが多いであろうから，譲受人の保護を優先させて，多数説に賛成すべきである。

　さらに問題となるのは，後順位抵当権者，抵当不動産の第三取得者など，債務者以外の第三者に対して譲受人は抵当権復活を主張することができるか，である。先の事例でいうと，Bの不動産に後順位抵当権者がいた場合やBが弁済をした後，Aが債権譲渡を行う前に，当該土地をBから譲り受けていたDがいるという場合に，Cのために無条件に復活させてよいかという問題である。つまり，抵当権の存否に直接利害関係を持つ者と譲受人のいずれを保護すべきか，という問題であるが，判例理論はここでもはっきりしない。後順位抵当権者は後順位抵当権の取得の時期に関係なく消滅を主張できるとするものもあるが（大決昭6・11・21民集10巻1081頁），抵当不動産の第三取得者は，異議のない承諾の後は消滅を主張できないというものもある（大決昭5・4・11新聞3186号13頁）。学説は多岐に分かれているが，異議のない承諾前から存在した後順位抵当権者は，消滅による順位上昇の利益を奪われるべきではないから消滅を主張できるとする制限肯定説が通説となっている。承諾前の後順位抵当権者は，わが国の金融取引界では抵当権の順位上昇に強い期待を有し，順位が上昇すると債権者・債務者間にそれを前提として事実上新たな利害関係が生じてくる。よって，この後順位抵当者に損害をこうむらせるのは許されるべきではなく，復活した抵当権をこの後順位抵当権者には対抗しえないと解すべきである。これに対して，承諾後に現れた後順位抵当権者は，失うべき順位上昇の利益を有

せず，登記によって抵当権の存在を知りうるのだから，復活した抵当権を対抗しうると解すべきである。

2.4 指名債権の譲渡を第三者に主張する方法（第三者に対する対抗要件）

(1) 確定日付のある証書

　債務者以外にも，債権の二重譲渡人や，債権者である譲渡人の債権者であり譲渡された債権を差し押さえた者も，債権譲渡があったか否かについて利害関係を有する。これら第三者に対して債権譲渡を対抗するには，債権譲渡の通知または承諾が，確定日付ある証書によってなされなければならない（467条2項）。債権者が債権を譲渡した後に同じ債権を別の者に二重に譲渡した場合，日付において先である第一の譲渡による譲受人が，第二の譲受人に対し債権者であると主張できる。しかし，譲渡人，第二の譲受人，および，債務者の第三者が共謀すれば，第二の譲渡についての日付を，第一の譲渡の通知があった日付よりも遡らせることができる。第二の譲渡が第一の譲渡よりも先になされたこととなり，第二の譲受人が債権者になることが生ずる。このような偽装を許さないために，これらの者が日付を遡らせることができない確定日付ある証書によることが求められるのである。

　確定日付ある証書とは，当事者が後から勝手に証書が作成された日付を変更できない証書である。民法施行法5条が，確定日付あると認められる証書について規定する。実際上よく利用されているのは，公正証書や内容証明郵便が確定日付のある証書である。

　この日付の偽装を防ぐという確定日付ある証書が要求される趣旨を鑑みると通知または承諾があったこと自体を確定日付ある証書によって証明することが要求されるように思える。そうすれば，譲渡人と債務者が共謀して日付を遡らせて譲受人を害する恐れを完全に封じることができるからである。判例は，かつてはこのように解していた（大判明40・11・26民録13輯1154頁）が，現在では，通知または承諾をする書面に確定日付があることを要するのであり，通知または承諾があったことを証する書面に確定日付があることを要求しているのではないとしている（大判大3・12・22民録20輯1146頁）。467条は通知または承諾についての対抗要件を定めたものではなく，債権譲渡についての対抗要件に関する規定であるから，通知または承諾のあったことの証明方法として，確定日付

ある証書を必要とすると解することはできないからである。

　このような通知または承諾がないときは，譲受人は債務者に対し債権者であると主張できない。したがって，債務者が譲渡人に対してなした弁済は有効である。債務者は，譲渡人から通知を受けていなくても債権が譲渡されたことを主張し，譲渡人からの弁済の請求を拒むこともできる。ただし，譲渡人への弁済を拒みながら，譲受人に対しても弁済を拒むことはできない。譲渡がなされているとの譲渡人に対する主張は，債権譲渡の承諾である。

　(2) 債務者以外の第三者とは

　債務者以外の第三者とは，譲受人の地位と両立し得ない地位を取得した者を意味する。判例は「債権そのものに対し法律上の利益を有する者」と表現する（大判大4・3・27民録21輯444頁）が同一の趣旨である。これに該当するのは，債権の二重譲受人，債権質権者，譲渡債権を差し押さえた譲渡人の債権者などである。逆に第三者にあたらないのは，債権譲渡行為の無効その他の事由による無権利者，債務者の単なる債権者，譲受人が譲り受けた債権をもって債務者に対する自己の債務と相殺した場合の受働債権の譲受人や差押債権者のような，債権譲渡により間接に利益を受ける者である。

　(3) 債権の二重譲渡があった場合

　債務者以外の第三者と譲受人との間に生じた対抗関係は，467条2項により，次のように解決される。

　①　債権の二重譲渡があった場合において，双方の譲渡に確定日付のないときは，両譲受人はいずれも相互に対抗し得ない関係であるから，債務者は譲受人双方の弁済を拒否できる。この場合改めて確定日付ある通知を備えた譲受人が優先するが，両譲受人とも債務者に対する対抗要件は備えているわけであるから，一方の譲受人に弁済したときは，当然免責される。

　②　第一の債権譲渡が確定日付ある証書をもってしない通知・承諾がなされ，第二の譲渡が確定日付による場合は，第二の譲受人が優先する。すなわち，債務者は第一の譲受人からの弁済請求を拒否できる（大連判大8・3・28民録25輯441頁）。もっとも，第一の譲受人に弁済がなされた後に，第二譲受人が債権を譲り受け，確定日付ある証書による通知を債務者が得た場合には，もはや弁済により債権は消滅しているのであるから対抗問題を生ずる余地はなく，第一の

譲受人に対する弁済は有効である。

③　第一・第二の譲受とも確定日付ある証書をもってする通知による譲受がなされたとき，通知の到達の先後によって定まる。先に到達した通知による債権譲受人が，たとえ確定日付が後であっても優先し，債務者に対し債権の弁済を請求でき，また債務者はこの者に弁済しなければならない。債権譲渡の対抗要件としての通知および承諾は，債務者が譲渡を認識することを目的とする。債務者の認識と関係のない確定日付を基準とすべきでないとされる。通知の到達時を基準とすることになる。債務者による通知を対抗要件としながら，通知の到達ではなく，書面の作成日時に確定日付を求めることには問題がある。確定日付のある通知が債務者に到達した日時の先後による（最判昭49・3・7民集28巻2号174頁）。

(4)　二つの通知の同時到達

二つの譲渡の通知が債務者に当時に到達したとき，または，その先後関係を証明できないとき，いずれの譲渡が優先するのか。判例は，各譲受人は，第三者に対しそれぞれの譲受債権についてその全額の弁済を請求することができ，譲受人の一人から弁済の請求を受けた債務者は，単に同順位の譲受人が他に存在するからといって弁済の責めを免れることはできないとしている（最判昭55・1・11民集34巻1号42頁）。

譲受人双方が同時に対抗要件を具備している以上，どちらかが優先することにはならないため，譲受人は，債務者に対しそれぞれ債権全額を請求することができる。譲受人相互間の関係については，各譲受人は全額につき債権を取得したと解するのが妥当であり，かつ，債務者の二重弁済の危険を防止する必要があること，譲受人間に主観的共同関係がないことから，不真正連帯債権の関係にあると解すべきである。したがって，債務者はいずれかの債権者に全額支払えば免責される。債務者は，弁済などにより債務が消滅しているのでないかぎり，弁済しなければならず，他に債権者がいることを理由に拒むことはできないが，債務者が譲受人の一人に弁済するときは，債務は消滅することになる。

もっとも，不真正連帯債権においても，債権者間の公平のために実質的持分を考えることはでき，したがって一方が全額の支払を受ければ他方は持分につき不当利得返還請求権を行使しうると解すべきである（703条）。持分の割合は，

債権額に応じるのが公平であるといえる。

―――
【展開講義 40】 指名債権の多数譲渡
　債権譲渡については，現在，指名債権を（多くの場合には大量の指名債権を）資金調達のために譲渡する取引方法が増加している。この取引において債権が流動化するには，投資家保護のために，流動化しようとする多数の指名債権が有効に譲渡され，かつ，破産管財人等の第三者に確実に対抗できることが必要である。しかし，467条によれば，指名債権譲渡に第三者対抗要件を具備するには，個々の債権譲渡ごとに，個別の確定日付のある証書をもってする通知・承諾の手続を経なければならない。したがって，実務界からは，467条の対抗要件制度の簡素化が強く要請されていた。

　このため，1992年に特定債権法（特定債権等に係る事業の規制に関する法律）という特別法が制定され（93年から施行），民法の定める債権譲渡とは異質な債権譲渡方式を認めるに至った。特定債権等に係る事業の規制に関する法律（特定債権法）7条2項は，リース・クレジット債権の譲渡に関して，新聞における公告を対抗要件として認めている。これらの対抗要件は，第三者対抗要件であると同時に債務者対抗要件である。

　そして，さらに，新しく法人がする金銭債権譲渡等につき債権譲渡登記による対抗要件システムを定めた債権譲渡特例法（「債権譲渡の対抗要件に関する民法の特例等に関する法律」）が1998年に制定された。この法律は，法人による（個人は認められない）債権譲渡について，法務局に設けられる債権譲渡登記ファイルになされた登記を対抗要件とした。もっとも，この登記という対抗要件は，第三者対抗要件であるにとどまり，債務者に対抗するには民法に規定されているとおり債務者に対する通知または債務者の承諾が必要である。この債務者に対する通知は，登記の概要を示す登記事項証明書によってなされる。
―――

2.5 証券的債権の譲渡

(1) 有価証券の譲渡

(a) 有価証券の意義　　証券的債権とは，財産的価値を有する私権を表章する証券であって，債権の発生・移転・行使の全部または一部が証券によってなされることを要するものである。このような債権は，その流通性を使命とし，譲渡性を本質としているが民法の規定した証券的債権については，これをいわ

ゆる有価証券の規定ととらえるのが通説である。有価証券とは，財産権を表章する証券であり，有価証券とされた債権は，その成立，存続，譲渡，行使等すべてが証券でされることを必要とする。権利と証券を結合することによって権利の行使を円滑安全にするとともに，権利の流通性を高める制度である。表章される権利の種類，権利と証券の結合の程度，権利の移転行使の態様は，各種有価証券により，一様ではない。

　指図債権と無記名債権とに関しては，それが証券的債権であるという前提のもとに，その譲渡については対抗要件として証券の裏書き交付または単なる交付が要求されているのであるから，有価証券であるということができる。ところが，有価証券に関しては商法や手形法などにもそれぞれ相当の規定がある。したがって，民法上の規定はほとんど適用されず，実際上，意味を失っているともいえる。しかも，民法上の証券的債権は，その譲渡に関して，譲渡人と譲受人の合意だけでよいとし，証券の裏書・交付を単なる対抗要件にする（商法では成立要件）など，商法などの有価証券に関する規定と民法の規定との間には齟齬する点が少なくなく，なおかつ両者を比較すれば，商法などのほうが遙かに証券取引の需要に適合しまた有価証券の本質にも合致しているところが多い。よって，469条以下の規定は，実際上あまり大きな意味を有せず，現実には機能していない。

　(b)　有価証券の種類　　証券的債権は，債権者を決定する方法の如何により，証券に化体された権利の移転の態様により，指図債権，記名式所持人払債権および無記名債権の三種類に分類される。

(2)　指図債権の意義

　指図債権とは，特定の者またはその者が指定する者（およびこの指定された者がさらに指定する者），すなわち，指図人に弁済すべき債権である。特定の者または指図人を明らかにするために，指図債権の成立行使には必ず証券を必要とする。このことから，指図証券ともいわれる。ある債権が指図債権であるためには，とくに指図（新しい債権者を指定すること）を許す旨の文句を証券作成者が証券の上に記載しておくことを必要とするのが原則であるが，運送証券（商574条・576条），倉庫証券（商603条・627条），手形（手形11条・17条），小切手（小14条）は，特定の人またはその者が指定する者を権利者とするとの指図

文言がなくとも，指図禁止の記載がない限り，法律上当然に指図債権である。これら商法上の証券債権はまず第一次的に商法の規定の適用を受ける。これら商法上の証券債権のほかに，民法の規定が適用される指図債権の存在が理論的には考えられるが，実際にはその例は見受けられない。

指図債権の譲渡は，譲渡人と譲受人の合意によって成立する。

(3) 指図債権譲渡の対抗要件

(a) 指図債権譲渡の対抗要件　　指図債権の譲渡は，譲渡人と譲受人の合意によって効力を生ずるが，証書に譲渡の裏書をし，その証書を譲受人に交付しなければ，債務者および債務者以外の第三者に債権譲渡を対抗することができない (469条)。469条は，証券的債権も，他の指名債権の譲渡と同じように，権利の移転自体は意思表示だけで，効力を生ずることを前提とし，証券の裏書・交付をもってその対抗要件とする。裏書・交付が対抗要件となっているので，指名債権よりも流通は促進される。すなわち，債務者は証書を所持しているものに弁済すればよく，通知・承諾や二重譲受人双方からの請求に煩されることもない。もっとも，通説が，裏書・交付を対抗要件としたのは，有価証券の性質に反する（商法上の有価証券においてこれらは効力発生要件である）と批判されている。

指図債権の対抗要件である裏書とは，債権譲渡の意思表示を証券に記載することである。必ずしも証券の裏に記載する必要はない。裏書は，書面の裏に記載することが多いことから裏書といわれるが，書面の表に記載しても，付箋に記載してもよい。要するに，債務を弁済して欲しい他の者の名を証券に記載することである。裏書は，証券面に債権者として記載されている者が最初に行い，この裏書によって指定された者が次の裏書を行うことになる。このように裏書は連続していることが必要である。交付とは，証券を引き渡すことである。

(a) 流通の保護の促進　　指図債権については，その流動性増大のために，民法は二つの面から特則を設けた。

(イ) 債務者の保護　　470条は，所持人が真に債権者であるかどうか，署名捺印がその者によってなされたものであるかどうかを債務者が調査することができ，そのために弁済期を過ぎても不履行の責任を負わず，また調査しなくても弁済は有効であること，を規定している。指図債権の弁済が有効であるた

めには，裏書が連続しているだけでなく，この証券の所持人が最後の裏書で指図された者であり，これらの署名捺印が本人（各裏書人）の行ったものであることが必要である。指図債券の所持人が必ずしも真性の債権者とは限らないから，このことを調査する権利が債務者に認められているのである。ゆえに，その真偽の調査に要する相当な期間は，弁済を遅延しても履行遅滞とはならない。しかし，これらをすべて確認することは困難であり，時間もかかる。そこで，指図債権の弁済を容易にするため，債務者に調査する義務まで負わせてはいないし，調査をせずに真の権利者でない者に弁済しても，悪意または重過失でない限り弁済は有効とされ，債務は消滅することになる。債務者は軽過失があっても保護される点で，債権の準占有者に対する弁済よりも保護されている。

(ロ) 譲受人の保護　一方，指図債権の流通を容易にするために，指図債権の譲受人がその債権の内容等の瑕疵によってその地位を脅かされないように，民法は債務者の抗弁権を制限した（472条）。債務者は，もとの債権者に対し主張することができる事由があっても，善意の譲受人に主張できない。ただし，債務者が善意の譲受人にも主張できる抗弁もある。それは，①証券に記載された事項，すなわち，一部または，全部の支払・相殺・免除・代物弁済などで証券に記載された場合，および，②証券の性質より当然生ずる結果，すなわち，証券の不呈示，署名・捺印の不真性，裏書の不連続などである。

(4) 記名式所持人払債権

(a) 記名式所持人払債権の意義　記名式所持人払債権は，証券に特定の権利者を指名するが，これと同時に証券の交付を受けた者も正当な債権者とされる債権である。「何某殿または持参人に支払う」と記載されている小切手がその例である。しかし，この記名式所持人払小切手には，小切手法が運用され，民法は適用されない。また，民法の適用を受ける記名式所持人払債権なるものも実際上はほとんど存在しない。民法は，記名式所持人払債権について一カ条をおいている。

(b) 譲渡の対抗要件　この債権は，無記名債権の一種として扱われる。譲渡人と譲受人の合意により譲渡の効力が生ずる。要するに，意思表示のみによって譲渡の効力が生じる。債権者の名が記載されている記名債券であり，467条の規定が適用されることになるが，証券債権であることに着目し，譲渡

については証券の交付が対抗要件とされる。学説には証券の交付をもって対抗要件とするのが適当となる。

(c) 流通の保護　債務者は証券の所持人に弁済すれば免責される（471条による470条の準用）。譲受人の保護については民法上規定はないが，抗弁切断について判例は，472条が類推適用されるとした（大判大5・12・19民録22輯2450頁，大判大9・4・12民録26輯527頁）。

(5) 無記名債権

(a) 譲渡と対抗要件　無記名債権とは，証券上に特定の権利者名を表示せず，証券の所持人に弁済しなければならないとする債権である。乗車券，商品券，劇場入場券などが無記名債権である。民法上，無記名債権は動産とみなされる（86条3項）。したがって，無記名債権の譲渡は，譲渡人と譲受人の合意により行われる，つまり意思表示によってのみ譲渡され（176条），第三者に対する対抗要件は，証券の交付である（178条）。証券の交付が効力発生要件であるとの説もある。

(b) 債務者の保護　無記名債権の所持人は常に必ずしも債権者だとはいえないが，その証券の占有者は一応証券上の権利を適法に有するものと推定される（188条）。したがって，無記名証券の所持人は，無記名債権の準占有者と見られるので，証券の所持人が正当の譲受人でない場合でも，これらの者への善意でなした弁済は，債権の準占有者への弁済として保護される（478条）。

(c) 譲受人の保護　譲受人がその債権の存続内容等の瑕疵によってその地位を脅かされないように，債務者の抗弁権が制限されることは，指図債権と同じである（473条）。債務者でない者に対する弁済は，準占有者に対する弁済として保護されることがある（478条）。無記名債権については，動産の即時取得の規定（192条～194条）も適用されるため，その債権の流通中における譲渡の無効または取消については，証券が動産として有する公信力により保護される。有価証券の性質を有するものについては，商法の規定（商519条，小21条）を適用すべきとするのが判例（大判大6・3・23民録23輯393頁）・通説である。

3 債務引受

―――――――◆ 導入対話 ◆―――――――

学生：先生，昨年買った自動車のローンが，私，まだ残っているのですけど，これをお父さんに払ってもらうことはできますか。

教師：民法上は，規定されていませんが，判例で認められた債務引受という制度があります。とくに，きみが債務の弁済を免れて，きみのお父さんだけに支払ってもらう制度を免責的債務引受といいます。

学生：どうすれば，その免責的債務引受と認められるんですか。

教師：いろいろな要件があるのですが，免責的債務引受の場合は，債務者が変わってしまうということで，債権者の承諾が必要とされています。この免責的債務引受以外にも，併存的債務引受といって，君も債務者としての義務を負ったまま，きみのお父さんもきみの債務を負担する債務者になる制度もあります。では，債務引受について，今から勉強しましょう。

3.1 債務引受の意義と性質

(1) 債務引受の意義

債権譲渡は債権者の側に変更を生ずる場合であるが，これに対して，債務者の側に変更を生ずる場合については，債務を同一性を保持したまま債務者から他人に移転する債務引受が認められている。すなわち，債務引受とは，BのAに対する債務をCが引き受けてAの債務者となりBが債務を免れるというように，債務をその同一性を保持したままで引受人に移転する契約である。しかし，債権者は，債権者の意思に反しまたは債権者の知らないうちに債務者が他の者に交替することがないことや支払能力のない者に交代することがないことにつき，利害を有する。債権は，究極的には債務者の資力如何によってその経済的価値が多いに異なるから，債務者が誰であるかは，債権者の重大な関心事であるからである。債権者を交えず債務者と引受人との間で契約をする場合は，通説は，債務引受契約は，旧債務者・新債務者の契約によって成立し，債権者の承諾を条件として遡及的に効力を生ずる（債務者の承諾を停止条件とした契約）としている。

(2) 債務引受の実際上の必要性

債務引受は，債権譲渡ほどでないにしても，社会的に必要な制度である。借金の肩代わりとか，債権者に対する債務の履行に代えて債権者の債務を引き受ける場合などの他に，営業・企業が一括して譲渡される場合や，担保物の譲渡に際して譲受人が同時に被担保債務を引き受ける場合，さらには，売買契約における売主もしくは買主の地位その者の譲渡の場合などに実際上の必要性がある。しかし，日本民法は，債務引受について規定していない。負担した債務は自ら責任をもって履行するのが，根本的な道徳上の原則であると考えたからであろう。しかし，近代の法思想においては，債権関係は一個の財産関係であるとされるので，債権者の人格が債権関係の要素でないと同様，債務者の人格もまたその要素ではないと考えられるにいたっている。また，社会的必要性があるとともに，債務引受を認めない理論的理由はない。通説・判例は，債務の引受を有効としている。

(3) 債務の移転性

債務引受契約がなされるためには，債務が移転を許す性質のものでなければならない。債権には，その性質上債権者の変更（譲渡）を許さないものがあると同様に，債務者の変更（引受）を許さないものもある。特定の債務者自身がなすのでなければ意味のない場合，たとえば，絵を描く債務などは，債務の引受は認められない。債務の引受が認められる場合でも，新債務者の責任能力が旧債務者のそれに劣ることによる債権者の不利益が生じないよう配慮する必要がある。

(4) 債務引受の種類

債務引受は，広義では，①免責的債務引受，②併存的債務引受，③履行引受の三種類のものが考えうる。債務引受とは，BのAに対する債務をCが引受けて新債務者となり，Bが債務を免れる契約である。そして，債務が同一性を維持しながら債務者以外の者に移転する。この①免責的債務引受が，債務引受の本来の形態であり，狭義の意味ではこの免責的債務引受のみを指す。広義では，この免責的債務引受以外に旧債務者の債務を存続させながら，他の者が別に債務を履行する義務を負担する場合も含む。この場合，旧債務者と新債務者がともに債権者に対し義務を負う②併存的債務引受（重畳的債務引受ともいう）と，新債務者が債務を履行する義務を負うがそれは旧債務者に対してであり，債務

者に対してではない，③履行引受に分けることができる。

3.2 免責的債務引受

(1) 免責的債務引受の意義

免責的債務引受とは，旧債務者が負担していた債務をそのまま引受人が債権者に対し負担し，旧債務者は債務を免れる，真の債務の引受である。したがって，この契約の場合，債務者の交代によって，債務の担保する責任財産に変動が生じるので，債権者の利害に大きく影響し，また現債務者のために担保を提供していた者（保証人，物上保証人）にとっても危険がある。債務者の交代による更改同様，債務者の交代が生ずるが，更改が新たな債務を発生させるのに対し，債務の同一性が維持される点で異なる。

(2) 免責的債務引受の要件

(a) 債務の移転可能性　債務引受とは債務の内容が債務者以外のものによっても実現できるものでなければ認められない。しかも，その移転の可能性の有無は，各場合で取引観念・当事者意思など各種の事情を考慮して決定されるべきである。

(b) 当事者　債務の引受は，引受人の資力によっては，債権者および保証人が不利益を受ける。よって，債権者の何らかの関与がなければ，免責的債務引受は認めるべきではない。そこで免責的債務引受の要件をどう解するかが問題となる。

(イ) 債権者と債務者と引受人の三者で，引受契約を締結しうることについては当然可能である。

(ロ) 債権者と引受人の間の契約によってもなしうる。当事者にならない債務者が，債務を免れることにより利益を受けるのみで，不利益を受けないからである。ただし，債務者の意思に反してなすことはできない（大判大10・5・9民録27輯899頁）とされている。債務引受と類似する，第三者の弁済（474条2項），債務者の交替による更改（514条但書）を，利害関係のない者が債務者の意思に反し行うことが，許されていないことと同様に考えられるからである。債務者の意思に反するかどうかは，引受契約時を標準とし，その挙証責任は，意思に反したことを主張する者にある（判例・通説）。

(ハ) 債務者・引受人間の契約をもって債務引受をなしうるかについては問

題がある。否定説は，債務者と引受人だけでなされる債務引受は，債務引受が債務者の交替，したがって，責任財産の変更を生ずるので，認めることができないとしている。しかし，債権者の意思を無視しえないというのは，債務が債務者から引受人に移転することによって債権者の債権の担保力が減少しては困るという点だけである。この点，債権者の意思表示をいかにするかについては通説も考慮している。取引の実状からして，債務引受がおこなれる場合，旧債務者と引受人との間で契約し，その後に債権者の承諾をもらうというのが，通常である。責任財産の変更が債権者の不利益にならないよう，債権者の関与を認めれればよい。債権者の承諾を得るならば，このような債務引受も引受契約の時点にさかのぼって効力を生ずる。債務者の承諾を停止条件とする契約とみなす説がもっとも妥当であるといえる。この承諾は，明示でも黙示でもよい。事前の承諾でもよい。114条の類推により債務者または引受人は，債権者に対し一定の期間を定め承認するかどうか回答するよう催告できる。期間内に回答がなければ拒絶したものとみなしうる。

(3) 免責的債務引受の効果

免責的債務引受の効果として，債務は同一性を失うことなく引受人に移転し，債務者は，債務を免れる。

(a) 移転の範囲　(イ) 旧債務者の有した抗弁事由　引受人は，引受当時債務に付属していた抗弁（債権が発生していなかった，契約が取り消されていた等の抗弁や，同時履行の抗弁権）を債権者に主張できる。もっとも，旧債務者が有していた反対債権により相殺することはできない。これは，他人の債権を処分することになるからである。また，債務引受は当事者たる地位の承継ではないから，引受人は旧債務に属していた解除権（大判大14・12・15民集4巻710頁），取消権を行使できない。このような権利は，契約の当事者が有するものであるからである。

(ロ) 従たる債務　利息債務や違約金債務のような債務に従たる債務も引受人に移転する。ただし，すでに具体的に発生している利息債務は，独立性をもつから，別段の特約がなければ移転しない。

(ハ) 保証債務・担保物権　移転前に存在していた債務の担保が，そのまま存続するかは問題である。法定担保物権（留置権・先取特権）は，特定債権

の担保のために法定されているものであり，引受によって影響を受けない。保証債務および第三者の設定した約定担保物権については，債務の引受により債権の実質的な価値が変更することを考えると，右の担保が旧債務者と担保提供者との間の個人的信頼関係を基礎として成立している以上，第三者の同意がない限り，移転せず消滅するのが通説・判例である（保証債務：大判大11・3・1民集1巻80頁，約定担保物権：最判昭37・7・20民集16巻8号1605頁）。その理由は，債務者の変更にもかかわらずこのような担保の移転を認めることは，これらの者にとって酷な結果となるからである。債務者の設定した約定担保物権は，消滅説・存続説などあるが，引受契約が債務者と引受人との間で行われた場合は存続し，債権者と引受人との間で行われた場合には消滅するとの説が債務者の合理的意思解釈からは妥当であろう。

(b) 契約による取決め　契約において別段の取決めをなすことはできる。しかし，債権者に不利益を及ぼす特約については，債権者の承諾がなければ，債権者に対しその効力は生じない。

3.3 併存的債務引受

(1) 併存的債務引受の意義

併存的債務引受とは，引受人が債務者と同一の債務を債権者に対し負担することになるが，原債務者は免責されることなく，債権者と原債務者との間には従来どおり債権債務関係が存続する場合のことである。引受人に債権の移転が生ずるのではないので，厳密には債務引受ではない。また，この結果，債務者が一人増えた形になるので，保証に類似した機能が営まれる。しかし，附従性はない。そして債権の担保力が引受人の一般財産が加わった分だけ増大する。

(2) 併存的債務引受の要件

(a) 履行の可能性　併存的債務引受は独立の債務の負担を目的とする行為であるが，他面では，他人の債務の存在を前提として行われる加入的性格をもった行為であるから，原債務の存在が必要である。併存的債務引受の場合も，その債務の内容が第三者によって実現しうるものでなければならない。引受人の負担した債務の範囲が原債務のそれを超えるときは，超過部分については，原債務が存在しないから，併存的債務引受があったものとは認められない。

(b) 併存的債務引受の当事者　(イ) 併存的債務引受は，債権者，債務者，

引受人の三当事者の契約によりなしうることは当然である。

　(ロ)　債権者と引受人との契約でもなしうる。この場合には，他人の債務の担保を目的とするものであり，連帯債務・保証債務の場合と同様に，債務者の同意を要しないのみでなく，債権者に不利益とならないので，債務者の意思を問題にする必要もない（大判大15・3・25民集5巻219頁）。また，この場合，それが「保証」か併存的債務引受であるかは，当事者の用いた用語にこだわることなく，当事者の意欲した法律上の効果を究明してその判定がなされなければならない（大判昭9・4・7裁判例8巻134頁）。

　(ハ)　債権者抜きで，債務者と引受人との間の契約でもなしうると解されている（大判大6・11・1民録23輯1715頁）。債務者と引受人との契約は，第三者である債権者に新たな債権を取得させることを目的としているから，第三者のためにする契約である。第三者である債権者に契約の効力が生ずるには，債権者の受益の意思表示が必要であるが，債権者が引受人に請求することは受益の意思を表示することと解してもよい。

(3)　併存的債務引受の効果

(a)　債務　　債務者は債務を免れることなく，引受人は，これと併存する同一内容の債務を負担することになる。問題なのは，原債務者の債務と引受人の新債務との関係である。判例は，連帯債務関係が生ずると解する（大判昭11・4・15民集15巻781頁）。よって，債務者の債務が消滅時効により消滅するときは，引受人の債務も消滅することになり，債権者の不利益が大きい。また，債務者の一人について生じた事由が絶対的効力を生ずる場合の多い連帯債務と解することは，弁済がより確実になったという債権者の通常の期待に反する。このため，学説は不真正連帯債務関係が生ずると解している。そして，連帯債務となるのは，当事者が連帯債務を成立させる意思を表示した場合に限られる。

(b)　抗弁　　引受人は，原債務者と同一内容の債務を負うのであるから，引受当時，原債務者が有していた一切の抗弁事由をもって，債権者に対抗しうることは当然である。この点では，免責的債務引受と変わるところがない。

(c)　担保　　原債務はそのまま存続するため，債務のために存在していた担保は，債務の引受によって影響を受けない。

3.4　履行引受

(1) 意　義

　履行引受とは，引受人が，債務者の債務を債権者に対し履行することを，債務者に対して約束する，債務者と引受人との間の契約である。元来債務は，債務者以外の第三者も弁済できるのを原則とする（474条）。したがって，この第三者の弁済が可能な債務については履行の引受も可能なわけである。しかし，この契約は，当事者間においては効力を生ずるが，債権者に対する効果はない。引受人は，第三者の弁済として債権者に弁済する義務を債務者に対して負担するにすぎない。

　履行引受は，債務引受と異なり，これによって引受人が直接債権者に対して債務を負うことはなく，債務者に対してその債務を履行すべき債務を負うにとどまるものであり，債務の移転を生じさせることなく，直ちに免責を得させるものではない。よって，債権者は，引受人に対し弁済を請求できない。この点で，免責的債務引受および併存的債務引受の引受人と異なる。

　もっとも，当事者が債権者をして直接に引受人に対する債権を取得させる意思を有するときは，併存的債務引受が成立し，しかし，当事者の意思が明らかでないときは，単なる履行の引受と解すべきである。

(2) 要　件

　当事者は債務者と引受人であり，その債務は，第三者の弁済を許すものでなければならない。債権者はまったく関係しない。

(3) 効　果

　引受人は，債権者に第三者として弁済をするなどして，債務者を免責させる義務を債務者に対して負う。しかし，債務者の債務はこれにより消滅するものではない。引受人が債務を履行しないときは，債務者は引受人に債務を履行するよう請求し，強制執行できる（大判昭11・1・28新聞3956号11頁）。引受人が履行しないため債務者が履行したときは，債務者は，引受人に債務不履行にもとづく損害賠償を請求できる（大判明40・12・24民録13輯1229頁）。引受人が債権者に履行しないときは債務者に対して債務不履行の責めに任ずるにすぎないのである。言い換えれば，履行引受は，原則として第三者のためにする契約となるのではない（大判大4・7・16民録21輯1227頁）。また，債権者は引受人に対してなんらの権利も取得しない。もっとも，当事者間において，引受人に対

する権利を直接に債権者に取得させる旨を約束したときは、通説・判例（大判大 6・11・1民録23輯1715頁）は、この場合、第三者のためにする契約の成立を認める。そして、その効果として、債権者は引受人に対し直接に履行を請求する権利を取得しうることになる。つまり、この場合には、併存的債務引受となる。

債務引受の合意があったときは、常に履行の引受の合意があったものと考えられる。

4 契約上の地位の譲渡

(1) 意　義

契約から生ずる個々の債権、債務だけでなく、売買契約の売主・買主の地位や不動産賃貸借契約の賃貸人・賃借人の地位のような契約当事者たる包括的地位を第三者に移転することを契約上の地位の譲渡という。契約上の地位の移転・契約引受ともいわれる。分析的に見れば、債権譲渡、債務引受、取消権・解除権の移転（債権・債務を発生させた契約についての取消権や解除権は、債権の譲渡・債務の引受だけでは移転しないから）に分かれるが、それらを個別に行うことは大変面倒であるため、契約上の地位を一括して移すことが認められている。

(2) 要　件

(a) 契約の内容　契約の内容が、債権・債務とも第三者に移転しうるものであることを要する。

(b) 当事者　(イ) 契約上の地位の譲渡人と譲受人および原契約の相手方の3人を当事者とする三面契約でなしうることについては、異論がない（大判昭2・12・16民集6巻706頁）。

(ロ) 原契約者の一方（譲渡人）と第三者（譲受人）との間の契約でなしうるか。判例は、売買契約上の貸主の地位の譲渡には売主の同意（承諾）を要する（大判大14・12・15民集4巻710頁）としている。そして、請負契約上の地位の譲渡について債務を伴う契約上の地位の譲渡契約は、債権者の承諾がないときは債権者に対し効力を生じない（最判昭30・9・29民集9巻10号1472頁）と判示している。学説は、通常の売買契約における買主の地位の移転などの場合に

は，譲渡人と譲受人の二人でなされた契約も，相手方の承諾があれば，有効であるとしている。賃貸借契約の賃貸人の地位の移転などのように，原契約の相手方に不利にならないときは，相手方の承諾は必要ではないとしている。賃貸物の買主が賃貸人としての地位を承継する方が賃借人により利益だからである。

(3) 売買契約上の地位の譲渡

引受人は契約当事者たる地位を承継することになる。すなわち，契約当事者のみが有する取消権や解除権も，譲受人に移転する。

(4) 賃貸人の地位の譲渡

本来，賃貸借契約上の地位の移転では，賃借人側と賃貸人側の二つがある。しかし，前者は単純に「賃借権の譲渡」といわれ，それが契約上の地位と関連をもつことについてはほとんど議論されない。賃借人の地位の移転は，612条により，賃貸人の承諾なしには認められない。

契約上の地位の移転と関連づけて議論されるのは，後者である。後者としては，家主が借家人の入っているままで家を他人に売却するようなケースが具体的に考えられる。

この賃貸人の地位の譲渡は，賃借人に通知する必要はない。賃貸債務は，貸す（使用収益させる）という消極的なものを別とすると，修繕義務ぐらいで，所有者であればだれでも履行できることから，賃借人が賃借権の対抗要件を備えているならば，賃借人の同意なしに，賃貸物となっている目的物所有権の譲渡に伴って当然に新所有者に移転する（最判昭46・4・23民集25巻3号388頁）。この際，新所有者と賃貸人としての地位を賃借人に対抗するには，所有権移転の登記が必要である（大判昭8・5・9民集28巻325頁）。

【展開講義 41】 契約上の地位の譲渡の第三者対抗要件

契約上の地位の譲渡の第三者対抗要件については，近年，「ゴルフ会員権譲渡の第三者対抗要件」について，最高裁判決（最判平8・7・12民集50巻7号1918頁）が出ている。事案を簡略に示すと次のとおりである。

Aは預託金会員制ゴルフクラブであるBゴルフクラブの自己名義の正会員であった。Aは自分の会員権をYに円満に譲渡し，AY連名でゴルフ会員権の名義書換書を，相手方たるゴルフ場経営をするB会社に提出し，入会承諾書（確

定日付なし）による承諾も得た。この直後にAは，ゴルフ会員権（具体的には会員権のなかの預託金返還請求権）をXに二重に譲渡したが，XはAの押印のある会員権譲渡通知書の譲受人欄にXの住所，名称を記載して，内容証明郵便で発送し，同郵便は翌日B会社に到達した。

　この場合，Xは，Yに対して，Xが会員権を有すると主張することができるであろうか。

　最高裁は，「預託金会員制ゴルフクラブの会員権の譲渡をゴルフ場経営会社以外の第三者に対抗するには，指名債権の譲渡の場合に準じて，譲渡人が確定日付のある証書によりこれをゴルフ場経営会社に通知し，またはゴルフ場経営会社が確定日付のある証書によりこれを承諾することを要し，かつ，そのことをもって足りる。」と述べ，指名債権の譲渡の場合に準じて，確定日付のある証書が必要であるとして判示している。よって，この場合は，Xは対抗要件を備えているので，Yに対し，自己が会員権を有すると主張できるが，Yは対抗要件を備えていないので，Xに対して権利を主張することはできないことになる。

事項索引

あ行

あたえる債務 …………………… *13*
安全配慮義務 …………………… *55*
異議ある承諾 …………………… *229*
異議のない承諾 ………………… *230*
一時的給付 ……………………… *13*
一部代位 ………………………… *124*
一部弁済による代位の効果 …… *120*
一部保証 ………………………… *187*
一部免除 ………………………… *173*
裏　書 …………………………… *223*
役務保証 ………………………… *213*

か行

回帰的給付 ……………………… *13*
摑取力 ………………………… *4, 37*
確定期限付債権 ………………… *64*
確定日付ある証書 ………… *28, 233*
過失相殺 ………………………… *73*
可分債務 ………………………… *13*
間接強制 ………………………… *51*
機関保証 ………………………… *198*
記名式所持人払小切手 ………… *242*
記名式所持人払債権 …………… *242*
求償権 …………………………… *175*
　――の制限 …………………… *176*
　――の範囲 …………………… *176*
給付の内容による債権の種類 … *12*
給付の有効要件 ………………… *10*
給付保持力 …………………… *4, 36*
供　託 …………………………… *140*
　――の効果 …………………… *144*
　――の法的性質 ……………… *141*
供託原因 ………………………… *142*

供託者の供託物取戻権 ………… *145*
供託物の所有権の移転 ………… *145*
供託物払渡請求権 ……………… *147*
供託方法 ………………………… *143*
共同不法行為 …………………… *180*
共同保証 ………………………… *204*
金銭債権 ………………………… *23*
金銭賠償主義 …………………… *67*
継続的給付 ……………………… *13*
継続的保証 ……………………… *206*
契約上の地位の移転 …………… *221*
契約上の地位の譲渡 ……… *216, 248*
契約引受 ………………………… *216*
結果債務 ………………………… *14*
検索の抗弁権 …………………… *190*
現実の提供 ……………………… *106*
更　改 …………………………… *155*
口頭の提供 ……………………… *110*
抗弁権 …………………………… *189*
混　同 …………………………… *159*

さ行

債　権
　――の一般的効力 …………… *36*
　――の財産権性 ……………… *42*
　――の準占有者に対する弁済 … *126*
　――の対外的効力 …………… *42*
　――の取消 …………………… *98*
　――の法的性質 ……………… *4*
債権者 …………………………… *124*
　――の詐称代理人への弁済 … *127*
債権者代位権 …………………… *82*
　――の効果 …………………… *85*
　――の要件 …………………… *84*
債権者取消権 ……………… *87, 92*

——の消滅…………………97
——の法的性質……………88
——の要件…………………89
債権証書……………………226
債権譲渡………………216, 218
債権譲渡行為………………225
債権侵害………………………42
債権成立の客体としての給付……9
債権的効力説………………220
債権法…………………………7
——の特色……………………7
——の内容……………………7
催告の抗弁権………………190
債務なき責任…………………41
債務引受………………217, 241
債務不履行……………………52
——の一般的効果…………58
——の一般的要件…………57
——の帰責事由……………58
——の類型…………………59
債務不履行責任………………53
債務不履行説……………77, 79
詐害行為取消権………………90
——の効果…………………95
作為債務………………………13
差　押…………………………54
指図債権……………………223
サラ金規制法…………………29

（し）

事後の通知…………………197
持参債務………………………20
事前求償……………………197
自然債務………………………40
事前の通知…………………196
自働債権……………………148
指名債権………………223, 236
重　利…………………………27

手段債務………………………14
受働債権……………………148
受領拒絶………………108, 110
受領証書の持参者に対する弁済……129
受領遅滞……………75, 79, 111
——の効果…………………113
——の要件…………………112
受領不能……………………113
種類債権………………………17
——の目的物………………19
証　券………………………223
証券的債権…………………236
証券的債権証書の持参者に対する
　弁済………………………130
譲渡禁止特約………………220
譲渡性…………………………6
信義則の支配…………………8
信頼利益………………………70

（せ）

請求権…………………………4
請求権競合……………………53
請求力…………………………37
制限種類債権…………………18
善管注意義務…………………16
責任なき債務…………………40
選択債権………………………31

（そ）

相　殺………………………147
——の禁止…………………151
——の効果…………………154
——の担保的機能…………153
——の方法…………………154
——の予約…………………156
相殺契約……………………156
相殺適状……………………149
相対性…………………………5

事項索引

相当因果関係理論 …………………… 71
送付債務 ……………………………… 20
損益相殺 ……………………………… 73
損害担保契約 ………………………… 186
損害賠償 …………………………… 52, 67
損害賠償額の算定時期 ……………… 72

た 行

第三者の弁済 ………………………… 114
代替執行 ……………………………… 50
代替的作為債務 ……………………… 50
代物弁済
　——の機能 ………………………… 135
　——の効果 ………………………… 137
　——の法的性質 …………………… 134
　——の要件 ………………………… 135
　——の予約 ………………………… 138
代物弁済契約 ………………………… 134
直接強制 ……………………………… 49
通常損害 ……………………………… 68
同時履行の抗弁権 …………………… 65
特殊な保証 …………………………… 200
特殊の消滅原因 ……………………… 98
特定金銭債権 ………………………… 23
特定物債権 ………………………… 12, 15, 92
特別損害 ……………………………… 68
特別の要件 …………………………… 11
取立債務 ……………………………… 20

な 行

なす債務 ……………………………… 13
任意債権 ……………………………… 34
任意法規性 …………………………… 7
根保証 ………………………………… 209

は 行

賠償者代位 …………………………… 75
賠償責任の調整 ……………………… 75

平等性 ………………………………… 5
不確定期限付債権 …………………… 64
不可分債権 …………………………… 166
不可分債務 ………………………… 13, 164, 166
不完全債務 …………………………… 40
不完全履行 …………………………… 62
　——の要件 ………………………… 67
不作為債務 ………………………… 13, 50
不真正連帯債務 ……………………… 180
附随義務 ……………………………… 38
物権的効力説 ………………………… 220
不動産賃借権 ………………………… 45
不特定物債権 ………………………… 12
普遍性 ………………………………… 8
分割債権 ……………………………… 161
分割債務 ………………………… 161, 163
分別の利益 …………………………… 205
併存的債務引受 ………………… 242, 245
弁　済 ………………………………… 99
　——の時期 ………………………… 104
　——の充当 ………………………… 131
　——の証拠 ………………………… 133
　——の資力 ………………………… 191
　——の提供 ………………………… 104
　——の場所 ………………………… 103
　——の費用 ………………………… 104
　——の方法 ………………………… 101
弁済者 …………………………… 114, 137
弁済充当決定の方法 ………………… 131
弁済受領権限のない者への弁済 …… 126
弁済受領者 …………………………… 124
　——による代位 …………………… 114
弁済提供 ……………………………… 79
弁済による代位 ……………………… 116
　——の効果 ………………………… 118
妨害排除請求 ………………………… 44
法定責任説 …………………………… 77
保護範囲説 …………………………… 71

保証契約 …………………………… *185*	履行請求権 …………………………… *47*
保証債務 …………………………… *183*	履行代行者 …………………………… *60*
保証人 ……………………………… *183*	履行遅滞 ……………………………… *64*
──の求償関係 ……………… *194*	──の効果 ……………………… *65*

ま行

身元保証 …………………………… *210*	履行引受 ………………… *242, 246*
無資力要件 …………………………… *84*	履行不能 …………………… *66, 113*
免　除 ……………………………… *159*	履行補助者の故意・過失 ……… *60*
免責的債務引受 ………………… *243*	履行利益 ……………………………… *70*
目的物の品質 ………………………… *19*	利息債権 ……………………………… *25*
	──の性質と種類 ……………… *26*
	──の発生と利率 ……………… *26*

や行

約定利率 ……………………………… *28*	利息制限法 ……………………… *28, 29*
有価証券 …………………………… *223*	利息の天引き ………………………… *30*
	留置権 ………………………………… *65*

ら行

履行期 ………………………………… *64*	連帯債権 …………………… *167, 169*
	連帯債務 …………………… *167, 169*
	連帯保証 …………………………… *201*
	連帯保証債務 …………………… *203*

判 例 索 引

大判明33・3・19民録6輯3号112頁
　……………………………………………109
大判明35・4・12民録8輯4号34頁…26
大判明35・4・12民録8輯4号124頁
　………………………………………………28
大判明37・2・1民録10輯65頁……172
大判明38・12・15民録11輯1842頁…111
大判明40・5・16民録13輯519頁……117
大判明40・5・20民録13輯576頁……142
大判明40・11・26民録13輯1154頁…233
大判明40・12・13民録13輯1200頁…133
大判明40・12・24民録13輯1229頁…247
大判明42・9・27民録15輯697頁……172
大判明43・7・6民録16輯537頁………86
大判明44・3・24民録17輯117頁………89
大判明44・10・3民録17輯538頁………90
大判明44・12・6民録17輯808頁……107
大判明45・7・3民録18輯684頁……142
大決大元・12・19民録18輯1087頁……51
東京地判大正2（ワ）922号新聞986号
　25頁…………………………………………12
大決大3・4・6民録20輯273頁……117
大判大3・10・13民録20輯751頁……178
大判大3・12・22民録20輯1146頁…233
大判大4・2・17民録21輯25頁……150
大判大4・2・17民録21輯115頁……155
大判大4・3・10刑録21輯278頁……43
大判大4・3・27民録21輯444頁……234
大判大4・5・29民録21輯858頁
　………………………………………79, 112
大判大4・9・21民録21輯1486頁…169
大判大4・12・13民録21輯2072頁…229
大判大5・3・14民録22輯360頁………11
大判大5・5・20民録22輯999頁…18, 21
大判大5・6・3民録22輯1132頁……176

大判大5・8・18民録22輯1657頁…231
大判大5・10・7民録22輯1853頁……19
大判大5・12・19民録22輯2450頁…240
大判大6・2・14民録23輯158頁……26
大判大6・3・5民録23輯411頁……27
大判大6・3・23民録23輯393頁…240
大判大6・3・26民録23輯521頁
　………………………………………226, 227
大判大6・4・16民録23輯638頁……158
大判大6・5・3民録23輯863頁……176
大判大6・6・7民録23輯932頁………90
大判大6・6・9民録24輯949頁……137
大判大6・7・5民録23輯1197頁……117
大判大6・9・22民録23輯1488頁…220
大判大6・10・2民録23輯1510頁…229
大判大6・10・18民録23輯1162頁…114
大判大6・11・1民録23輯1715頁
　………………………………………246, 248
大判大7・3・4民録24輯326頁……133
大判大7・3・20民録24輯623頁……111
大判大7・7・31民録24輯1555頁……16
大判大7・8・14民録24輯1650頁
　………………………………………106, 107
大判大7・8・27民録24輯1658頁……74
大判大7・10・19民録24輯1987頁…133
大判大7・12・4民録24輯2288頁…109
大判大7・12・11民録24輯2319頁…133
大判大8・2・1民録25輯246頁……109
大連判大8・3・28民録25輯441頁…234
大判大8・6・24民録25輯1178頁…226
大判大8・6・28民録25輯1183頁…109
大判大8・7・15民録25輯1331頁…107
大判大8・8・28民録25輯1529頁…107
大判大8・10・15民録25輯1871頁…226
大判大8・11・27民録25輯2133頁…107

大判大 8 ・12・25民録25輯2400頁 ……20
大判大 9 ・ 1 ・26民録26輯19頁 ……114
大判大 9 ・ 2 ・14民録26輯128頁 ……26
大判大 9 ・ 3 ・29民録26輯411頁 ……108
大判大 9 ・ 4 ・12民録26輯487頁 ……111
大判大 9 ・ 4 ・12民録26輯527頁 ……240
大判大 9 ・ 6 ・ 2 民録26輯839
　　……………………………………100, 117
大判大 9 ・12・18民録26輯1947頁 …107
大判大 9 ・12・22民録26輯2062頁 …162
大判大10・ 3 ・23民録27輯641頁 ……106
大判大10・ 5 ・ 9 民録27輯899頁 ……243
大判大10・ 6 ・18民録27輯1168頁 ……94
大判大10・10・15民録27輯1788頁 ……45
横浜地判大10・10・21評論 2 民法45…22
大判大10・11・ 8 民録27輯1948頁 …109
大判大10・11・18民録27輯1966頁 …117
大判大11・ 3 ・ 1 民集 1 巻80頁 ……245
大判大11・ 4 ・ 8 民集 1 巻179頁 ……136
大判大11・ 6 ・ 2 新聞2015号21頁 ……93
大判大11・11・ 4 民集 1 巻291頁 ……107
大判大11・11・24民集 1 巻670頁 ……166
大判大12・ 2 ・14民集 2 巻51頁 ……174
大阪地判大12・ 7 ・14法新80号23頁 …32
大判大12・ 7 ・27民集 2 巻572頁 ……11
大判大13・ 1 ・13民集 3 巻53頁 ……184
大判大13・ 7 ・18民集 3 巻399頁 ……107
大判大13・10・13民集 3 巻53頁 ……184
大判大14・ 4 ・30民集 4 巻209頁 ……222
大判大14・12・ 3 民集 4 巻685頁 ……109
大判大14・12・15民集 4 巻710頁
　　……………………………………244, 248
大判大15・ 3 ・25民集 5 巻219頁 ……246
大判大15・ 5 ・17新聞4583号12頁 …107
大判大15・ 5 ・22民集 5 巻386頁 ……74
大判大15・ 5 ・24民集 5 巻433頁 ……107
大判昭 2 ・ 1 ・28新聞2666号16頁 …226
大判昭 2 ・ 1 ・31新聞2672号12頁 …175

大判昭 2 ・12・16民集 6 巻706頁 ……248
大判昭 3 ・ 3 ・10新聞2847号15頁 …158
大判昭 3 ・10・13民集 7 巻780頁 ……152
大判昭 4 ・ 1 ・30新聞2945号12頁 …117
大判昭 4 ・ 3 ・30民集 8 巻363頁 ……60
大判昭 4 ・ 6 ・19民集 8 巻675頁 ……61
大判昭 4 ・12・16民集 8 巻944頁 …45, 87
大判昭 5 ・ 4 ・ 7 民集 9 巻327頁 ……107
大決昭 5 ・ 4 ・11新聞3186号13頁 …232
大判昭 5 ・10・10民集 9 巻948頁 ……226
大判昭 5 ・10・23民集 9 巻982頁 ……49
大決昭 5 ・12・ 4 民集 9 巻1118頁 …163
大判昭 6 ・ 4 ・ 7 民集10巻535頁 ……120
大判昭 6 ・10・ 6 民集10巻889頁
　　……………………………………117, 121
大決昭 6 ・11・21民集10巻1081頁
　　……………………………………231, 232
大決昭 6 ・12・18民集10巻1231頁 …118
大判昭 7 ・ 5 ・ 6 民集11巻887頁 ……154
大判昭 7 ・ 5 ・27民集11巻1069頁 …180
大判昭 7 ・ 6 ・25裁判例69巻196頁 …21
大判昭 7 ・12・21新聞3516号 9 頁 …121
大判昭 8 ・ 5 ・ 9 民集28巻706頁 ……249
大判昭 8 ・ 5 ・30民集12巻1381頁 …238
大判昭 8 ・ 8 ・18民集12巻2105頁 …232
大判昭 8 ・12・ 5 民集12巻2818頁 …150
大判昭 9 ・ 2 ・26民集13巻366頁 ……134
大判昭 9 ・ 4 ・ 7 裁判例 8 巻134頁
　　………………………………………246
大判昭 9 ・ 7 ・11民集13巻1516頁
　　……………………………………230, 231
大判昭 9 ・ 7 ・17民集13巻1217頁… 142
大判昭 9 ・ 9 ・29新聞3756号736頁
　　………………………………………114
大判昭 9 ・10・16民集13巻1913頁 …117
大判昭 9 ・11・24民集13巻2153頁 …123
大判昭 9 ・12・28民集13巻2261頁 …227
大判昭10・ 4 ・25新聞3835号 5 頁 ……40

判例索引　257

大決昭10・12・16民集14巻2044頁……50
大判昭11・1・28新聞3956号11頁…247
大判昭11・3・11民集15巻320頁……220
大判昭11・3・13民集15巻423頁……232
大判昭11・4・15民集15巻781頁……246
大判昭11・8・7民集15巻6616頁…117
大判昭12・6・30民集16巻1285頁…180
大判昭12・7・7民集16巻1120頁……22
大判昭12・12・11民集16巻1945頁…172
大判昭13・2・15民集17巻179頁…118
大判昭13・3・1民集17巻318頁…150
大判昭13・5・14民集17巻932頁……220
大判昭14・3・23民集18巻250頁……104
大判昭15・9・21民集19巻1701頁…173
大判昭15・10・25新聞4641号6頁……108
大判昭16・3・1民集20巻163頁……133
大判昭16・6・20民集20巻921頁…130
大判昭16・12・9新聞4749号12頁……28
大判昭17・2・4民集21巻107頁……29
大判昭17・11・19民集21巻1075頁…150
大判昭18・11・13民集22巻1127頁…131
最判昭25・10・26民集4巻10号1204頁
　………………………………………10
最判昭28・5・29民集7巻5号608頁
　………………………………………229
最判昭28・12・18民集7巻12号1515頁
　…………………………………45, 87
最判昭28・12・18民集7巻12号1446頁
　………………………………………74
最判昭29・2・11民集8巻2号401頁
　………………………………………144
最判昭29・7・20民集8巻7号1408頁
　………………………………………46
最判昭30・4・5民集9巻4号431頁
　………………………………………45
最判昭30・4・19民集9巻5号556頁
　………………………………………60
東京地判昭30・4・19下民集6巻4号

766頁………………………………112
最判昭30・5・31民集9巻6号774頁
　………………………………………43, 45
東京高判昭30・6・27下民集6巻6号
　1204頁………………………………10
最判昭30・9・29民集9巻10号1472頁
　………………………………………248
最判昭30・10・11民集9巻11号1626頁
　………………………………………93
最判昭30・10・18民集9巻11号1642頁
　………………………………………20
最大判昭31・7・4民集10巻7号4頁
　………………………………………50
最判昭32・2・22民集11巻2号350頁
　………………………………………150
最判昭32・3・8民集11巻5号13頁
　………………………………………150
最判昭32・3・8民集11巻3号513頁
　………………………………………155
最判昭32・4・30民集11巻4号646頁
　………………………………………153
最大判昭32・6・5民集11巻6号
　915頁………………………………110
最判昭32・7・19民集11巻7号1297頁
　………………………………………152
最判昭33・12・18民集12巻16号3323頁
　………………………………………143
最判昭34・7・14民集13巻7号990頁
　………………………………………226
最判昭35・6・24民集14巻8号1528頁
　………………………………………21
最判昭35・7・1民集14巻9号1641頁
　………………………………………99
最判昭35・12・15民集14巻14号3060頁
　………………………………………143
最判昭36・4・14民集15巻4号765頁
　………………………………………150
最判昭36・6・20民集15巻6号1602頁

最大判昭36・7・19民集15巻7号
1875頁 ……………………………… *92, 93*
最判昭36・11・21民集15巻10号2507頁
……………………………………… *38, 70*
最大判昭37・6・13民集16巻7号
1343頁……………………………………… *29*
最判昭37・7・20民集16巻8号1605頁
………………………………………………… *245*
最判昭37・8・21民集16巻9号1809頁
……………………………………… *127, 128*
最判昭37・11・16民集16巻11号2280頁
……………………………………………… *74*
最判昭38・9・17民集17巻8号968頁
……………………………………………… *51*
最大判昭39・11・18民集18巻9号
1868頁 ………………………………… *29*
最判昭39・11・26民集18巻9号1984頁
……………………………………………… *138*
最判昭39・12・18民集18巻21号79頁
……………………………………………… *209*
最大判昭39・12・23民集18巻10号
2217頁 ………………………………… *153*
最判昭40・6・30民集19巻4号1143頁
……………………………………………… *88*
最判昭40・9・21民集19巻6号1500頁
……………………………………………… *87*
最判昭40・12・3民集19巻9号2090頁
……………………………………………… *79*
最判昭41・9・8民集20巻7号1325頁
……………………………………………… *59*
最判昭41・10・4民集20巻8号1565頁
……………………………………… *127, 128*
最判昭41・11・18民集20巻9号1861頁
……………………………………… *119, 122*
最判昭41・11・18民集20巻9号1886頁
……………………………………………… *181*
最判昭41・12・23民集20巻10号2211頁
……………………………………………… *25*
最判昭42・1・31民集21巻1号791頁
……………………………………………… *209*
最判昭42・2・23民集21巻1号189頁
……………………………………………… *31*
最判昭42・4・6民集21巻3号533頁
………………………………………… *38, 70*
最判昭42・6・29判時494号41頁 …… *11*
最判昭42・8・25民集21巻7号1740頁
……………………………………………… *165*
最判昭42・10・27民集21巻8号2161頁
……………………………………… *230, 231*
最判昭42・11・16民集21巻9号2430頁
……………………………………………… *140*
最判昭42・11・30民集21巻9号2477頁
……………………………………………… *151*
最判昭42・12・21民集21巻10号2613頁
……………………………………………… *129*
最判昭42・12・22民集22巻10号2613頁
……………………………………………… *127*
最判昭43・2・23民集22巻2号281頁
……………………………………………… *38*
最判昭43・7・4民集22巻7号1441頁
……………………………………………… *52*
最判昭43・11・15民集22巻12号2649頁
……………………………………………… *206*
最判昭43・11・19民集22巻12号2710頁
……………………………………………… *138*
最大判昭43・11・23民集22巻12号2526頁
……………………………………………… *29*
最判昭43・12・24判時546号60頁 …… *138*
最判昭44・5・1民集23巻6号935頁
……………………………………………… *110*
最判昭44・7・3民集23巻8号1297頁
……………………………………………… *124*
最判昭44・11・25民集23巻11号2136頁
……………………………………………… *29*
最判昭45・3・26民集24巻3号151頁

判例索引　259

……………………………………………86
最判昭45・4・10民集24巻4号240頁
　……………………………………………222
最判昭45・4・21民集24巻4号298頁
　……………………………………………27
最大判昭45・6・24民集24巻6号
　587頁………………………………154
最大判昭45・7・15民集24巻7号
　771頁………………………………146, 147
最判昭45・8・20民集24巻9号1243頁
　……………………………………………142
最判昭45・10・13判タ255号149頁…121
最判昭45・11・24判時614号49頁……45
最判昭46・4・23民集25巻3号388頁
　……………………………………………249
最判昭46・7・23判時641号62頁……193
最判昭46・11・19民集25巻8号1321頁
　……………………………………………94
最判昭46・12・16民集25巻9号1472頁
　……………………………………………79
最判昭47・3・23民集26巻2号274頁
　……………………………………………188
最判昭47・4・20民集26巻3号520頁
　……………………………………………74
最判昭47・5・25判時671号45頁……21
最判昭47・7・19民集27巻7号823頁
　……………………………………………220
最判昭48・3・27民集27巻2号376頁
　……………………………………………129
最判昭48・5・27民集27巻4号477頁
　……………………………………………61
最判昭48・11・30民集27巻10号1491頁
　……………………………………………90
最判昭49・3・7民集28巻2号174頁
　……………………………………………235
最判昭49・4・26民集28巻3号540頁
　……………………………………………220
最判昭49・6・28民集28巻5号666頁

………………………………………151, 153
最判昭49・11・21民集28巻8号1654頁
　……………………………………………227
最判昭49・11・29民集28巻8号1670頁
　……………………………………………84
最判昭50・1・31民集29巻1号68頁
　……………………………………………73, 74
最判昭50・2・25民集29巻2号143頁
　……………………………………………39, 55, 56
最判昭50・3・6民集29巻3号203頁
　……………………………………………84
最判昭50・12・8民集29巻11号1864頁
　……………………………………………154, 228
最判昭51・12・20民集30巻11号1064頁
　……………………………………………38
最判昭53・10・5民集32巻7号1332頁
　……………………………………………92, 94
最判昭54・1・25民集33巻1号12頁…93
最判昭54・9・7判時954号29頁……153
最判昭55・1・11民集34巻1号42頁
　……………………………………………235
最判昭55・1・24民集34巻1号110頁
　……………………………………………91
最判昭55・12・18民集34巻7号888頁
　……………………………………………65
最判昭57・1・21民集36巻1号71頁…71
最判昭57・6・4判時1048号96頁…138
最判昭57・12・17民集36巻12号2399頁
　……………………………………………178
最判昭58・12・19民集37巻10号1532頁
　……………………………………………90
最判昭59・2・23民集38巻3号445頁
　……………………………………………129
最判昭59・4・10民集38巻6号557頁
　……………………………………………57
最判昭59・5・29民集38巻7号885頁
　……………………………………………200
最判昭59・9・18判時1137号51頁……39

最判昭60・12・20判時1207号53頁 …*135*
最判昭61・11・27民集40巻7号1205頁
　……………………………………*123*
最判昭61・12・19判時1224号13頁……*57*
最判昭63・7・19集民154号363頁……*94*
最判平2・11・8判時1370号62頁……*56*
最判平3・4・11判時1391号3頁……*56*
最判平3・10・17判時1404号74頁……*56*
最判平8・7・12民集50巻7号1918頁

　………………………………………*249*
最判平8・11・12民集50巻10号2673頁
　…………………………………………*38*
最判平9・7・15民集51巻6号2581頁
　…………………………………………*65*
最判平11・1・21民集53巻1号98頁…*30*
最判平11・1・29民集53巻1号151頁
　………………………………………*219*
最判平11・11・30判時1201号69頁……*38*

導入対話による 民法講義（債権総論）

2002年4月10日　第1版第1刷発行

ⓒ著者　今　木　清　橋　松　油
　　　　木　村　水　本　井　納
　　　　　　　　　　　　　　　
　　　　西　義　千　恭　宏　健
　　　　　　　　　　　　　　　
　　　　人　和　尋　宏　興　一
　　　　　　　　　　　　　　　

発行　不　磨　書　房
〒113-0033　東京都文京区本郷6-2-9-302
TEL(03)3813-7199／FAX(03)3813-7104

発売　㈱信　山　社
〒113-0033　東京都文京区本郷6-2-9-102
TEL(03)3818-1019／FAX(03)3818-0344

制作：編集工房 INABA　　　印刷・製本／松澤印刷
2002, Printed in Japan

ISBN4-7972-9213-X C3332

── 導入対話シリーズ ──

1. **導入対話による民法講義（総則）〔補遺版〕** 9202-4　■ 2,900円（税別）
   大西泰博（早稲田大学）／橋本恭宏（明治大学）／松井宏興（関西学院大学）／三林　宏（立正大学）

2. **導入対話による民法講義（物権法）** 9212-1　■ 2,900円（税別）
   鳥谷部茂（広島大学）／橋本恭宏（明治大学）／松井宏興（関西学院大学）

3. **導入対話による民法講義（債権総論）** 9213-X　■ 2,600円（税別）
   今西康人（関西大学）／清水千尋（立正大学）／橋本恭宏（明治大学）
   油納健一（山口大学）／木村義和（大阪学院大学）

4. **導入対話による刑法講義（総論）** 9214-8　■ 2,800円（税別）
   新倉　修（國學院大学）／酒井安行（青山学院大学）／高橋則夫（早稲田大学）／中空壽雅（関東学園大学）
   武藤眞朗（東洋大学）／林美月子（神奈川大学）／只木　誠（獨協大学）

5. **導入対話による刑法講義（各論）** 9262-8　★近刊 予価 2,800円（税別）
   新倉　修（國學院大学）／酒井安行（青山学院大学）／大塚裕史（岡山大学）／中空壽雅（関東学園大学）
   関哲夫（国士舘大学）／信太秀一（流通経済大学）／武藤眞朗（東洋大学）／宮崎英生
   勝亦藤彦（海上保安大学校）／北川佳世子（海上保安大学校）／石井徹哉（拓殖大学）

6. **導入対話による商法講義（総則・商行為法）** 9215-6　■ 2,800円（税別）
   中島史雄（金沢大学）／末永敏和（大阪大学）／西尾幸夫（龍谷大学）
   伊勢田道仁（金沢大学）／黒田清彦（南山大学）／武知政芳（専修大学）

7. **導入対話による国際法講義** 9216-4　392頁　■ 3,200円（税別）
   廣部和也（成蹊大学）／荒木教夫（白鷗大学）共著

8. **導入対話による医事法講義** 9269-5　■ 2,700円（税別）
   佐藤　司（亜細亜大学）／田中圭二（香川大学）／池田良彦（東海大学）／佐瀬一男（創価大学）
   転法輪慎治（順天堂医療短大）／佐々木みさ（前大蔵省印刷局東京病院）

以下、続々刊行予定

9. **導入対話による刑事政策講義** 9218-0
   土井政和（九州大学）／赤池一将（高岡法科大学）／石塚伸一（龍谷大学）／葛野尋一（立命館大学）

10. **導入対話による民事訴訟法講義** 9266-0　椎673邦雄（山梨学院大学）／豊田博昭（広島修道大学）
    福永清貴（名古屋経済大学）／高木敬一（愛知学院大学）／猪股孝史（桐蔭横浜大学）

11. **導入対話によるジェンダー法学講義** 9268-7
    浅倉むつ子（都立大学）／相澤美智子（東京大学）／山崎久民（弁護士）／林瑞枝（駿河台大学）
    戒能民江（お茶の水女子大学）／阿部浩己（神奈川大学）／武田万里子（金城女学院大学）
    宮園久栄（中央大学）／堀口悦子（明治大学）／橋本恭宏（明治大学）

12. **導入対話による独占禁止法講義** 9217-2
    金子　晃（会計検査院長）／田村次朗（慶應義塾大学）／鈴木恭蔵（東海大学）
    石岡克俊（慶應義塾大学産業研究所）／山口由紀子（相模女子大学）ほか

13. **導入対話による民法講義（債権各論）** 9260-1　橋本恭宏（明治大学）／大西泰博（早稲田大学）

14. **導入対話による民法講義（親族・相続法）** 9261-X　橋本恭宏（明治大学）／松井宏興（関西学院大学）

15. **導入対話による商法講義（会社法）** 9263-6　中島史雄（金沢大学）ほか

16. **導入対話による商法講義（手形・小切手法）** 9264-4　中島史雄（金沢大学）ほか

17. **導入対話による商法講義（保険・海商法）** 9265-2　中島史雄（金沢大学）ほか

18. **導入対話による憲法講義** 9219-9　向井久了（帝京大学）ほか

19. **導入対話による破産法講義** 9267-9　佐藤鉄男（同志社大学）ほか

不磨書房の みぢかな法律シリーズ

初学者にやさしく、わかりやすい、法律の基礎知識

──────── 石川明先生のみぢかな法律シリーズ ────────

★最新刊

みぢかな法学入門【第2版】
慶應義塾大学名誉教授 石川 明 編

有澤知子 (大阪学院大学) ／神尾真知子 (尚美学園大学) ／越山和広 (香川大学)
島岡まな (亜細亜大学) ／鈴木貴博 (東北文化学園大学) ／田村泰俊 (東京国際大学)
中村壽宏 (九州国際大学) ／西山由美 (東海大学) ／長谷川貞之 (駿河台大学)
松尾知子 (京都産業大学) ／松山忠造 (山陽学園大学) ／山田美枝子 (大妻女子大学)
渡邊眞男 (常磐大学短期大学) ／渡辺森児 (平成国際大学)　　009203-2　■ 2,500円 (税別)

みぢかな民事訴訟法【第2版】
慶應義塾大学名誉教授 石川 明 編

小田敬美 (松山大学) ／小野寺忍 (山梨学院大学) ／河村好彦 (明海大学) ／木川裕一郎 (東海大学)
草鹿晋一 (平成国際大学) ／越山和広 (香川大学) ／近藤隆司 (白鷗大学) ／坂本恵三 (朝日大学)
椎橋邦雄 (山梨学院大学) ／中村壽宏 (九州国際大学) ／二羽和彦 (高岡法科大学) ／福山達夫 (関東学院大学)
山本浩美 (東亜大学) ／渡辺森児 (平成国際大学)　　009223-7　■ 2,800円 (税別)

みぢかな倒産法
慶應義塾大学名誉教授 石川 明 編　　649295-4

岡伸浩 (弁護士) ／田村陽子 (山形大学) ／山本研 (国士舘大学) ／草鹿晋一 (平成国際大学)
近藤隆司 (白鷗大学) ／中山幸二 (神奈川大学) ／栗田陸雄 (杏林大学) ／宮里節子 (琉球大学)
本田耕一 (関東学院大学) ／波多野雅子 (札幌学院大学) ／芳賀雅顯 (明治大学)　■ 2,800円 (税別)

みぢかな商法入門
酒巻俊雄 (元早稲田大学) ＝石山卓磨 (日本大学) 編

秋坂朝則 (日本大学) ／受川環大 (国士舘大学) ／王子田誠 (東亜大学) ／金子勲 (東海大学)
後藤幸康 (京都学園大学) ／酒巻俊之 (奈良産業大学) ／長島弘 (産能短期大学)
福田弥夫 (武蔵野女子大学) ／藤村知己 (徳島大学) ／藤原祥二 (明海大学) ／増尾均 (松商学園短期大学)
松崎良 (東日本国際大学) ／山城将美 (沖縄国際大学)　　009224-5　■ 2,800円 (税別)

みぢかな刑事訴訟法
河上和雄 (駿河台大学) ＝山本輝之 (帝京大学) 編

近藤和哉 (富山大学) ／上田信太郎 (香川大学) ／臼木豊 (小樽商科大学) ／津田重憲 (明治大学)
新屋達之 (立正大学) ／辻脇葉子 (明治大学) ／吉田宣之 (桐蔭横浜大学) ／内田浩 (成蹊大学)
吉弘光男 (九州国際大学) ／新保佳宏 (京都学園大学)　　649225-3

◇みぢかな刑法 (総論)
内田文昭 (神奈川大学) ＝山本輝之 (帝京大学) 編

清水一成 (琉球大学) ／只木誠 (獨協大学) ／本間一也 (新潟大学) ／松原久利 (桐蔭横浜大学)
内田浩 (成蹊大学) ／島岡まな (亜細亜大学) ／小田直樹 (広島大学) ／小名木明宏 (熊本大学)
北川佳世子 (海上保安大学校) ／丹羽正夫 (新潟大学) ／臼木豊 (小樽商科大学) ／
近藤和哉 (富山大学) ／吉田宣之 (桐蔭横浜大学)　　649275-X　　【近刊】

◆市民カレッジ◆

1 知っておきたい **市民社会の法** 9230-X
   金子 晃（会計検査院長）編　■2,400円（税別）
   山口由紀子（相模女子大学）／石岡克俊（慶應義塾大学産業研究所）

2 知っておきたい 市民社会における **紛争解決と法**
   宗田親彦（弁護士）編　9270-9　■2,500円（税別）

3 知っておきたい 市民社会における **行 政 と 法**
   園部逸夫（弁護士）編　9271-7　■2,400円（税別）
   渡井理佳子（防衛大学校）／早坂禧子（桐蔭横浜大学）／塩入みほも（駒澤大学）

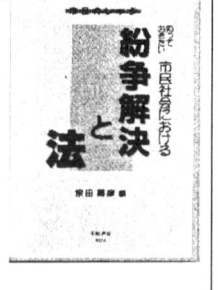

ドメスティック・バイオレンス
お茶の水女子大学教授　戒能民江 著

■沈黙を破った女たち■ジェンダーと女性への暴力■ＤＶ防止法の成立　9297-0
ＤＶ法の制定は、ＤＶ対応の一歩にすぎない。総合的な検証と取組みへの指針■2,400円（税別）

これからの 家族の法
帝京大学助教授　奥山恭子 著

1 親族法編 9233-4　2 相続法編 9296-2　（2分冊）　■各巻 1,600円（税別）

◇◇ **法学検定試験**を視野に入れた **ワークスタディ** シリーズ ◇◇　*最新刊*

1 **ワークスタディ　刑法総論**（第2版）　定価：本体 1,800円（税別）
   島岡まな（亜細亜大学）編／北川佳世子（海上保安大学校）／末道康之（清和大学）
   松原芳博（早稲田大学）／萩原滋（愛知大学）／津田重憲（明治大学）／大野正博（朝日大学）
   勝亦藤彦（海上保安大学校）／小名木明宏（熊本大学）／平澤修（中央学院大学）
   石井徹哉（奈良産業大学）／對馬直紀（宮崎産業経営大学）／内山良雄（九州国際大学）
   　　9280-6

2 **ワークスタディ　刑法各論**　定価：本体 2,000円（税別）
   島岡まな（亜細亜大学）編／北川佳世子（海上保安大学校）／末道康之（清和大学）
   松原芳博（早稲田大学）／萩原滋（愛知大学）／津田重憲（明治大学）／大野正博（朝日大学）
   勝亦藤彦（海上保安大学校）／小名木明宏（熊本大学）／平澤修（中央学院大学）
   石井徹哉（奈良産業大学）／對馬直紀（宮崎産業経営大学）／内山良雄（九州国際大学）
   関哲夫（国士舘大学）／清水真（東亜大学）／近藤佐保子（明治大学）
   　　9281-4

3 **ワークスタディ　商法（会社法）**　石山卓磨（日本大学）編　9289-X
   河内隆史（神奈川大学）／中村信男（早稲田大学）／土井勝久（札幌大学）／土田亮（東亜大学）
   松岡啓祐（専修大学）／松崎良（東日本国際大学）／王子田誠（東亜大学）／前田修志（東亜大学）
   松本博（宮崎産業経営大学）／大久保拓也（日本大学）／松嶋隆弘（日本大学）／川島いづみ（早稲田大学）